10대를 위한
시사 개념어 상식 사전

10대를 위한

시사 개념어 상식 사전

김한수 지음

하늘아래

머리말

요즘 청소년은 학교 시험뿐만 아니라 토론, 논술, 면접 등 입시를 위해 준비해야 할 것들이 많다. 더더욱 대입을 위한 면접이나 논술시험에서도 기본적인 소양을 비롯해 한층 심화된 이론과 사회적으로 쟁점이 되고 있는 이슈들을 어떻게 생각하는지 표현해야 하는 발표력까지 요구되는 것이, 현실이다. 그래서 요즘은 평소에 기본적인 용어에 대한 개념과 사회적 이슈에 대한 생각을 정립해 놓지 않으면 각종 시험에서 어려움을 겪을 수밖에 없다.

'10대를 위한 시사 개념어 상식 사전'은 경제, 무역, 법률, 사회, 환경, 역사, 철학, 정치, 노동, 과학, IT, 사자성어 등 다양한 주제로 학교에서 배운 내용과 최근 사회적으로 이슈가 되고 있는 어휘를 뽑아, 총 7가지 주제로 나누어 어휘와 개념어를 모두 담아냈다.

전체적으로는 주요한 용어의 개념들을 간략하게 정리해 놓았기 때문에, 수능, 논술, 면접을 보는 학생들에게는 많은 도움을 줄 수 있을 것이며, 기초상식이 풍부해질 것이다.

'10대를 위한 시사 개념어 상식 사전'은 다음과 같은 기준으로 선정되었다.

첫째 최근 신문이나 뉴스에서 자주 언급되는 단어 가운데 남들은 다 아는데 나만 모를 것 같은 어휘.

둘째 대입 논술 제시문에 사용된 가운데 유독 그것만 몰라서 전체가 이해되지 않는 어휘.

셋째 일상 대화에서 자주 사용하고 있지만 주위의 누구도 그 정확한 뜻을 알지 못하는 어휘.

넷째 그 밖에 청소년이 꼭 알아야 할 것 같은 어휘.

이 책의 목차

제1장

알아두면 경제력이 높아지는 시사 개념어 상식 사전

경제 Economy

경영 Administration

무역 International Trade

금융 Finance

B2B (Business to Busines)

기업과 기업 사이에 이루어지는 전자상거래를 일컫는 경제 용어.

인터넷을 기반으로 하는 전자상거래의 유형 가운데 하나로, '기업 간 거래' 또는 '기업 간 전자상거래'라고도 한다. 기업(business)과 기업(business)이 거래 주체가 되어 상호 간에 전자상거래를 하는 것을 말하며, B2B의 '2'는 영어에서 'to'와 발음이 같은 숫자를 차용한 것이다.

⇨ B2C (Business to Consumer)

기업과 일반소비자 간의 전자상거래. 주로 인터넷 쇼핑몰에서 상품을 구매하고 대금을 지급하는 거래. 개인은 인터넷 쇼핑몰에 접속하여 필요한 상품을 구매하고, 구매대금을 지불 한다. 물리적인 매장이나 중간 유통과정이 없어 비용 절감의 효과를 얻을 수 있다.

GNP 디플레이터 (GNP deflator)

명목국민소득을 실질국민소득으로 환산하기 위한 지수를 말한다. 즉 GNP 물가지수를 말한다.

국민소득에 영향을 주는 모든 물가 요인, 즉 도매·소비 물가지수뿐만 아니라 환율·임금지수까지도 모두 포함하는 종합적인 물가지수로서 GNP를 상품으로 보았을 경우 그 가격을 나타낸다. GNP 디플레이터와 다른 물가지수는 대개 비슷하게 움직이는 경향이 많다. 그러나 GNP 디플레이터는 일반 물가지수보다 포괄범위가 넓다는 점에서 경제구조를 잘 반영한다는 특징을 갖고 있다.

M&A (Merger and Acquisition)

기업 간에 이루어지는 인수·합병.

특정 기업이 다른 기업의 경영권을 인수할 목적으로 소유 지분을 확보하는 형태로 이루어진다. M&A는 우호적 인수·합병과 적대적 인수·합병으로 나누어진다. 우호적 인수·합병은 이해 당사자 사이에 합의로 이루어지는 것이며, 적대적 인수·합병은 대개 한 기업이 다른 기업의 동의를 얻지 않고 몰래 주식을 매입해서 인수·합병하는 경우를 말한다. 기업의 외적 성장을 위한 발전 전략으로 행해진다.

가산금리

기준금리에 국가 또는 고객의 신용도나 대출 기간 등 여러 가지 조건에 따라 추가되는 금리를 말한다.

영어로는 스프레드(Spread)라고도 한다. 신용도가 높아 위험이 적어지면 가산금리가 낮아지고, 반대로 신용도가 낮아 위험도가 많아지면 가산금리는 높아진다. 실제로 우리나라는 1997년 외환위기 때 부족했던 달러화를 해외에서 차입하거나 외평채를 발행할 때 높은 가산금리를 지불한 경험이 있다. 이는 우리나라가 외환위기로 대외 신인도가 그만큼 낮아진 데 따른 것이다. 해외에서 채권을 팔 때 미국 재무부 증권(TB) 금리나 리보(Libo, 런던 은행 간 금리)가 기준금리가 되고 여기에 신용도에 따라 가산금리가 붙어 발행금리가 정해진다.
가산금리는 크게 신용 가산금리와 기간가산금리로 구분된다.
신용 가산금리는 직업이나 거래실적 등 개인의 신용도를 따져 결정한다. 기간가산금리는 대출금을 연장할 때 적용되는 추가금리다.
가령 대출 기간을 1년 연장할 때 추가로 0.5%의 금리를 부과하는 경우를 말한다. 가산금리는 개별적으로 적용되기 때문에 대출받을 때 지점을 찾아가 상담하거나 협상하면 금리를 낮출 수도 있다.

거미집이론 (Cobweb Theorem)

가격 변동에 대해 수요와 공급이 시간의 경과에 따라 조정된다는 점을 고려해서 만든 수급 균형의 경제이론.

가격과 공급량의 주기적 변동을 설명하는 이론이며. 1934년 미국의 계량학자 W. 온티에프 등에 의해 거의 완전한 형태로 정식화되었으며, 돼지와 옥수수의 가격 파동을 분석하면서 유래가 되었다고 한다.
가격의 변동에 대하여 대체로 즉각적인 반응을 나타내는 수요량과 일정한 시간이 필요한 공급량 때문에 실제 균형가격은 다소간의 시행착오를 거친 후에야 가능한데, 이러한 현상을 수요공급곡선으로 나타내면 가격의 눈금이 마치 거미집 같다고 하여 거미집이론이라고 한다.

경기동향지수 (DI; Diffusion)

경기확산지수라고도 한다. 경기종합지수와 함께 흔히 사용된다.

지수 작성을 위해 채택된 지표 중에서 수개월 전의 숫자와 비교하여 상승 중인 지표의 수의 비율을 지수로 하는 것.
예를 들어 20개의 대표계열 중 10개의 지표가 증가하는 방향으로 움직였다면 경기동향지수는 50으로 나타나게 된다. 지수가 50 이상을 유지하면 경기는 상승과정, 50선을 위에서 아래로 넘어서는 시점을 경기의 정점, 50 이하에서는 경기후퇴의 계속이라고 본다. 50선을 아래에서 위로 넘어서는 시점을 경기의 보텀(bottom: 바닥), 즉 경기가 후퇴에서 상승으로 바뀌는 전환점으로 본다.

건전재정 (Sound Finance)

정상적인 국가 수입을 가지고 그 나라의 경비를 충당해 나가는 재정.

세입의 부족을 조세의 증징(增徵)으로 메운 경우에도 실제는 예산의 수지 균형이 맞는 상태라고 할 수 있다. 적자재정(赤字財政)에 대립하는 개념이다.

⇨ 균형재정 (Balanced Finance)

국가의 세입과 세출이 일치되는 재정. 균형재정의 목적은 경제의 불경기로 조세 수입이 줄어드는 경우 세출도 줄이고 조세 부담으로 국가 경제를 압박하지 않도록 하고, 또 경제의 호경기로 조세 수입이 증가하는 경우 과도한 자극을 주지 않는 범위에서 세출도 증가시키려는 데 있다.

경상수지 (Current Account Balance)

경상수지는 외국과 물건(재화)이나 서비스(용역)를 팔고 산 결과를 종합한 것을 말한다.

국가 간 상품 및 서비스의 수출입, 자본 노동 등 생산요소의 이동에 따른 대가의 수입과 지급을 종합적으로 나타낸 것으로, '국제수지'를 이루는 중요한 요소이다. 경상수지는 상품수지, 서비스수지, 소득수지, 경상이전수지 등으로 구분된다.

⇨ 상품수지

국내에서 생산한 상품의 수출에 의해 벌어들인 수취액(수출액)과 외국에서 수입한 상품에 대해 지급한 금액(수입액)의 차이를 나타낸다.

⇨ 서비스수지

외국과의 서비스거래 결과 벌어들인 금액과 외국에 지급한 금액의 차이를 말한다.
우리나라의 선박이나 항공기가 상품이나 여객을 나르고 외국으로부터 받은 운임, 외국관광객이 우리나라에서 쓰고 간 돈, 무역대리점의 수출입 알선 수수료 수입 등이 서비스 수출이 된다. 반대로 우리나라가 외국에 지급한 외국 선박과 항공기의 운임경비, 외국 여행경비, 외국의 특허권 사용료 등은 모두 서비스 수입이 된다.

⇨ 소득수지

내국인이 외국에 단기간 머물면서 번 돈과 국내에 일시 고용된 외국인 근로자에게 지급한 돈의 차이와 국내 거주자가 외국에 투자한 결과 벌어들인 배당금, 이자와 외국인이 우리나라에 투자한 대가로 지급받는 배당금, 이자의 차이를 나타낸다.

⇨ 경상이전수지

거주자와 비거주자 사이에 아무런 대가 없이 주고받는 거래 중에서 자본거래의 성격을 지니지 않은 경상이전거래의 수지 차를 말한다. 대표적인 경상이전거래는 해외교포가 국내의 친척 등에 보내오는 송금, 종교기관이나 자선단체의 기부금과 구호물자, 정부 간의 무상원조 등이다.

경제4단체

재계의 이익을 대변하고 대정부 압력단체 역할을 수행하는 단체들.

전국경제인연합회, 대한상공회의소, 한국무역협회, 중소기업중앙회를 지칭한다. 그중 전국경제인연합회만이 순수 민간단체고, 나머지 세 단체는 법정단체 내지 반관반민(半官半民)단체다.
이들은 일종의 대정부 압력단체로서 정부가 각종 경제 관련 법안과 정책 수립할 때 재계의 주장을 피력하고 이익을 관철시키기 위한 다양한 활동을 벌인다. 또, 경제 현안에 대한 공동성명 발표와 기업인 보호를 위한 활동, 기업의 여론 창구 역할도 수행한다.

경제협력개발기구 (OECD)

제2차 세계대전 후 유럽의 경제 부흥을 추진해온 유럽경제협력기구를 말한다.

상호 정책 조정 및 정책 협력을 통해 회원국 간 경제사회 발전을 공동으로 모색하고 나아가 세계 경제 문제에 공동으로 대처하기 위한 정부 간 정책연구 및 협력기구로 1961년 9월 30일 파리에서 발족 되었다. 재정금융의 안정을 도모하고 세계 경제의 건전한 발전에 기여하고, 세계 무역의 다각적이고 차별 없는 확대에 공헌하는 것을 목적으로 하여 출범하였다. OECD는 각종 국제기구와 밀접한 관계를 구축하고, 경제정책, 에너지, 국제무역, 식량, 환경, 과학, 노동 등과 같은 사회 분야 정책 전반에 관하여 걸쳐 수시 논의 및 협력을 추진한다. 우리나라는 1996년에 가입해서 29번째 정회원국이 되었다.

고시가격 (告示價格)

정부가 상품 가격의 상한선을 정하여 일정액 이상을 받지 못하게 결정한 최고액의 통제가격.

정부는 국민생활과 국민경제의 안정을 위하여 필요하다고 인정할 때는 특히 긴요한 물품의 가격, 부동산 등의 임대료 또는 용역의 대가의 최고가격을 지정할 수 있다. 정부는 최고가격을 유지할 필요가 없다고 인정할 때는 폐지해야 하는데, 이와 같은 지정이나 폐지는 지체없이 고시해야 한다. 그리고 건설교통부에서 조사·평가하여 공시한 표준지의 단위 면적당 가격도 고시가격의 일종이다. 공공요금도 정부에 의해 결정되는데, 주무부장관은 국무회의 심의를 거쳐 대통령의 승인을 얻어야 한다.

골드만 삭스 (Goldman Sachs)

모건 스탠리 딘 위터, 메릴린치와 함께 국제 금융 시장을 주도하는 대표적인 투자은행 겸 증권회사.

1869년 독일계 유대인 마르쿠스 골드만이 뉴욕에 차린 약속어음 거래회사를 모체로 시작되었으며, 130여 년의 전통을 자랑한다. 뉴욕에 본부를 두고 있으며, 24개국의 지사를 통해 기업의 인수합병과 채권발행 등의 사업을 하고 있다. 한국에도 1992년 서울사무소를 개설했고 1998년 12월 지점으로 승격시켰다.

공유경제 (Sharing Economy)

물품을 소유의 개념이 아닌 서로 대여해 주고 빌려 쓰는 개념으로 인식하여 경제활동을 하는 것을 말한다.

미국 하버드대 법대 로런스 레식 교수에 의해 처음 사용된 말로 물품은 물론, 생산설비나 서비스 등을 개인이 소유할 필요 없이 필요한 만큼 빌려 쓰고, 자신이 필요 없는 경우 다른 사람에게 빌려주는 공유소비의 의미를 담고 있으며 최근에는 경기침체와 환경오염에 대한 대안을 모색하는 사회운동으로 확대돼 쓰이고 있으며, 20세기 자본주의의 한계를 극복하기 위한 대안으로 평가된다.

공황 (Panic)

자본주의 경제의 경기변동의 한 단계로 갑자기 경기가 악화되어 발생하는 극도의 경제 혼란 상태.

일반적으로 소비재 부문에서 시작되어 생산재 부문으로 파급된다.

생산의 급격한 감소, 실업자의 급증, 공장 폐쇄, 물가 폭락, 기업 파산 등의 현상이 나타난다. 그 원인에 따라 생산 공황·상품 공황·자본 공황·금융 공황 등이 있는데 금융 공황이 가장 대표적이다.

⇨ 대공황

1929년부터 1933년 사이, 미국을 중심으로 하여 세계적 규모로 일어난 대공황. 이를 극복하고 경제를 재건하기 위해 루즈벨트 대통령에 의해 뉴딜정책이 실시되었다.

관세장벽 (Tariff Barriers)

고율의 관세를 수입품에 적용하여 그 가격을 인상함으로써 같은 종류의 상품 또는 경합상품을 생산하는 국내 산업을 보호하는 조치.

국내 산업을 보호하고 국가의 재정 수입을 도모할 목적으로 수입 상품에 높은 관세를 부과하여 국내 수입품 가격을 높게 함으로써 수입을 억제하는 제도를 말한다.

관세장벽은 1차 세계대전 후 세계적인 공황이 일어났을 때, 여러 후진국에서 악화되어 가는 국제수지를 극복하고 불경기로 허덕이는 국내 산업을 보호·유지하기 위하여 채택되었던 것인데, 이러한 조치는 선진국에서의 관세인상이라는 연쇄 반응적인 대응 조치를 낳게 하여 관세전쟁이 되고 말았다. 각국은 관세장벽으로 야기되는 어려움을 재연하지 않기 위해 관세율 인하 조절을 도모하는 국제기구인 관세 및 무역에 관한 일반협정(GATT)을 설정하여 무역의 자유화 증진을 위해 노력하였고, 특히 1994년 우루과이라운드(UR)협정 타결로 관세장벽은 거의 무너져가고 있으며, 더욱이 1995년 세계무역기구(WTO)의 발족으로 시장개방과 자유무역이 더욱 강도 높게 요구되고 있다.

국제통화기금 (IMF; International Monetary Fund)

세계 무역의 안정을 목적으로 설립한 국제금융기구.

1944년 브레튼우즈협정에 따라 협정·조인된 후 1947년부터 업무를 시작한 UN 기구의 하나로, 협정 가맹국의 출자로 이루어진 국제금융 결제기관이다.
국제수지가 불균형인 나라에 대해 외환자금을 공여함으로써 국제수지의 균형을 도모하는 한편, 환시세의 안정과 다각적 결제에 의한 환거래의 자유를 확립함으로써, 국제무역의 균형적 성장과 국제금융의 협력을 도모하는 데 그 목적이 있다. 주로 환(換) 및 단기자금을 융통하며 본부는 워싱턴에 있다. 우리나라는 1955년에 가입하였으며, 1997년 IMF(국제통화기금)로부터 자금 지원을 받은 바 있다.

그린 마케팅 (Green Marketing)

자연보호 및 환경오염 방지를 강조하는 마케팅.

기업의 제품 개발, 유통, 소비 과정에서 자사의 환경에 대한 사회적 책임과 환경보전 노력을 소비자들에게 호소함으로써 환경친화적인 소비자들과 공감대를 형성하려는 새로운 마케팅 전략이다.
1980년대 초, 유럽에서 환경보호를 위해 일회용 기저귀, 세제, 건전지 등을 공해를 줄인 녹색 제품으로 만들어 판매하면서 시작되었다. 그린 마케팅은 생태학적으로, 안전한 제품, 재활용이 가능하고 썩어 없어지는 포장재, 양호한 오염 통제장치, 그리고 에너지를 효율적으로 활용하는 방안 개발 등의 활동을 의미한다.

금융자산 (Financial Asset)

금융자산은 주식이나 채권, 예금, 신탁 등을 가리킨다.

금융자산은 예컨대 빌린 돈으로 투자한 주식 등 돈을 빌려 늘린 자산까지 모두 포함한 것으로, 순자산 개념과는 다르다. 또 금융자산은 또한 수익률의 위험도에 따라 '안전 금융자산(safe financial asset)'과 '위험 금융자산(risky financial asset)'으로 구분되는데, '안전 금융자산'은 현금보유, 은행예금 및 채권을 포함하며 '위험 금융자산'은 가계가 직·간접적으로 보유한 주식 및 투신 상품을 포괄한다.

⇨ 실물자산 (Real Asset)

실물자산은 비금융자산으로, 부동산이 대표적이다. 이외에도 골동품, 우표, 금, 기념주화 등처럼 형체가 있는 자산을 말한다.
대체로 경제가 발전할수록 실물자산에 대한 투자보다 금융자산에 대한 투자가 더 큰 비중을 차지하게 되는데, 인플레이션 때는 실물자산에 투자하는 게 상대적으로 유리하다. 금융자산의 경우 실질소득이 감소하기 때문이다. 인플레이션 때 주식이 오르지 않는 것도 바로 주식이 금융자산이기 때문이다.

금융통화위원회 (Monetary Policy Committee)

한국은행법에 의해 한국은행 안에 설치되어 통화 신용에 관한 정책을 수립하고 한국은행의 업무, 운영, 관리를 지시·감독하는 기관.

금융통화위원회는 한국은행의 정관을 정하고 예산과 결산을 승인하고 한국은행의 직원을 임면(任免)하며 그 보수를 정한다.
기획재정부 장관, 한국은행총재, 금융감독위원회 위원장, 대한상공회의소 회장, 전국은행연합회 회장, 한국증권업협회 회장이 각각 1인씩 추천하는 임명직 위원 6인 및 당연직 위원인 한국은행총재 본인 등 총

7인으로 구성된다. 금융통화위원회의 가장 중요한 역할은 통화 신용의 운영관리에 관한 정책을 수립하는 것이다.

기간산업 (Key Industry)

국민경제의 발전을 좌우하는 열쇠이며, 대동맥과 같은 역할을 하는 산업.

한 나라의 산업 발달은 그 기초가 되는 기간산업의 발달 여하에 따라 크게 좌우된다. 철강·동·기타의 금속공업, 석탄·석유·전력 등의 동력산업(動力産業), 공작기계·조선·차량 등의 중요 기계산업, 비료·소다 등의 중요 화학공업, 광산업, 원료, 중요 생산설비 및 교통기관산업 등 생산 부문의 중추 부문을 기간산업이라고 한다.

내부자거래 (Insider's Trading)

상장회사의 임직원 또는 주요 주주가 그 직무나 직위에서 얻은 내부 정보로 자기 회사의 주식을 매매하여, 부당이득을 취하는 거래.

좁은 의미에서 내부자란 기업경영에 직접 영향력을 행사하는 사람을 의미하나, 넓은 의미에서는 해당 기업과 관련된 공무원 및 감독기관과 회계사까지도 포함된다. 흔히 대기업 계열사 상호의 거래나, 제품과 자본거래가 이루어지는데, 이것은 불법행위다. 타사와의 거래 시 보다, 제품의 가격이나 지불조건 등을 좋게 적용하거나, 비계열사에게 계열사 제품의 구입을 강요하는 행위 등이 이에 해당한다.

네거티브 시스템 (Negative System)

원칙적으로 수입을 자유화하고 예외적으로 수입을 제한하여 금지하는 품목만을 규정하는 무역제도.

수입을 제한하여 금지하는 품목을 네거티브 리스트(Negative list)라 한다. 이 제도의 목적은 무역자유화의 폭을 넓히고, 국내 산업의 체질을 개선하며, 일반인의 소비생활을 향상시키는 데 있다.

⇨ 포지티브 시스템 (Positive System)

원칙적으로 수입을 제한 또는 금지하고 예외적으로 몇 품목만 허용하는 무역제도. 이때 수입을 허용하는 품목을 포지티브 리스트(Positive list)라 한다.

녹다운 방식 (Knock Down System)

완성품이 아닌 부품을 수출한 다음 현지에서 직접 조립하여 판매하는 방식.

자동차산업 등에서 흔히 볼 수 있으며, 정밀기계나 자동차조립에 필요한 부품을 완제품으로 수송하는 것보다 부품으로 수송하는 편이 운임과 관세가 절약된다. 또 현지의 싼 노동력을 이용해 자동차조립에 이용할 수 있으므로 생산비용을 절감할 수 있다는 장점도 있다.
최근에는 완제품의 수출증가로 일어나는 무역마찰을 회피하기 위하여 또는 제3국을 통해 우회 수출할 목적으로 이 방식을 많이 채용하고 있다. 특히 자국에 자동차시장이 있고, 자동차생산을 자국 산업으로 육성하려는 개발도상국에서는 기술이전이 이루어질 때까지의 얼마 동안 완성차 수입을 억제하는 대신 이 방식을 도입하기도 한다.

담합 행위 (談合行爲)

사업자가 계약이나 협정 등의 방법으로 다른 사업자와 짜고 가격을 결정하거나 거래 대상을 제한해서 그 분야의 실질적인 경쟁을 제한하는 행위.

공정거래법은 이 같은 부당 행위를 8가지 정도로 구분하고 있다. 가격 제한, 판매 제한, 생산 및 출고 제한, 거래 제한, 설비의 신설 및 증설 제한, 상품 종류 및 가격 제한, 회사 설립 제한, 사업 활동 제한 등이다. 공정거래위원회는 이 같은 공동행위가 적발될 경우 시정명령과 과징금 부과는 물론 형사고발 등의 제재 조치를 하고 있다.

더블딥 (Double-Dip)

경기가 두 번 떨어진다는 뜻으로 경기가 일시적으로 회복 조짐을 보이다가 다시 침체 국면으로 빠져드는 현상을 말하는 것이다.

1980년대 미국에서 처음 등장한 신조어로 부진한 기업투자와 민간 소비 악화로 인해 생긴다. 더블딥은 W자형처럼 두 번에 걸쳐 저점을 형성하는 경기사이클이며 경기침체의 골을 두 번 지나야 비로소 완연한 회복을 보이는 것으로 W자 모양이 더블딥으로 불린다.

디폴트 (Default)

공·사채나 은행융자 등에 대한 이자 지불이나 원리금 상환이 불가능해진 상태.

공·사채나 은행융자 등은 계약상 원리금 변제 시기·이율·이자 지불 시기 등이 확정되어 있으나 채무자가 사정에 의해 이자 지불이나 원리금 상환을 정해진 대로 이행할 수 없는 상황에 빠진 것으로 '채무불이행'이라고도 한다. 한 나라의 정부가 외국에서 빌려온 빚을 상환기간

내에 갚지 못한 경우에도 해당한다.
디폴트가 발생했다고 채권자가 판단해서 채무자나 제삼자에게 알려주는 것을 '디폴트 선언'이라고 한다. 채권자는 디폴트 선언을 당한 채무자에 대해 상환기간이 되기 전에 빌려준 돈을 모두 회수할 수 있게 된다. 공·사채나 은행융자 등에 대해서 디폴트가 발생할 위험을 '디폴트 리스크'라고 하며, 국가와 관련된 '디폴트 리스크'를 '컨트리 리스크'라고 한다.

로열티 (Royalty)

법률상 일정한 유형의 권리 소유자에 대해 허가받아 그 권리를 행사하는 사람이 지급하는 일정한 대가.

이러한 권리로는 문학·음악·미술 저작권, 발명과 의장(意匠)특허권, 석유나 천연가스 등의 매장 광물에 대한 권리 등이 있다. '로열티'라는 용어는 영국에서 수 세기 동안 금·은광이 국왕의 재산이었고 그러한 '국왕의(royal)'금속은 국왕에게 대가(royalty)를 지급해야만 채굴할 수 있었다는 사실에서 유래한 것이다. 기술개발 촉진에 따라 외국으로부터 선진기술 도입이 확대되고, 상표 도입 등이 늘어나면서 로열티 지급이 점차 확대되는 추세이며, 기술 도입 기간도 5년 이상 장기화되고 지급액도 순매출액의 5% 이상의 고액 지급이 늘어나는 경향이다.

매스티지 (Masstige)

대중(mass)과 명품(prestige product)의 합성어. 대량으로 판매되는 고급상품.

매스티지라는 개념을 처음 소개한 미국 경제 전문지 하버드 비즈니스 리뷰(HBR)는 '소득 수준이 높아진 중산층 소비자들이 품질이나 감성적인 만족을 얻기 위해 비교적 저렴한 고급품을 소비하는 추세'로 정의했다. 20~30만 원대의 청바지 같은 '준(準)명품'들이 이 매스티지에 해당한다. 미국에서 생겨난 이 신조어는, 잘살게 된 중산층이 '상대적으로 저렴한'고급품을 찾는 현상을 표현한 것이다. 한국에서도 최근 이런 종류의 상품들이 제법 잘 팔린다고 한다.

모라토리엄 (Moratorium)

국가 또는 지방정부 등이 외부로부터 빌려온 차관 또는 자금에 대해 일시적으로 채무상환을 연기하는 지불유예를 말한다.

'모라토리엄'은 국가가 경제·정치적인 이유로 외국에서 빌려온 차관에 대해 일시적으로 채무상환을 연기하는 지불유예를 말한다. 전쟁, 지진, 경제공황, 화폐개혁 등 한 국가 전체 또는 어느 특정 지역에서 긴급사태가 생겼을 때 국가권력을 발동해 일정 기간 금전적인 채무이행을 연장하는 것이다.
모라토리엄을 선언하면 국가신인도가 직강으로 하락하고 은행 등 금융업체들의 신용도가 사실상 제로상태에 빠지기 때문에 대외 경상거래가 마비된다. 이에 따라 수출이 어려워지고 물가는 치솟으며 화폐가치는 급락한다. 또한 대규모 실업 사태가 발생하고 구조조정의 고통이 장기화되며, 외채 사용도 엄격히 통제된다.

목적세 (Objective Tax)

특정의 경비 지출을 목적으로 징수하는 조세.

일반 경비에 충당하기 위하여 징수되는 일반세(一般稅) 또는 보통세(普通稅)에 대응한다. 목적세는 사용 용도가 명백하므로 납세자의 이해를 얻기는 비교적 쉬우나 특정 목적 이외에는 사용할 수 없어 재정의 운용을 제한하고 경비 지출 간에 불균형을 초래하는 경우가 많기 때문에 특히 국세(國稅)에 대해서는 사용하는 나라가 드물다. 그러나 지방세에 대해서는 많은 나라에서 보통세와 목적세를 병용하고 있다.
우리나라에서는 지방세 가운데 도시계획세·공동시설세·사업소세·지역개발세·지방교육세 등의 목적세를 두고 있다.

몰링 족 (Malling)

대형 복합쇼핑몰에서 쇼핑, 놀이, 공연, 교육 등을 원스톱(one-stop)으로 해결하는 것을 뜻하는 '몰링(Malling)'을 즐기는 새로운 소비계층.

전 세계적으로 쇼핑 시설과 함께 영화관, 공연장, 레스토랑 시설을 함께 갖추고 있는 복합쇼핑몰이 증가하고 있고, 소비자들이 쇼핑 자체를 단순히 물건을 사는 행위를 넘어서 하나의 즐거운 경험으로 여기면서 몰링족이 늘어나고 있는 추세다.

무디스 사 (Moody's Corporation)

미국 뉴욕에 있고 주로 출판물을 통해 투자자들에게 투자에 관한 정보나 조언을 제공하는 것을 주요 업무로 삼는 세계적인 신용평가기관의 하나.

이 회사는 1909년 200여 개의 철도채권에 대한 등급을 발표하면서 미국에서 굴지의 신용평가회사로 부상했다. 1924년 미국에서 발행되는 모든 채권의 등급을 매기기 시작했으며, 현재 국가나 은행, 증권이나 채권 분야의 등급을 발표하고 있다.
이와 유사한 회사로는 스탠다드 앤드 푸어 사가 있으며 이들 투자 자문회사의 등록 및 영업활동은 증권거래위원회(SEC; the Securities and Exchange Commission)의 규제를 받고 있다.

무역수지 (Trade Balance)

어떤 나라의 무역 즉, 상품거래에 따른 수입과 지급을 일정 기간(보통 1년)에 대하여 종합한 결과.

수출입의 차이로서, 수출이 수입보다 큰 경우를 수출 초과, 수입이 수출보다 큰 경우를 수입 초과라 한다. 상품의 수출입이 세관에 의해서 정확히 파악되어 기록되므로, 보이는 무역 또는 유형무역(有形貿易)이라고도 한다.

⇨ **무역외 수지** (Balance of Invisible Trade)

상품 이외의 서비스 수출입 및 증여에 따른 수지. 운임·용선료, 보험료, 유가증권 매매, 환 수수료, 여행·관광 수입, 대외투자에 대한 이윤, 해외공채 이자, 해외 주식 배당 수입 등이 무역외 수지에 속한다.

물가연동제 (Indexation)

임금, 금리 등을 정할 때 일정한 방식에 따라 물가에 연동시키는 정책.

'물가지수(Index)에 맞춘다'는 뜻으로, '인덱싱(Indexing)'이라고도 한다. 인플레이션의 진행으로 생기는 명목가치와 실질 가치의 차를 메우고 인플레이션이 실제 경제에 미치는 나쁜 영향을 중화시키는 정책을 일반적으로 인플레이션 중립 정책이라고 하는데, 그 구체적인 것이 물가연동제다.

물가지수 (Price Index)

물가의 변동을 파악하기 위해 작성하는 지수.

일정한 시기를 기준으로 하여 그 후의 물가 변동을 백분율로 표시한 것이다. 물가지수는 화폐가치의 변동을 측정하는 기준이 된다. 한 상품만의 변동을 지수로 표시한 것을 가격지수라 한다.

반덤핑 관세 (Anti-Dumping Duties)

어떤 수출국의 기업이 특정 상품가격을 부당하게 낮은 가격으로 수출하여, 수입국의 산업이 큰 타격을 입을 경우에 부과하는 탄력 관세의 하나.

덤핑방지세 또는 부당염매관세라고도 한다. 일반적으로 덤핑상품에 대해 이례적으로 고율의 관세율을 적용하여 수입 억제 효과가 있다. 그러나 이러한 명분과 달리 선진국들이 부당 염가 가격판정의 자의성을 이용하여 개발도상 국가들에 대한 수입 규제책으로 남발해 문제가 되고 있다.

방카슈랑스 (Bancassurance)

은행(Bangue)과 보험(Assurance)의 합성어.

1986년 프랑스의 크레디아그리콜 은행이 생명보험사인 프레디카를 자회사로 설립하여 전국 46개 은행 창구에서 보험 상품을 판매하면서 시작되었다. 은행과 보험회사가 서로 연결하여 일반 개인에게 광역의 금융 서비스를 제공하는 것이다.
보험회사가 은행지점을 보험 상품의 판매대리점으로 이용해서 은행원이 직접 보험 상품을 파는 영업 형태를 말하는데, 독일·영국·프랑스 등지에서 새로운 금융 서비스의 하나로 부상하고 있다. 은행은 보험회사의 상품을 팔아주는 대신 수수료를 받는다. 최대 장점은 고객들이 은행에서 은행-보험 상품의 원스톱 서비스를 받을 수 있다는 것이다.

밴드왜건 효과 (Bandwagon Effect)

유행에 따라 상품을 구입하는 소비 현상. 편승효과(便乘效果) 혹은 악대차효과(樂隊車效果)라고도 한다.

밴드왜건은 서부 개척 시대에 역마차를 말한다. 역마차를 이용해 금광을 캐러 다니는 사람들이 많아지면서 이때 금광이 발견되었다는 소식이 퍼지면서 너도나도 마차를 타고 우르르 몰려갔다. 이러한 현상에서 힌트를 얻어 곡예나 퍼레이드 맨 앞에서 행렬을 선도하는 악대차를 세워 사람들의 관심을 끄는 것을 '밴드왜건 효과'라고 한다.
편승효과라고도 하는데, 경제적으로는 다수의 소비자가 구매하는 제품을 따라서 사는 현상을 의미한다. 특히 한국에서는 연예인이나 유명인이 특정 제품을 사용하면 순식간에 해당 제품이 품절되는 현상을 볼 수 있는데 이것이 바로 '밴드왜건 효과'라고 할 수 있다.
이러한 현상은 기업에서 소비자의 충동구매를 유도하는 마케팅으로 활용하고 정치적으로는 후보 선전용으로 활용한다.

버즈 마케팅 (Buzz Marketing)

인적 네트워크를 통해 소비자에게 상품정보를 전달하는 마케팅의 한 분야.

소비자들이 자발적으로 메시지를 전달하게 하여 상품에 대한 긍정적인 입소문을 내게 하는 마케팅 기법이다. 꿀벌이 윙윙거리는(buzz) 것처럼 소비자들이 상품에 대해 말하는 것을 마케팅으로 삼는 것으로, 입소문 마케팅 또는 구전마케팅(word of mouth)이라고도 한다.
특정 제품에 대한 긍정적 반응을 퍼트리도록 한다는 점에서 기존의 입소문과 같다고 할 수 있으나 최근에는 인터넷과 팟캐스트 같은 기술을 이용하여 순식간에 퍼트릴 수 있으며, 매스미디어를 통한 마케팅보다 비용이 저렴하고 기존의 채널로 도달하기 어려운 소비자들에게까지 접근할 수 있다는 장점이 있다.

법정관리 (法定管理)

부도를 내고 파산 위기에 처한 기업이 회생 가능성이 보이는 경우 법원의 결정에 따라 법원에서 지정한 제3자가 자금을 비롯한 기업 활동 전반을 대신 관리하는 제도.

회사에서 법정관리 신청하면 법정관리 체제의 전 단계 조치인 재산보전처분 결정이 내려진다. 이날부터 이 회사와 관련한 모든 채권과 채무가 동결되고, 법정관리 결정을 내려 법정관리자를 지정하면, 법정관리 체제로 전환된다. 부도 위기에 몰린 기업을 파산시키기보다 살려내는 것이 장기적으로는 기업과 채권자에게는 물론 국민경제 전반에 바람직한 경우가 많다는 점에서 이 제도를 시행하고 있다.

베블렌 효과 (Veblen Effect)

가격이 비쌀수록 오히려 수요가 늘어나는 비합리적 소비 현상.

미국의 사회학자이자 사회평론가인 베블렌(Thorstein Bunde Veblen)이 1899년 출간한 저서 『유한계급론(有閑階級論)』에서 '상층계급의 두드러진 소비는 사회적 지위를 과시하기 위하여 자각 없이 행해진다'고 말한 것에서 유래했다.
고가의 귀금속이나 고급 자동차 등은 경제 상황이 나빠지더라도 그 수요가 줄지 않는 경향이 있는데, 이는 젊은 세대를 중심으로 하이클래스의 이미지를 얻기 위해 무리해서라도 고가품을 구입하려고 하기 때문이다. 과시욕이나 허영심을 채우기 위해 고가의 물품을 구입하는 사람들의 경우, 값이 오르면 오를수록 수요가 증가하고, 값이 떨어지면 누구나 손쉽게 구입할 수 있다는 이유로 구매하지 않는 경향이 있다. 무조건 남의 소비성향을 좇아 한다는 뜻에서 '소비 편승효과'라고도 한다.

변동 환율제도 (Floating Exchange Rate System)

환율을 외환시장의 수요와 공급에 의해 자유롭게 결정되도록 하는 환율제도를 말한다.

환율을 외환시장의 수요와 공급에 의해 자유롭게 결정되도록 하는 환율제도이다. 변동환율제도는 환율의 실세를 반영하여 융통성 있게 변동할 수 있는 장점이 있으나, 환투기의 가능성이 있을 때는 환율의 안정을 잃게 되는 단점이 있다.

⇨ **고정환율제도** (Fixed exchange rate system)
정부가 특정 통화에 대한 환율을 일정 수준으로 고정시키고 이를 유지하기 위해 중앙은행이 외환시장에 개입하는 제도이다.

고정환율제도는 환율이 안정적으로 유지됨에 따라 경제활동의 안정성이 보장되어 대외거래를 촉진시키는 장점이 있으나 환율 변동에 의한 국제수지의 조정이 불가능함에 따라 대외부문의 충격이 물가 불안 등 국내경제를 불안정하게 하는 단점도 있다.

부가가치세 (VAT; Valued Added Tax)

생산 및 유통과정의 각 단계에서 창출되는 부가가치에 부과되는 조세.

영업세나 물품세처럼 기업이 판매한 금액 전액에 대해 과세하는 것이 아니라 판매금액에서 매입금액을 공제한 나머지 금액인 '부가가치'에다 부가가치세율을 곱한 것이 부가가치세액이 된다. 유럽연합(EU) 각국에서는 1960년대부터 실시하고 있으며 우리나라는 1977년부터 부가가치세제를 전국적으로 실시하기 시작했다.

분식회계 (Window Dressing Settlement)

기업이 재정 상태나 경영실적을 실제보다 좋게 보이게 할 목적으로, 부당한 방법으로 자산이나 이익을 부풀려 계산하는 회계.

금전 융통 등을 쉽게하기 위해 비실현 매출의 계산, 자산의 과대평가, 비용과 부채의 과소 계상, 가공 매출의 계상 등의 방법을 쓴다.
불황기에 분식결산하는 회사가 늘기 쉬운데 이런 행위는 주주나 하도급업체, 채권자들에게 손해를 끼치게 되고 탈세와도 관계되므로 상법은 물론 관련 법규에서 금지하고 있다. 주로 부실을 감추기 위한 회계 조작이다.

⇨ 역분식 (逆粉飾)

분식결산과는 반대로 이익을 실제보다 줄이거나 비용·충당금을 부풀리는 방식. 회사가 큰 이익이 발생할 경우에 생기는 노동조합의 임금 인상 요구나 세금의 부담을 덜기 위한 법이다. 이렇게 실제 이익을 줄여 장부에 기록하여 생긴 장부 외 자금은 주로 오너 일가의 비자금으로 사용된다.

브렉시트 (BBrexit)

브렉시트(Brexit)는 '영국(Britain)'과 '탈퇴(Exit)'의 합성어로 영국의 유럽연합(EU) 탈퇴를 뜻한다.

영국은 2016년 6월 23일 유럽연합 탈퇴 여부를 결정하기 위한 국민투표를 실시했다. 그 결과 영국 국민들은 'EU 탈퇴 '51.9%, ' EU 잔류 '48.1%, 126만 여 표차로 탈퇴를 가결했다. 투표율은 72.2%였다. 이로써 세계 5위의 경제 대국인 영국은 1973년 EU의 전신인 유럽경제공동체(EEC)에 가입한 지 43년 만에 유럽공동체에서 탈퇴를 결정하게 되었다.

블랙 먼데이 (Black Monday-검은 월요일)

뉴욕의 다우 존스 평균 주가가 하루에 505달러가 폭락한 1987년 10월 19일이 월요일이었기 때문에 붙여진 이름이다.

대폭락의 원인으로 무역 적자, 경제환경의 변화, 세제 개혁안, 과도하게 오른 주가에 대한 투자자들의 불안 심리 등이 지적되었으나 컴퓨터를 통한 주식거래가 주범으로 꼽히기도 했다. 미국에서는 대폭락 재발 방지를 위해 주가 급락 시 매매 차단 및 가격 제한 폭 설정을 골자로 한 서킷 브레이크 제도가 실제 도입되기도 했다.

블록체인 (Blockchain Security Technology)

누구나 열람할 수 있는 장부에 거래 내역을 투명하게 기록하고, 여러 대의 컴퓨터에 이를 복제해 저장하는 분산형 데이터 저장 기술이다.

블록에 데이터를 담아 체인 형태로 연결, 수많은 컴퓨터에 동시에 이를 복제해 저장하는 분산형 데이터 저장 기술이다. 공공 거래 장부라고도 부른다. 중앙 집중형 서버에 거래 기록을 보관하지 않고 거래에 참여하는 모든 사용자에게 거래 내역을 보내 주며, 거래 때마다 모든 거래 참여자들이 정보를 공유하고 이를 대조해 데이터 위조나 변조를 할 수 없도록 되어 있다.

블루오션 전략 (Blue Ocean Strategy)

차별화와 저비용을 통해 경쟁 없는 새로운 시장을 창출하려는 경영전략.

블루오션(푸른 바다)이란 수많은 경쟁자로 우글거리는 레드오션(red ocean : 붉은 바다)과 상반되는 개념으로, 경쟁자들이 없는 무경쟁시장을 의미한다. 프랑스 유럽경영대학원 인시아드의 한국인 김위찬 교수와 르네 마보안(Renee Mauborgne) 교수가 1990년대 중반 가치혁신(value innovation) 이론과 함께 제창한 기업 경영전략론이다.
이 새로운 시장은 차별화와 저비용을 동시에 추구함으로써 기업과 고객 모두에게 가치의 비약적 증진을 제공하는 시장으로, 다른 기업과 경쟁할 필요가 없는 무경쟁시장이다. 쉽게 말해 기존의 치열한 경쟁시장 속에서 시장 점유율을 확보하기 위해 애쓰는 것이 아니라, 매력적인 제품과 서비스를 통해 자신만의 독특한 시장, 곧 싸우지 않고 이길 수 있는 시장을 만들어 내는 전략을 말한다.

⇨ 레드오션 (Red Ocean)

'블루오션'의 반대 개념. 경쟁에 바탕을 둔 모든 전략을 '레드오션'이라고 한다.
레드오션의 전략은 기존 시장 안에서 경쟁자를 죽이거나 이기는 것이 목표로 기존 수요시장에서 1등을 하는 것이다.

비관세장벽 (NTB; Non-Tariff Barrier)

관세에 의하지 않고 수입을 억제하는 수단.

수입 수량의 할당, 국내 산업 보호정책, 수출에 대한 금융지원, 각국의 특유한 기준·인증제도, 수입 절차상 관행 등이 구체적인 예다.
비관세장벽이 특히 주목받게 된 것은 미국이 1974년 통상법에 이 문제를 취급하면서부터다. 그 후 비관세장벽이 국제무역을 저해한다는 세계 각국의 판단에 따라 국제적 개선책을 모색하기 위해 1975년 3월 관세무역일반협정(GATT) 무역교섭위원회 아래 비관세장벽 그룹이 설치되어 그 경감·철폐를 위한 교섭이 진행됐다.
그 결과 1979년 3월 국제규약에 대한 대체적인 합의를 보았다. 그 내용은 수입절차의 간소화, 검사기준에 합격한 수입품은 국산품과 같은 품질보증 인증제도의 적용을 받게 할 것, 어떤 나라든 일방적으로 수출보조금을 지급하거나 상계관세를 부과하지 않을 것, 정부조달은 원칙적으로 공개입찰에 부칠 것 등이다. 바터제(Barter System), 쿼터제(Quota System), 링크제(Link System), 외환 관리제 등의 조치에 의한 제한이 비관세장벽이다.

사회적 기업 (Social Enterprise)

사회적 목적을 우선적으로 추구하며 영업활동을 수행하는 기업 및 조직.

사회적 목적을 추구하면서 취약 계층에게 사회 서비스 또는 일자리를 제공함으로써 지역 주민의 삶을 높이고, 재화 및 서비스의 생산, 판매 등 영업활동을 수행하는 기업을 의미한다. 영리기업이 이윤 추구를 목적으로 하는 데 반해, 사회적 기업은 사회 서비스의 제공 및 취약계층의 일자리 창출을 목적으로 하는 점에서 영리기업과 큰 차이가 있다.

석유수출국기구
(OPEC; Organization of Petroleum Exporting Countries)

국제석유자본(석유 메이저)에 대한 발언권을 강화하기 위해 결성한 조직.

사우디아라비아, 이란, 베네수엘라, 쿠웨이트, 이라크 등 5개 산유국이 미국, 영국, 프랑스, 네덜란드 등의 국제석유자본(major group)에 대항해서 석유 수입의 안정 확보를 목표로 1960년에 발족한 일종의 석유 카르텔 기구이며, OPEC 본부는 원래 제네바시에 있다가 1965년 빈으로 옮겨졌다. 현재 회원국은 기존 5개국을 포함해서 카타르, 인도네시아, 아랍에미리트, 리비아, 알제리, 나이지리아, 에콰도르, 가봉 등 13개국으로 세계 원유의 60% 이상을 생산한다. 이들은 유가의 단일화, 원유 가격·공급 조작 등으로 석유를 무기화하기도 했다.

수요 공급의 법칙 (Law of Demand and Supply)

어떤 상품에 관한 시장 수요량 및 시장 공급량과 시장 가격 사이의 관계에 관한 법칙.

시장에서 다른 조건이 일정하다는 전제하에, 수요량이 증가하면 가격은 상승한다. 역으로 수요량이 감소하면 가격은 하락한다. 수요량이 증가하여 공급량을 넘어설 때 수요자들이 경쟁하여, 초과수요량이 사라질 때까지 가격이 상승하기 때문이다. 한편 같은 전제하에서 공급량이 증가하면 가격은 하락하고, 공급량이 감소하면 가격이 상승한다. 공급자들이 경쟁하여 가격을 낮추고, 초과 공급량이 사라질 때까지 가격 인하 경쟁이 계속되기 때문이다. 따라서 시장에서 가격은 수요와 공급이 일치하는 지점에서 결정되며, 그 가격을 균형가격이라고 한다.

스톡옵션 (Stock Option)

회사가 임직원에게 일정량의 회사 주식을 발행 당시 가격으로 싸게 취득할 수 있는 권리를 부여하는 제도로서 일종의 성과급 보너스다.

벤처기업은 초기에 자금 부족으로 급여를 제대로 주지 못해 인력을 확보하느라 애를 먹는 경우가 적지 않은데 이때 스톡옵션은 우수인력을 유치하는 강력한 무기가 될 수 있다. 미국의 경우 유력 기업의 75% 이상이 스톡옵션제를 시행하고 있다. 우리 사주와 다른 점은 현재 시점에서 투자자금이 들지 않으며, 스톡옵션 기간이 지난 후 회사에서 당시 시가대로 주식을 구입할 것을 보장해 준다는 점이다. 단, 이 기간 중에 퇴직하거나 회사에 결정적인 손해를 입힌 경우 또는 경영실적이나 근무 성과가 현저하게 나쁠 경우는 스톡옵션의 혜택을 받을 수 없다. 우리나라는 1997년 4월에 증권거래법이 개정되면서 도입된 후, 벤처기업을 중심으로 급속히 퍼졌고 최근에는 금융권까지 확산되고 있다.

스필오버 효과 (Spillover Effect)

물이 흘러넘쳐 인근의 메마른 논에까지 혜택이 전해지듯이, 특정 지역에 나타나는 현상이나 혜택이 흘러넘쳐 다른 지역에까지 퍼지거나 영향을 미치는 것.

스필오버는 어떤 요소의 경제활동이 그 요소의 생산성 또는 다른 요소의 생산성에 영향을 줌으로써 경제 전체의 생산성을 증가시키는 효과를 말한다. 과거 원화 대비 엔화 가치가 상승하
면서 한국을 방문하는 일본 관광객이 급증하여 명동 일대에 호텔에서 숙소를 구할 수 없게 되어 강남으로 흘러넘치는 현상이 일어났다.
다른 예로 경기도 여주에 명품아울렛 단지가 생기고 나서 '실속 쇼핑의 메카'로 등장하게 되었다. 그 후 일대에 375st아울렛, 중소개발업자들이 문을 연 가두점형 아울렛이 등장해 그 지역의 새로운 명소가 되면서 지역 경제활동의 중심지가 되고 있다.

승수이론 (Theory of Multiplier)

정한 경제변수의 변화가 다른 경제변수의 변화에 미치는 파급효과를 분석하는 이론체계.

경제 현상에 있어서 어느 경제량이 다른 경제량의 변화에 따라 바뀔 때 그 변화가 한 번에 끝나지 않고 연달아 변화를 불러일으켜서 마지막에 가서는 맨 처음의 변화량의 몇 배에 이르는 변화를 하는 수가 있다. 이러한 변화의 파급 관계를 분석하고 최초 경제량의 변화에 따라 최종적으로 빚어낸 총 효과의 크기가 어떻게 결정되는가를 규명하는 것이 승수이론이다.
예를 들어 정부가 100억 원의 재정 지출을 증가시키고 파급효과를 통해 결과적으로 500억 원의 소득 증가 효과가 발생하였다면 5배라는 숫자가 바로 승수가 된다.
칸(Kahn, R. F.)이 고용승수 분석을 통해 승수이론을 창안하였고 케인

즈(Keynes, J. M.)가 이를 계승하여 투자 증가와 소득 증가 사이의 투자 승수 분석을 통해 승수이론을 정립하였다.

실리콘 밸리 (Silicon Valley)

미국의 서해안 도시인 샌프란시스코에 인접한 계곡지대로 세계 전자산업의 중심지.

원래는 양질의 포도주 생산지대였는데, 전자산업(microelectronics)의 기반이라고 할 수 있는 실리콘으로 된 반도체 칩을 생산하는 기업이 대거 진출하면서 실리콘 밸리로 불리게 됐다. 도시 행정구역상으로는 산타클라라 카운티(Santa Clara County)라고 하는데 12개의 도시가 합쳐져 형성됐다. 이곳에는 애플컴퓨터(Apple Computer)사를 비롯해 휴렛패커드, 인텔, 페어차일드, 텐덤 등 4,000여 개의 기업이 운집하고 있으며 미국 전자공업협회(AEA) 본부가 있다.

실버 산업 (Silver Industry)

고령자를 대상으로 한 상품이나 서비스를 제조·판매하거나 제공할 것을 목적으로 하는 영리사업을 말한다.

'고령'이라는 단어가 갖는 부정적 이미지를 없애기 위해 '실버(silver)'라는 단어가 고안됐는데 이는 은발을 의미한다. 선진국에서 고령인구의 급증 및 공·사 연금제도 확충으로 인한 고령자 경제력의 인구 비율 이상의 증가, 고령자 간호 등 유료 서비스 이용 인구 증가, 공적 기관의 고령자 대책 서비스의 실버산업에 대한 위탁 등으로 인해 실버산업의 수요가 급증해, 이들을 대상으로 건강식품·의료·휴양 및 관광 등을 판매하는 실버산업이 호황을 맞고 있다.

실업 (Unemployment)

노동할 의욕과 능력을 가진 자가 자기의 능력에 상응한 노동의 기회를 얻지 못하고 있는 상태.

⇨ **잠재적 실업** (Latent Unemployment)

사실상 실업 상태로, 원하는 직업에 종사하지 못해 부득이 조건이 낮은 다른 직업에 종사하는 것을 말한다. 노동자가 지닌 생산력을 충분히 발휘하지 못해 수입이 낮고, 그 결과 완전한 생활을 영위하지 못하는 반실업 상태에 있는 영세 농가나 도시 영업층의 과잉 인구가 이에 해당한다. 가장 실업 혹은 위장 실업이라고도 한다.

⇨ **자발적 실업** (Voluntary Unemployment)

일할 의사는 있으나, 현재의 임금수준이 낮다고 생각하여 스스로 실업하고 있는 상태.

⇨ **비자발적 실업** (Involuntary Unemployment)

자본주의 경제체제 하에서, 취업할 의사는 있으나 유효수요(有效需要)의 부족으로 취업하지 못하는 상태.

⇨ **기술적 실업** (Technological Unemployment)

기술 진보에 따른 자본의 유기적 구성의 고도화로 야기되는 실업.

⇨ **마찰적 실업** (Frictional Unemployment)

노동의 수요와 공급이 일시적으로 일치되지 않아서 생기는 실업. 노동시장에 대한 지식이 없거나, 노동의 지역적 이동이나 전업이 곤란한 경우 등에 일어나는 실업을 말한다.

⇨ **계절적 실업** (Seasonal Unemployment)

자연적 요인이나 수요의 계절적 편재에 따라 해마다 순환적·규칙적으로 일어나는 실업. 농·수산·토건업 등에서 많이 볼 수 있다.

⇨ 구조적 실업 (Structural Unemployment)

경제구조의 특질에서 오는 만성적 실업 형태. 일반적으로 선진국에서 자본주의의 생산 구조가 변화되어 발생하거나, 자본 축적이 부족한 후진국에서 생산설비의 부족과 노동인구의 과잉으로 생기는 실업으로 경기가 회복되어도 속히 고용권에 흡수되지 않는 실업의 형태다.

실질 경제성장률 (Real Growth Rate)

실질 국민소득이나 실질 국민총생산이 일정 기간(통상 1년)에 얼마나 증가했는가를 나타내는 비율.

물가 변동에 의한 영향을 수정한 실질 국민소득 또는 실질 국민총생산에 의해 산출된 경제성장률이다. 이것은 인플레이션이 심한 경우일수록 명목성장률에 비해 그 수치가 낮아진다. 국민총생산의 크기는 금액(화폐)으로 한 것이므로, 이 경우의 성장률을 명목성장률이라고 한다. 이에 반하여 국민총생산을 실물(물량)로 할 경우는 실질성장률이라고 한다. 이 두 성장률 사이에는 '실질성장률 = 명목성장률 - 물가상승률'이라는 등식이 성립한다. 예를 들어 어느 해의 명목성장률이 15%, 실질성장률이 10%였다고 하면, 그해의 물가상승률은 5%인 셈이다.

아시아개발은행 (ADB; Asian Development Bank)

아시아 개발도상국의 경제발전을 위한 자금을 융자하기 위해 1966년 12월 정식 발족한 국제개발은행.

업무 내용은 개발과 이를 위한 기술원조, 조사활동, 장기 저리로 융자하는 특별업무 등으로 구분된다. 특정한 프로젝트에 융자하는 것을 원칙으로 하나, 수 개국에 걸치는 사업도 융자 대상이 된다. 최근엔 석유위기에 의한 가입국의 수지 악화 구제를 위한 융자도 늘고 있다. 최고

정책 결정기관인 총무회, 업무 운영상 관리기관인 이사회, 총무회가 선출하는 총재와 그의 지휘하에 있는 업무 부문으로 구성돼 있다.

아웃소싱 (Out Sourcing)

자체 인력이나 설비를 이용해, 하던 업무를 외부 용역으로 대체하는 것.

특히 업무가 계절적·일시적으로 몰리는 경우 내부 직원·설비를 따로 두는 것보다 외부 용역을 주는 것이 효율적이다. 주로 기업에서 활용됐으나 최근에는 정부부문도 일상적 관리업무나 수익성이 있는 사업 등을 민간에 맡기거나 넘겨 효율성을 높이면서 조직을 줄이는 게 세계적 추세다.

애그플레이션 (Agflation)

농업(agriculture)과 인플레이션(inflation)의 합성어.

농산물 가격이 오르면서 일반 물가도 오르는 현상을 말한다. 지구온난화로 식량 생산량은 감소하고 급속한 도시화로 세계의 경작면적 또한 줄어들고 있다. 게다가 옥수수나 사탕수수를 이용한 바이오 연료 붐이 불면서 식량부족을 더욱 부채질하고 있다. 이는 또한 옥수수 등 바이오 에탄올을 만드는 과정에서 원료 수요를 가파르게 증가시킬 것으로 예상된다.
이러한 옥수수 가격의 상승은 옥수수 사료를 먹는 가축 사육비에 영향을 주고, 육류는 물론 우유, 버터 등 각종 유제품 가격을 상승시킨다. 결국 빵, 과자 가격까지 높아져 심각한 애그플레이션으로 이어질 수 있다.

엥겔의 법칙 (Engel's law)

소득이 낮은 가정일수록 전체 생계비 중에서 음식물비가 차지하는 비율이 높다는 것.

독일의 통계학자 엥겔(E. Engel)이 주장한 것으로 소득의 증가에 따라 음식물비가 차지하는 비율은 감소하고 피복비와 주거비·광열비 비율은 대체로 불변이나, 문화비(교육, 위생, 교통, 통신비 등) 비율은 증가한다는 이론을 말한다. 비율을 엥겔계수라 하는데 엥겔계수는 생활 수준이 낮을수록 높다. 보통 엥겔계수가 30 이하이면 상류, 50 이상이면 하류로 분류한다.

오일 달러 (Oil Dollar)

산유국(産油國)의 석유 수출입에 따른 잉여 외화.

산유국의 보유 외화를 흔히 오일 머니(Oil Money)라 부르는데, 원유 거래결제의 60% 이상이 달러이기 때문에 보유 외화의 대부분은 달러로 되어 있어 이를 오일 달러라 일컫는다.
1970년대 초부터 원유 가격 상승으로 산유국이 보유하는 외화 규모가 급속히 늘어나 그 잉여자금이 유럽 달러 시장에 방출되어 국제통화제도에 일대 혼란요인으로 작용했다.

오픈 뱅킹 (Open Banking)

조회나 이체 등 은행의 핵심 금융기능을 표준화해 다른 사업자에 개방하는 은행권 공동 인프라. '공동결제시스템'이라고도 한다.

핀테크 기업과 은행권이 공동으로 이용할 수 있는 공동결제시스템으로, 스마트폰에 설치한 응용프로그램(앱)을 통해 모든 은행 계좌에서 결제를 비롯해 잔액 조회, 거래 내역 조회, 계좌 실명 조회, 송금인 정보조회, 입금입체, 출금이체 등의 금융 서비스를 실시간으로 이용할 수 있다. 2019년 10월부터 은행권 시범 운영을 거쳐 그해 12월 정식 가동될 예정이며, 일반은행 16곳과 카카오뱅크와 케이뱅크 등 인터넷 전문은행 2곳까지 총 18개 은행 접근이 가능하다.

우량주 (Superior Stocks)

실적과 경영내용이 좋고 배당률도 높은 회사의 주식.

우량주에 관한 정확한 기준이나 개념이 정립되어있는 것은 아니지만 일반적으로 당해 회사의 재무 내용이 좋고 사업 안정성이 높으며, 안정배당 및 성장성이 있어 유통이 높다.

⇨ 블루 칩 (Blue Chips)

수익성·성장성·안정성이 높은 대형우량주. 주식시장에서 재무구조가 건실하고 경기변동에 강한 대형 우량주다. 오랜 기간 안정적인 이익창출과 배당지급을 실행해 온 수익성·성장성·안정성이 높은 종목으로 비교적 고가(高價)이며 시장 점유율이 높은 업종 대표주다.

⇨ 옐로 칩 (Yellow Chips)

주식시장에서 대형 우량주인 블루 칩(blue chips) 반열에는 들지 못하지만 양호한 실적에 기초한 주가 상승의 기회가 있는 종목이다.
블루 칩은 매우 비싼 칩이고, 옐로 칩은 그다음으로 비싼 칩으로, 블루 칩이 기업규모가 크고 실적이 우수하며 성장성도 밝은 기업의 초대형 우량주를 말하는 데 반하여 옐로 칩은 블루 칩보다는 조금 못한 중가 우량주를 말한다. 대기업의 중가권 주식, 경기변동에 민감한 종대표주, 그리고 중견기업의 지주회사 주식 등을 흔히 옐로 칩으로 보며, 이는 블루 칩에 비해 주가가 낮기 때문에 사는 데 가격 부담이 적고 유동 물량이 많아 블루 칩에 이은 실적장세 주도 주로 평가받고 있다.

워크아웃 (Work Out)

부도로 쓰러질 위기에 처해 있는 기업 중에서 회생시킬 가치가 있는 기업을 살려내는 작업.

사정에 따라 부실기업으로 전락할 수도 있고 정상기업으로 전환될 수도 있는 기업을 확실하게 회생시키는 것이 목적이다. 채권금융기관은 우선 해당 기업의 재무구조, 자금 흐름, 사업 전망 등을 세밀하게 조사하여 문제점을 파악 및 분석해서 합리적인 회생 방안을 세운다.
워크아웃의 목적을 달성하기 위해서는 우선 해당 기업이 금융기관의 빚을 갚는 노력을 하여야 한다. 그러나 대부분의 경우 기업 자력(自力)만으로는 이것이 불가능하기 때문에 부채 상환을 유예하고 빚을 탕감해 주며, 필요에 따라서는 신규 자금도 지원해야 하는 등 금융기관의 손실 분담이 필요하게 된다.

원천과세 (源泉課稅)

소득이나 수익이 지급되는 경우 그 지급자, 즉 원천징수 의무자에게 세금을 공제시켜 납세케 하는 제도.

급여 소득, 퇴직 소득, 배당 소득, 이자 소득 등이 이에 해당한다. 원천과세자는 납세 의무자에게 채무의 분할급에 의한 부담 경감의 결과를 주고, 세무관서에게는 세금 포탈 방지를 담보하는 장점이 있다.

원천징수 (Withholding)

소득 또는 수입 금액을 지급하는 자(원천징수의무자)가 그 금액을 지급할 때, 상대방(원천납세의무자)이 내야 할 세금을 미리 징수하여 국가에 납부하는 조세 징수 방법.

원천징수를 통해 국가는 세금이 누락되는 것을 방지하고, 세금 수입을 조기에 확보할 수 있다. 또한, 납세 의무자 입장에서는 세금을 분할 납부함으로써 조세 부담을 완화하는 효과가 있다. 원천징수 대상이 되는 소득으로는 이자소득, 배당소득, 원천징수 대상 사업소득, 근로소득, 연금소득, 기타소득, 퇴직수당, 대통령령으로 정하는 봉사료가 있으며, 원천징수의무자는 이러한 소득을 지급하는 자이다.

위미노믹스 (Womenomics)

'여성(Women)'과 '경제(Economics)'의 합성어.

지난 2006년 10월 영국 파이낸셜타임스에서 앞으로 여성이 상거래를 좌우할 것이라는 의미에서 사용한 말인데, 이제 현실로 나타나고 있다. 이를 반영하듯 2008년 11월 유엔 미래 보고서는 10년 뒤인 2018년에는 모든 소비재의 70%를 여성이 구매하게 된다고 내다봤고, 미국 경제주간지 비즈니스 위크가 2010년쯤에는 여성이 만지는 돈이 미국 부의 절반 이상을 차지할 것으로 전망했다.

유수 정책 (Pump Priming Policy)

정부가 민간 투자에 자극을 주어 경기를 활성화를 위하여 행하는 공공 투자 정책.

경제계에 일시적으로 경기 회복 능력이 마비 상태에 놓여 있다고 인정될 경우, 펌프에 유수를 부어 물을 끌어 올리는 것처럼 정부가 민간 투자에 자극을 주기 위해 행하는 공공 투자 정책을 말한다. 즉 경제계 자체의 힘으로는 경기 회복이 힘들 경우, 정부가 공공 부문에 투자를 늘림으로써 화폐 유통을 원활하게 하여 유효수요의 증가와 경기 상승을 도모하는 정책이다.

의존효과 (Dependent Effect)

소비재에 대한 소비자의 수요가 소비자 자신의 자주적 욕망에 의존하는 것이 아니라 생산자의 광고·선전 등에 의존하여 이루어진다는 현상을 나타내는 말.

전통적인 소비자주권주의(consumerism)에 의하면 소비자의 욕구에 따라 생산해야 한다. 하지만 기업들은 광고를 통해 소비자의 욕구를 부추기는 역할을 한다. 이는 물질에 대한 소비자의 욕구가 늘어나도록 만들고 더불어 소비까지 늘어나는 현상을 유발시킨다. 물질이 다른 사람에게는 있으나 자신에게는 없다면 그것을 구매하려는 욕구가 발생하는 것이다.
존 갈브레이스(John Galbraith)는 이러한 현상을 《풍요한 사회(The Affluent Society)》에서 '의존효과(dependence effect)'라고 불렀다. 그가 말한 의존효과란 소비재에 대한 소비자의 수요가 소비자 자신의 자주적 욕망에 의한 것이 아니라 생산자의 광고 및 선전에 자극받아 의존적으로 이뤄지는 현상을 말한다.

이전 소득 (Transfer)

재화 및 용역의 생산과 유통에 공헌함이 없이 무상으로 획득한 화폐 수입.

이전 소득은 재화 및 용역의 생산에 공헌함으로써 얻는 소득이, 조세 등에 의해 일단 정부에 흡수되었다가 무상으로 지급되는 것이므로 그

것을 획득한 개인으로 보아서는 소득이지만 국민경제 전체로 보아서는 그것에 의해 아무런 소득이 생기지 않은 것이다.

인간개발지수 (Human Development Index)

국제연합개발계획(UNDP)이 매년 각국의 교육수준과 국민소득, 평균수명 등을 조사해 인간개발 성취 정도를 평가하는 지수.

인간개발지수는 유엔개발계획(UNDP)이 1990년부터 매년 각 국가의 교육 수준, 1인당 실질국민소득, 평균수명 등을 기준으로 국가의 삶의 질을 점수로 계량화하여 인간개발의 성취 정도를 나타내는 지수다.
이는 소득·교육·빈곤·실업·환경·건강 등 인간 생활과 관련된 기본 요소들을 기초로 생활에서 느끼는 행복감을 측정하는 일종의 행복 지수로 볼 수도 있다. 인간개발지수는 삶의 기대, 여성·육아정책 등 비물질적인 요소까지 측정 대상으로 삼는다는 점에서 국민총생산(GNP)과 구별되며, 인간의 행복과 발전이 소득수준과 비례하는 것이 아니라 소득을 어떻게 사용하느냐에 따라 다르다는 것을 보여주는 지수로 인정받는다.

인터넷 전문은행 (Direct Bank)

인터넷전문은행은 영업점을 소수로 운영하거나 영업점 없이 업무 대부분을 ATM, 인터넷 등 전자매체를 통해 영위하는 은행을 말한다.

2015년 우리나라 인터넷 전문은행의 첫 사업자로 카카오(카카오뱅크)와 KT(K뱅크)가 선정이 되었다. 업무 대부분은 금융 자동화기기(ATM)나 인터넷, 모바일 용 프로그램(앱)과 같은 전자매체를 통해 이루어지고 있으며 대형 은행에 비해 높은 예금금리와 낮은 대출금리, 저렴한 수수료 혜택 등을 보장받을 수 있다.

인플레이션 (Inflation)

상품 거래량에 비해 통화량이 과잉 증가함으로써 물가는 오르고 화폐가치가 떨어지는 현상.

일반 대중의 실질적 소득이 감소 되는 현상으로, 원인은 과잉 투자, 적자재정, 화폐 남발, 극도의 수출 초과, 생산비의 증가, 유효수요의 확대 등이다. 인플레가 지속되면 수출 위축, 부와 소득의 불공평한 분배, 투기 조장, 국제수지의 악화 등의 현상이 나타난다. 그 타개책은 소비 억제, 저축 장려, 통화량 수축, 생산 증가, 투자 억제, 매점매석 폭리의 단속 등이다.

⇨ 디플레이션 (Deflation)

인플레이션의 반대 현상으로서, 상품 거래량에 비해 통화량이 지나치게 적어져 물가는 떨어지고 화폐가치가 오르는 현상.

⇨ 디스인플레이션 (Disinflation)

인플레이션 상태를 극복하기 위해 통화 증발을 억제하면서도 디플레이션에는 빠져들지 않도록 하는 통화 조정 정책. 단순한 디플레이션정책과 다른 점은 실물적 경제의 규모를 축소하지 않고 통화 가치를 안정시키고자 하는 것이다.

⇨ 리플레이션 (Reflation)

통화 재팽창, 즉 디플레이션에서 벗어나 아직은 심한 인플레이션까지 이르지 않은 상태. 물가 수준을 어느 정도 인상하여 인플레이션에 이르지 않을 정도까지 경기를 회복시키는 금융정책을 리플레이션 정책이라 한다. 디플레이션은 타개하면서 인플레이션이 일어나지 않을 정도로 통화량을 증대하여 화폐 가치 안정을 기하며, 경제활동의 원활을 꾀하는 디플레이션 타개책인 동시에 통제 인플레이션이라 할 수 있다.

⇨ 스태그플레이션 (Stagflation)

경기침체에도 불구하고 물가가 오히려 상승하는 현상. 경기의 침체 불황(stagnation)과 물가상승(inflation)의 합성어로, 이전 소득의 증대, 임금의 하방 경직화 등으로 1970년경부터 주요 선진 제국에서 나타난 현상으로서 주로 임금·원자재 가격 상승에 그 원인이 있다.

⇨ 슬럼프플레이션 (Slumpflation)

슬럼프(불황 slump)와 물가상승(inflation)의 합성어로 불황과 인플레이션이 공존하는 현상을 말한다. 이는 스태그플레이션보다 불황의 정도가 더 심각한 것을 나타낸다.

⇨ 악성 인플레이션 (Vicious Inflation)

통화·공채 등의 증발로 통화량이 급격히 팽창하고 화폐가치가 폭락하며, 물가가 계속하여 상승하는 경제 현상. 제1차 세계 대전 후 독일 마르크 인플레이션이 전형적인 예다.

⇨ 크리핑 인플레이션 (Creeping Inflation)

물가가 매년 2~3% 정도로 조금씩 상승하는 인플레이션을 말한다. 1950년대 미국에서 사용된 말로서 마일드 인플레이션(mild Inflation)이라고도 한다.

⇨ 코스트 인플레이션 (Cost Inflation)

비용압력 인플레이션. 즉 기업에서 임금 비용을 높이면 그대로 제품 생산가격도 높아지게 되므로 물가는 상승하게 되는데 이러한 현상을 말한다.

재무제표 (Financial Statement)

회계 실체의 일정 기간(회계기간) 동안 경제적 사건과 그 기간 말에 있어서 경제적 상태를 나타내기 위한 일련의 회계 보고서.

결산 보고서라고도 하며, 경영 활동의 경영 성적 및 재정 상태를 이해 관계자(주주 등)에게 보고할 목적으로 작성되는 각종 서류를 말한다. 회계전문가나 주식투자자들은 이 재무제표를 잘 파악하여 기업이 어떻게 운영되고 있는지 알 수 있다. 또 재무제표를 보면 앞으로 그 회사의 경영 실태를 예측할 수도 있다. 기업회계원칙 또는 재무제표규칙에서는, 대차대조표(貸借對照表B/L; Balance Sheet), 손익계산서(損益計算書P/L; Profit and Loss Statement), 현금 흐름표, 이익잉여금처분계산서 등 4가지를 들고 있다.

⇨ **대차대조표** (Balance Sheet)

일정 시점에 있어서 기업의 자원(자산)과 이에 대한 채권자 및 소유자의 청구권(지분)을 대조 표시한 보고서를 말한다. 한 시점에 있어서 재정 상태의 일 단면이며 그런 의미에서 정태(靜態)표라고도 한다.

⇨ **손익계산서** (Income Statement)

기업의 경영 성과를 밝히기 위하여 일정 기간 내에 발생한 모든 수익과 비용을 대비시켜 당해 기간의 순이익을 계산·확정하는 보고서.

재정절벽 (Fiscal Cliff)

재정절벽이란 정부의 재정 지출이 갑작스럽게 줄거나 중단되어 경제에 충격을 주는 현상을 말한다.

벤 버냉키 연방제도 이사회 의장이 미 의회 합동 경제 청문회에서 처음 사용한 용어로 감세정책의 종료와 정부지출 삭감 등으로 인해 미국 경제에 큰 영향을 줄 것이라는 의미로 사용됨. 조지 W. 부시 행정부 당시 모든 계층을 대상으로 도입된 감세 혜택을 버락 오바마 대통령은 2012년 말로 감세 조치를 중단하는 것을 원칙으로 하되 연 소득 25만 달러 미만의 가정에 대해 감세 혜택을 1년 연장하는 법안을 의회에 요청했다.

전환사채 (CB; Convertible Bond)

사채를 발행한 회사의 주식으로 전환할 수 있는 권리를 인정받은 사채.

사채의 확실한 안정성과 주식의 투기성이라는 유리한 조건에 의해 사채 모집을 쉽게 하기 위한 제도다. 전환사채도 일반사채와 같이 이사회의 결의로 발행할 수 있으나, 기존 주주를 보호하기 위해 전환사채 인수권을 주주에게 주되, 그렇지 않은 경우 정관에 특별한 규정이 없으면 주주총회의 특별결의를 요한다.

정크 본드 (Junk Bond)

수익률이 매우 높지만 신용도가 낮은 채권.

고수익채권(high yield bond) 또는 열등채(low quality bond)라고도 한다.
발행자의 채무 불이행 위험이 다른 채권에 비해 대단히 높다. 이러한 채권의 형태로는 최초 발행 시 투자 적격이었지만 발행회사의 실적 부진, 경영 악화 등으로 투자 부적격이 된 것, 신규 기업으로서 소규모이거나 실적이 미미해 높은 신용 등급을 받지 못한 채권, 기업의 인수합병을 위한 자금조달 목적으로 발행되는 채권 등으로 구별된다.

조세피난처 (tax haven)

법인의 실제 발생 소득의 전부 또는 상당 부분에 대하여 조세를 부과하지 않거나, 그 법인의 부담세액이 아주 적은 국가나 지역을 말한다.

조세피난처에서는 세제상의 우대뿐 아니라 외국환관리법, 회사법 등의 규제가 적고, 기업 경영상의 장애요인이 거의 없음은 물론, 모든 금융거래의 익명성이 철저히 보장된다. 기업들이 이곳에 페이퍼 컴퍼니를 설립하여 탈세와 돈세탁용 자금 거래의 온상이 되기도 한다.
대표적인 조세피난처는 바하마·버뮤다제도, 케이맨제도, 버뮤다, 안도라, 세인트루시아 등 카리브해 연안과 중남미에 집중되어 있으며, 이곳에서는 법인세 등이 면제된다.
한국의 경우, 말레이시아의 라부안섬이 주요 조세피난처로 이용되는데, 2000년 관세청의 조사에 따르면 840여 개의 국내 기업이 1,100여 현지법인 또는 지사를 설립 운영하고 있는 것으로 나타났고, 이들 중 관세청의 전담 조사정보 시스템을 통해 총 8,310억 원 상당의 불법 외환거래가 적발되었고, 조세피난처를 이용한 외환 거래액만도 2억 5,000만 달러에 달했다. 이로 인해 각 국가마다 엄청난 금액의 세수 손실을 입고 있어 2000년 이후 경제협력개발기구(OECD)를 중심으로 조세피난처에 대한 규제를 강화하려는 움직임을 보이고 있다.

종합소득세 (Taxation on Aggregate Income, Global Income Tax)

개인에게 귀속되는 각종 소득을 종합하여 과세하는 소득세.

개인의 담세력에 적합한 공평 과세를 할 수 있고, 수입의 신축성이 풍부하여 재정 수요의 증감에 적용하기 쉽다는 것이 특징이다. 누진세율을 적용할 수 있고, 최저 생활비에 대해 면세할 수 있으며, 국가의 공동 수요를 충족할 수 있다는 장점이 있는 반면, 개인 소득의 정확한 파악이 어렵고, 세원 조사로 인해 영업 비밀이나 사생활을 침해할 우려가 있다는 단점도 있다.

주식회사 (Company Limited by Shares)

유한책임의 주주(株主)로 구성되는 전형적인 물적회사(物的會社).

회사의 자본금은 균일한 금액으로 표시되어 있는 주식으로 분할되어 있고, 또한 주식을 표시한 것을 주권(株券)이라 하는데, 이 주권은 유가증권(有價證券)으로서 자유로이 매매·양도된다. 그리고 주식을 소유하는 사람을 주주라고 한다. 주식회사에는 의결기관인 주주총회, 집행 및 대표기관인 이사회와 대표이사, 회계감사기관인 감사 등 대표적 세 기관이 있다.

⇨ **합명회사** (Offene Handelsgesellschaft)

2인 이상의 무한책임 사원(無限責任社員)으로 구성되는 인적회사(人的會社). 회사 대표권 및 업무 집행권은 원칙적으로 각 사원에게 있으며, 사원 출자는 현물출자 외에 노무출자가 인정된다. 그리고 각 사원은 소지분(所持分)을 가지며 그 양도에는 다른 사원의 승인이 필요하다.

⇨ **합자회사** (Limited Partnership)

무한책임 사원과 유한책임 사원으로 구성되는 회사. 무한책임 사원은 회의 경영을 담당하고 유한책임 사원은 자본만 제공할 뿐 업무 집행의 권한은 없고 이익 배당에만 참가한다. 그리고 출자분의 양도는 유한책임 사원이라도 무한책임 사원의 승인을 얻어야 한다. 합자회사는 본래 중세 이탈리아에서 발달한 코멘다(commenda)가 그 기원이다.

준예산 (準豫算)

국가의 예산이 법정기간 내에 성립하지 못한 경우, 정부가 일정한 범위 내, 전(前)회계연도 예산에 준하여 집행하는 잠정적인 예산.

국회가 회계 연도 개시 30일 전까지 예산안을 의결하지 못한 때에는, 정부는 국회에서 예산안이 의결될 때까지 공무원의 보수와 사무처리에 필요한 기본 경비, 법률상 지불의 의무가 있는 경비 및 예산상 승인의 계속비 등은 세입의 범위 안에서 전년도 예산에 준하여 지출할 수 있는 바, 이를 준예산이라 한다.

증권선물거래소 (Korea Exchange)

현물거래소와 상품거래소 등이 합병되어 출범한 거래소.

한국증권거래소와 코스닥·한국선물거래소·코스닥위원회가 합병된 통합거래소다. 본래의 명칭은 증권선물거래소이며 'KRX'라고도 한다. 2004년 1월 29일 제정된 한국증권선물거래소법에 따라 2005년 1월 27일 출범했다. 현물거래소와 상품거래소가 합병되어 거래 규모가 방대하여 출범과 동시에 세계 금융시장의 관심사로 떠올랐다. 현물 부문은 2004년 12월 기준 상장회사 수 1,571개, 거래대금 813조 원으로 세계 10위권에 올랐으며, 선물·옵션 부문은 거래 품목 19개로 거래량의 경우 세계 9위, 옵션 거래량은 세계 1위를 유지하고 있다.
업무는 크게 경영지원과 유가증권시장·코스닥 시장·선물시장·시장감시의 부문으로 나누어지고, 조직은 11부 2실 98팀 2사무소로 구성되어 있다. 한국 대표지수와 시장 신뢰도 지수 등 새로운 거래지수를 시행할 계획이며, 한국 자본시장의 선진화를 위하여 외국 주식도 취급할 예정이다.

지주회사 (Holding Company)

다른 회사의 주식을 소유함으로써, 사업활동을 지배하는 것을 주된 사업으로 하는 회사.

지배회사, 모회사라고도 하며 산하에 있는 종속회사, 즉 자(子)회사의 주식을 전부 또는 지배가능 한도까지 매수하고 이를 자사의 주식으로 대위시켜 기업활동에 의하지 않고 지배하는 회사이다. 쉽게 말해 자회사를 관리하는 회사다. 현행 '독점규제 및 공정거래에 관한 법률'에 의하면 지주회사는 자산총액 5000억 원 이상, 자산총액 중 자회사 주식가액 합계의 비율이 50% 이상 되어야 한다.

지하경제 (Underground Economy)

규제를 피하기 위해 합법적·비합법적 수단이 동원되어 이루어지는 숨은 경제.

정부의 세금을 피해 겉으로 드러나지 않는 경제를 말하며, 이 중에는 마약매매, 성매매, 도박 등 위법행위에 의해 이뤄지는 것과 정상적 경제활동이면서도 세무서 등 정부기관에서 포착하지 못하는 것 등이 포함된다.

정상적 활동 중 지하경제에 속하는 것은 기업의 음성적 비자금이 대표적이다. 이는 세금의 회피뿐 아니라 자금출처나 사용처 등을 숨기기 위해 금융기관을 이용하더라도 가명이나 차명계좌를 사용하는 것이 보통이다. 따라서 지하경제의 규모를 정확히 추산하는 것은 불가능하다.

직접세 (直接稅)

세금을 부담하는 담세자와 세금을 내는 사람인 납세자가 같은 경우의 세금을 말하며, 이에는 소득세, 법인세, 상속세, 영업세, 등록세 등이 있다.

⇨ 간접세 (間接稅)

과세부담을 납세자에게 직접 돌리지 않고 다른 사람에게 전가하여 부담시키는 조세. 여기에 속하는 조세로는 부가가치세, 특별소비세, 주세, 전화세가 있으며, 조세 징수가 편리하고 조세 저항성이 적은 반면에 저소득층에 대한 과세 부담 증가와 물가를 자극하는 단점이 있다.

총부채상환비율 (DTI; Debt To Income ratio)

차주의 금융부채 원리금 상환액이 소득에서 차지하는 비율을 의미하는 것으로 담보대출을 취급하는 하나의 기준이다.

연간수입에서 원리금을 상환할 수 있는 능력 내에서 대출이 이루어지며, 총소득에서 해당 대출의 연간 원리금 상환액과 기타 부채의 이자 상환액을 합한 금액이 차지하는 비중의 수치가 낮을수록 상환능력이 높다고 할 수 있다. 예를 들어, DTI가 40%라는 의미는 대출원리금 상환액과 기존의 부채이자 상환액을 합친 금액이 연간소득의 40%를 넘지 못하도록 대출한도를 규제하는 것이다. 연간소득은 대출자 본인으로 계산하되 담보대출이 없는 경우 부부합산기준으로 계산할 수 있다. 총부채상환비율을 다음과 같이 산정하도록 하고 있다.

DTI = (해당 주택담보대출 연간 원리금 상환액 + 기타부채의 연간 이자 상환액) ÷ 연소득

총액임금제 (總額賃金制)

근로자가 1년간 고정적으로 지급받는 기본급과 각종 수당, 상여금 등을 합산하여 12로 나눈 액수를 기준으로 임금인상률을 결정하는 제도.

총액임금에는 고정기본급·직무수당·정기상여금, 연월차수당 등 지급금액이 확정되어 있는 수당은 모두 포함되며, 연장근로수당·야간근로수당·휴일근로수당 등 경영성과에 따라 지급되는 성과급적 상여금 및 특별상여금은 제외된다. 노동부가 1992년 '임금교섭지도지침'을 통해 발표한 임금정책이다. 임금체계를 합리화하여 각종 명목의 수당 신설로 인한 임금의 편법 인상을 막고 고임금 업종의 임금인상을 억제하려는 것으로, 공무원·국공영기업체·언론사·대기업 등을 대상으로 실시하고 있다.

추가경정예산 (追加更正豫算)

본예산 성립 후에 생긴 사정으로 인하여 경비를 추가한 것.

본예산과 추가예산을 합한 것을 추가경정예산이라 한다. 우리 헌법에

는 본예산 성립 후에 생긴 사유로 인하여 예산에 변경을 가할 필요가 있을 때 정부는 추가경정예산을 편성하여 국회에 제출할 수 있다고 규정하고 있다.

출자전환 (Conversion of Investment)

채권자인 금융기관이 채무자인 기업에게 빌려준 대출금을 주식으로 전환해 기업의 부채를 조정하는 방식을 말한다.

자금난에 빠진 기업에게는 회생의 기회가 되고, 많은 채무를 짊어져 이자 등 금융비용에 시달리는 기업은 재무구조가 개선되어 경영 부담을 덜고 매각되더라도 자산의 가치를 높게 평가받을 수 있다. 출자전환은 은행이 기업의 지분을 일정 부분 소유함으로써 소유를 분산시키는 효과도 있다.

또한 은행이 기업의 주주가 되어 경영정보 등을 공유할 수 있어 대출심사 등 은행 본연의 기능을 제대로 수행할 수 있다는 장점이 있다. 국내에서 출자전환은 1980년대부터 기업 구조조정의 일환으로 사용되었으며 1997년 외환위기 이후 부실기업에 대한 출자전환이 급증했다.

카르텔 (Cartel)

같은 종류의 상품을 생산하는 기업이 서로 가격이나 생산량, 출하량 등을 협정해서 경쟁을 피하고 이윤을 확보하려는 행위를 가리킨다.

시장 통제를 목적으로 동일한 산업에 속하는 독립기업들이 협정에 의해 결합하는 것으로, 같은 종류의 상품을 생산하는 기업들이 서로 가격이나 생산량, 출하량 등을 협정해서 경쟁을 피하고 이윤을 확보하려는 행위이다.

카르텔은 1870년대 이래 유럽 지역에서 급속히 발전했는데, 국민경제

발전을 저해하는 폐해가 커 많은 국가에서 금지나 규제를 하고 있다. 우리나라의 경우 '독점규제 및 공정거래에 관한 법률'과 '독점규제 및 공정거래에 관한 법률의 적용이 제외되는 부당한 공동행위 등의 정비에 관한 법률'에 의해 카르텔이 금지돼 있다.

⇨ **트러스트** (Trust)

기업 합동으로 같은 종류 또는 생산 과정상 연속된 여러 기업이 독립성을 잃고 시장의 독점을 위해 더욱 큰 기업으로 연합하는 것을 말한다. 같은 종류의 기업이 횡적으로 합동하는 수평적 트러스트와, 생산 과정의 전후에 연속된 기업이 종적으로 합동하는 수직적 트러스트가 있다.

⇨ **콘체른** (Konzern)

기업 집단, 재벌이라고도 한다. 법률적으로 독립된 기업이 경제적으로 통일된 경영 지배를 받아 마치 하나의 기업인 것 같이 활동하는 기업 집단을 말한다.

제1차 세계 대전 후 독일에서 급속히 발전한 콘체른은 오늘날 최고 형태의 독점 기업결합조직으로 보편화되었다.

콜 금리 (Call Rate)

금융기관 사이의 단기 과부족 자금을 빌려주는 콜 시장에서 적용되는 금리를 말한다.

콜 시장은 금융시장 전체의 자금흐름을 비교적 민감하게 반영하므로, 이곳에서 결정되는 금리를 통상 단기 실세금리지표로 활용하고 있다. 원래는 은행 간 자금 사정에 따라 결정되는 금리지만 사실상 중앙은행인 한국은행이 통제한다. 또한, 그동안 제1금융권(은행)과 2금융권(단자, 증권)의 콜 시장이 이원화되어 있었으나, 1991년 콜 시장 통합 조치 이후에는 하나의 시장으로 통합되어 가는 추세다.

크라우드소싱 (Crowdsourcing)

기업이 제품이나 서비스 개발 과정에서 외부 전문가나 대중을 참여시켜 수익을 참여자와 공유하며 상품 판매의 효율을 높이는 방식.

크라우드소싱은 기업에서 경영상의 문제점이나 개선방안 등을 얻기 위해서 인터넷 포털사이트에 질문을 올리면, 수많은 네티즌이 그에 대한 자신의 아이디어를 답 글로 올리는 방식으로 이용된다. 이 결과로 얻은 결과를 골라서 경영에 채택하게 되는 것이다. 하지만 이런 크라우드소싱도 수많은 소비자의 다양한 욕구를 모두 다 수용하기에는 어려움이 있으며 그 안에서 선별할 수밖에 없는 단점이 있다.

턴 어라운드 (Turn around)

넓은 의미에서는 기업회생을 의미하며 기업의 조직개혁과 경영혁신을 통해 실적이 개선되는 것을 말한다.

주식시장에서 '턴 어라운드 종목'이라 하면 기업 내실이 큰 폭으로 개선되어 주가가 급등, 상대적으로 높은 수익을 투자자에게 안겨주는 종목을 말한다.
턴 어라운드는 계속되는 적자로 침체된 기업이 조직개혁과 경형혁신을 통해 적자에서 흑자로 전환하는 것으로 기업의 수익향상뿐만 아니라 사업구조의 기본전략이나 조직문화가 변화된 것도 포함한다. 일본 미스미 그룹의 CEO인 사에구사 다다시가 자신의 저서 '턴 어라운드 경영'에서 처음 사용했다.

통화량 (Money Supply)

일정한 시점에 민간이 보유하고 있는 현금통화와 통화성예금의 합계.

시중에 돌아다니는 돈의 유통량을 통화량이라고 하는데, 측정하는 지표에 따라 다양하게 나타낼 수 있다. 가장 기본적이고 좁은 의미의 통화량은 민간인이 보유하고 있는 현금에 은행의 요구불 예금을 합한 것이다. 이는 주로 화폐의 지불 수단으로서의 기능을 중시한 것이다.
통화량은 한 나라의 국민경제에 매우 큰 영향을 미치는데, 일반적으로 통화량이 너무 많아지면 통화의 가치가 떨어지고 물가가 상승하는 인플레이션이 나타나며, 반대로 통화량이 부족하면 경제활동이 위축될 우려가 있다. 따라서 정부나 중앙은행은 시장이 필요로 하는 통화량을 적절하게 조절하는데, 이를 금융정책이라고 한다. 우리나라는 한국은행에 금융 통화 운영 위원회를 설치하여 매년 통화 증가율의 목표치를 설정하여 통화량을 적절하게 조절하고 있다.

트리플 약세 (Triple weak)

주식·채권·화폐값이 한꺼번에 떨어지는 저주가·저채권가·저화폐가 등 3저 현상을 일컫는 말이다.

주식 및 채권 시장에서 빠져나온 자금이 해외로 유출되어 주가·원화가치·채권가격이 동시에 하락하는 약세 금융현상. 경제 위기와 신용등급의 하락 등의 요인으로 채권가격이 떨어지면, 금리는 올라가고, 고금리는 주식시장 약세로 이어지는 것이 특징이다. 예컨대 외국인이 주식시장에서 주식을 대거 팔았을 경우, 종합주가지수는 하락할 가능성이 커지고, 시장은 이를 외국 자금이 한국 시장을 이탈할 것이라고 해석하여 원화값이 하락(원달러 환율은 상승)하게 된다. 또, 금융위기로 인해 유동성 확보하기 위해 증권사 등이 보유채권을 내다팔거나 통화긴축 상황이나 채권 수요 부진이 벌어진 경우, 채권값이 하락(금리는 상승)하게 되어 주가와 원화가치·채권값이 동반 하락하는 트리플 약세 현상이 발생하게 된다.

트릴레마 (Trilemma)

물가안정, 경기부양, 국제수지 개선의 세 가지 삼중고(三重苦)를 말한다.

트릴레마란 그리스어로 숫자 '3'을 가리키는 '트리(tri)'와 '보조정리(정리를 증명하기 위해 사용되는 보조적인 명제)'라는 뜻을 가진 그리스어 '레마(lemma)'의 합성어로, 세 가지 레마(명제)가 서로 상충 되어 나아가지도 물러서지도 못하는 진퇴양난의 상황을 가리킨다.
예를 들어 저성장, 고물가, 재정적자의 트릴레마에 빠졌다면 이는 저성장의 문제에 직면했을 때, 성장률을 높이기 위해 긴축정책을 완화하면 재정적자가 늘어나 국가신용이 떨어질 수 있고, 금리를 올려 물가를 안정시키려니 경기침체가 염려되는 곤란한 상황에 처했다는 의미이다. 또, 경제를 살리기 위해서는 에너지의 사용이 불가피하지만, 에너지를 과하게 사용하면 환경에 영향을 미쳐 지구온난화·산성비와 같은 문제가 발생하게 되는데 이 경우 경제, 에너지, 환경 문제의 트릴레마에 빠졌다고 표현할 수 있다.

트윈슈머 (Twinsumer)

인터넷의 사용 후기를 참고하여 물건을 구매하는 소비자.

쌍둥이를 의미하는 트윈스(Twin)와 소비자(Consumer)의 합성어로 인터넷의 발달과 함께 등장한 새로운 소비 흐름으로, 기존의 소비자와 동일한 기호와 성향을 가지고 있다고 해서 결합된 신조어다.
즉, 다른 사람들의 사용 후기나 경험담을 참고하여 구매하는 소비자를 일컫는 말이다. 인터넷 확산에 따라 직접 보지 못하고 경험하지 못한 제품이나 서비스에 대한 정보 수집이 가능해짐에 따라 트윈슈머도 점차 증가하고 있는 추세이다. 주로 인터넷쇼핑에서 사용 후기, 구매 후기를 통해 제품의 장단점을 직접 확인하여 구입하는 트윈슈머들을 많이 볼 수 있다.

특별소비세 (Special Consumption Tax)

특별한 물품이나 서비스의 소비에 대해서만 별도로 높은 세율을 적용하여 과세하는 소비세.

보석, 모피 제품, 승용차, 휘발유 등과 특정 장소 입장 행위에 대해 부과하는 세금으로 업자를 통하여 받는 간접세다. 1977년에 개정된 현행 특별소비세법이 시행되기 전까지는 특별소비세의 과세 대상에 따라 세법과 세목을 달리하고 있었으나, 이를 모두 특별소비세법에 통합하여 하나의 세목으로 했다. 다만 주류의 특수성과 징세 행정의 편의상 주세와 전화세는 아직도 별개의 세목으로 되어 있다.

퍼플 오션 (Purple Ocean)

성장 가능성이 적은 레드오션(red ocean), 성장 잠재력이 큰 블루오션(blue ocean)의 장점만을 채용한 새로운 시장.

경쟁자들로부터 시장을 빼앗기 위하여 치열한 경쟁이 펼쳐지는 기존의 시장(레드오션)과 광범위한 성장 잠재력을 가지고 있는 미개척 시장으로, 경쟁자가 없거나 경쟁이 치열하지 않는 새로운 시장(블루오션)을 조합한 말이다. 레드와 블루를 혼합하면 얻을 수 있는 색인 퍼플(보라색)로부터 퍼플 오션(Purple Ocean)이라는 말이 만들어졌다. 퍼플 오션의 가장 적합한 예는 하나의 콘텐츠를 기반으로 다양한 상품을 만들어 내는 원 소스 멀티 유즈(One Source Multi Use)로, 인기 만화나 소설을 기반으로 영화, 드라마, 음악, 캐릭터, 완구, 의류 등 다양한 파생 제품을 만들어 내는 것이다.

펭귄효과 (Penguin effect)

물건 구매를 망설이던 소비자가 남들이 구매하기 시작하면 자신도 그에 자극돼 덩달아 구매를 결심하는 것을 비유한 현상.

펭귄들은 빙산 끝에서 눈치만 보고 모여 있다가, 한 마리 펭귄이 바닷물로 뛰어들면 나머지 펭귄들도 바다로 뛰어든다. 상품을 앞에 두고 구매에 확신을 갖지 못하는 소비자들도 종종 펭귄에 비유된다.

평가절상 (Revaluation)

어떤 나라의 통화의 대외적 가치를 올리는 것.

평가절상 시에는 그 나라의 수출은 감소하고 수입은 증가한다. 평가절상을 환율 인하라고도 한다.

⇨ 평가절하 (Devaluation)

어떤 나라의 통화의 대외 가치를 떨어뜨리는 것.
평가를 절하하면 그 나라 외화 베이스의 수출 가격은 낮아져 수출이 늘어나는 효과가 있으며, 수입품의 국내 가격은 상승해서 수입 억제 효과도 있어 국제수지 개선에 기여하나, 국내 물가 수준은 오르게 된다. 평가절하를 환율 인상이라고도 한다.

핀테크 (Fintech)

금융(Finance)과 기술(Technology)의 합성어로, 금융과 IT의 융합 분야에서 활약하는 스타트업(start-up) 등에 의해 생겨난 새로운 금융 서비스를 의미한다.

최근 전자 지급 결제서비스가 대표적 핀테크 기술로 주목받고 있으며,

삼성페이, 카카오페이, 애플페이, 구글 월렛 등이 이에 해당하며, 가계부 및 회계소프트웨어, 결제, 송금, 자산 운용, 대출 등 금융기관의 의사결정, 위험 관리, 시스템 통합 등 전반적인 업무로 확장하고 있다.

하우스 푸어 (House poor)

집을 보유하고 있지만 무리한 담보대출로 인한 이자 부담 때문에 빈곤하게 사는 사람들을 가르키는 말.

주로 '아파트 없는 중산층'이었다가 부동산 상승기에 무리하게 대출받아 내 집 마련에 성공했지만, 부동산 가격이 하락하면서 분양가보다 낮은 가격으로 내놓아도 팔리지 않고, 매월 막대한 이자 비용을 감수하고 있는 '아파트 가진 빈곤층'을 말한다.
한국 사회에서 하우스 푸어가 양산되는 것은 부동산을 가장 가치있는 재테크 수단으로 생각하여 자산의 대부분을 부동산에 쏟아붓는 습관과 관련이 있다. 한국 가계의 부동산 자산 비중은 전체 자산의 약 80%로, 미국 37%, 일본 40%에 비하여 두 배 이상 높다.

한계효용 균등의 법칙 (Law of Egui-Marginal Utility)

효용이 극대화되게 하기 위해서는 각 재화의 한계효용이 균등하게 되도록 재화의 소비를 분배하는 것이 가장 유리하다는 법칙.

일정한 소득을 가진 소비자가 여러 재화를 소비하는 경우 재화의 소비에 의해 얻어지는 주관적인 만족의 정도, 즉 효용이 극대화되게 하기 위해서는 각 재화의 한계효용이 균등하게 되도록 소비를 분배하는 것이 가장 유리하다는 이론이다. 독일의 경제학자 고센(H. H. Gossen)이 처음으로 밝혀내어 '고센의 제2법칙'이라고 하며 '극대 만족의 법칙' 또는 '현명한 소비법칙' 이라고 한다.

한계효용 체감의 법칙 (Law of Diminishing Marginal Utility)

일정 기간에 소비되는 재화의 수량이 증가함에 따라 그 추가분에서 얻을 수 있는 한계효용은 점차 감소한다는 법칙.

재화의 소비가 증가할수록 총효용은 증가 하나, 한계효용은 감소한다. 예를 들면 배가 고플 때의 첫 번째 빵보다 배가 부를 때의 마지막 한 개의 빵은 효용이 작다. 이같이 소비의 증가에 따라 한계효용이 작아지는 것을 한계효용체감의 법칙이라 한다. 즉 한계효용은 욕망의 정도에 정비례하고 재화의 존재량에 반비례한다. 이를 '고센의 제1법칙' 또는 '욕망 포화의 법칙'이라고도 한다.

핫 머니 (Hot Money)

국제금융시장을 이동하는 단기자금.

각국의 단기금리 차이, 환율 차이에 의한 투기적 이익을 목적으로 하는 것과 국내 통화 불안을 피하기 위한 자본 도피의 2가지가 있다.
핫 머니의 특징은, 자금 이동이 일시에 대량으로 이루어진다는 점과 자금이 유동적인 형태를 취한다는 점이다. 따라서 핫 머니는 외환 수급관계를 크게 동요시키며 국제금융시장의 안정을 저해한다.

현대통화이론 (Modern Monetary Theory)

정부의 지출이 세수를 넘어서면 안 된다는 주류 경제학의 철칙을 깨고, 경기부양을 위해 정부가 화폐를 계속 발행해야 한다는 주장.

국가가 과도한 인플레이션만 없으면 경기부양을 위해 화폐를 계속 발행해도 된다는 주장이다. 주류 경제학이 화폐를 시장에서의 가치 교환

효율화를 위해 도입한 것으로 보는 데 반해 MMT는 정부가 조세를 거두기 위해 화폐를 발행한 것으로 보고, 화폐는 정부의 강제력에서 기반하기 때문에 정부가 얼마든지 발행할 수 있다고 주장한다. 따라서 자국통화 표시 채무의 과다로 파산하는 일이 없어 적자국채 발행이 늘어도 괜찮다고 주장한다. 이 때문에 정부는 적자재정을 편성해 완전고용을 실현해야 한다는 것이다.
MMT를 증명하는 사례로 일본이 거론되고 있다. 2013년 아베노믹스가 시행된 이후 일본 은행은 대규모의 국채를 사들여 막대한 돈을 풀었음에도 일본의 물가상승률이 2%도 되지 않기 때문이다.

환차손 (foreign exchange losses)

일반적으로 환율이 크게 오름에 따라 발생하는 손해.

예컨대, 환율 인상으로 1달러당 900원 하던 환율이 1달러당 1,500원으로 인상되었을 경우 수입 계약을 한 뒤 아직 달러를 지급하지 않았다면 1달러당 600원의 손해가 발생한다. 환차손은 수입업자뿐만 아니라 외채업자, 해외 출국자들에게도 영향을 미친다.

환투기 (Exchange Speculation)

외국환 시세에 대한 기대심리가 작용하여 금리 차익 또는 환차익을 목적으로 행하는 외국환 매매.

환율이 상승할 것이라고 예상하면 외국환을 매입하고 하락할 것이라고 예상하면 매각한다. 환투기는 선물환거래를 일방적으로 확대시킴으로써 환율에 중대한 교란을 일으킬 수도 있고, 투기 대상국의 통화를 유리하게 또는 불리하게 조작할 수도 있으므로 최근에는 각국 중앙은행과 정부는 이를 방지하기 위해 선물환시장에 직접 개입하거나 국제적 협조를 얻는 등의 방법을 취하고 있다.

휘슬블로어 (내부고발자 whistle-blower)

자신이 속한 조직 내의 부정행위를 봐주지 않고 호루라기를 불어 지적한다는 것에서 유래한 것으로 내부고발자를 의미한다.

양심선언 또는 내부고발이라고 불리는 것으로 기업이나 정부기관 내에 근무하는 조직의 구성원이거나 구성원이었던 사람이 조직 내부에서 저질러지는 부정, 부패, 불법, 비리, 예산낭비 등을 알게 되어 공공의 안전과 권익을 위해 내부 책임자 및 감사 부서에 폭로하는 사람을 말한다. 조직 내에서는 배신이나 항명으로 간주되기도 하지만, 조직의 이익보다 사회 공동체의 이익을 더 중시하는 공익적 행위로 평가되기도 한다. 내부고발은 개인의 윤리의식과 양심에 의거한 행동이며, 내부자에 의한 고발이라고 하더라도 개인의 이익이나 보복적 성격을 띤 행동은 정당화될 수 없다. 또한 이는 이례적인 행위이기 때문에 대개 사회적으로 큰 파장을 일으키게 된다.

희소성의 원칙 (稀少性-原則)

인간의 욕망을 충족시킬 수 있는 재화는 매우 제한되어 있다. 이러한 제한된 재화를 획득하여 욕망을 충족하려는 경제행위를 희소성의 원칙이라 한다.

'재화나 용역이 희소하다'는 것은 단순히 양이 물리적으로 부족하다는 것을 의미하는 것은 아니다. 이는 그 재화나 용역이 인간의 욕망에 비하여 상대적으로 부족하다는 것을 의미한다.
어떤 것이 희소하기 위해서는 그 재화나 용역 또는 서비스가 사람들에게 가치가 있거나 유용하여야 하며, 사람들이 원하는 것에 비하여 그 숫자가 적어야 한다.

이러한 희소성의 원칙이 존재하기 때문에, 우리는 항상 선택의 문제에, 부딪치게 되고 경제 문제가 발생한다. 즉 희소성은 모든 경제이론의 출발점이며, 다른 모든 경제 원리나 이론들은 희소성의 개념과 관련되어 있다고 할 수 있다.

제2장

알아두면 정치력이 높아지는 시사 개념어 상식 사전

정치 Politics

외교 Diplomacy

국제 International Society

CVIG (Complete, Verifiable, Irreversible Guarantee)

'완전하고 검증, 가능하며 돌이킬 수 없는 안전 보장'이라는 뜻.

북한이 비핵화를 했을 경우 미국이 북한에 대한 완전하고 검증, 가능하며 되돌릴 수 없는 체제 안전 보장을 한다는 의미다.
2018년 5월 24일 상원 외교위원회 청문회에서 마이크 폼페이오 미국무장관은 북한의 '완전하고 검증, 가능하며 돌이킬 수 없는 비핵화(CVID)'의 반대급부로 김정은 국무위원장과 함께 "완전하고 검증, 가능하며 돌이킬 수 없는 안전 보장(CVIG)을 제공하는 방안을 논의했다"고 밝혔다. 즉, 북한이 완전하고 검증, 가능하며 불가역적인 핵 폐기(CVID)를 하면, 미국이 완전하고 검증, 가능하며 돌이킬 수 없는 안전 보장(CVIG)을 해주는 방안을 협의했다는 것이다.

G7 서방 7개국 정상회담 (World Economic Conference of the 7 Western Industrial Countries)

세계의 부(富)와 무역을 지배하고 있는 서방 7개 선진공업국의 연례 경제 정상회담을 말한다.

세계정세에 대한 기본 인식을 같이하고, 선진공업국 간의 경제정책조정을 논의하며, 자유세계 선진공업국들의 협력과 단결의 강화를 목적으로 한다.
G7은 1973년 1차 오일쇼크(석유위기)에 대한 대책 마련을 위해 미국·영국·프랑스·서독·일본 등 5개국 재무장관이 모인 것에서 시작됐다. 이후 1975년 2차 오일쇼크를 거치면서 G5 정상회의로 승격됐고 이후 이탈리아와 캐나다가 참여하면서 G7이 됐다.
러시아는 1991년 구소련으로 준회원처럼 참여하였는데 1997년 제23차 G7 정상회담에 정식으로 참여하면서 G8으로 확대되었다. 다만 정치 분야는 G8 중심이었지만 경제 분야에서는 기존 G7 체제가 유지됐다. 그러다 2014년 3월 24일 러시아가 우크라이나 크림반도를 합병하자 G7 정상들은 러시아를 G8에서 제외했고, 다시 G7이 됐다.
참가국은 프랑스, 미국, 영국, 독일, 일본, 이탈리아, 캐나다이며, 그 외에 EU(유럽연합)의 의장국이 참가한다.

3권 분립 (三權分立)

국가권력의 작용을 입법·행정·사법으로 나눠 이를 각각의 기관에 분담시키는 원리.

이 원리는 영국의 로크와 프랑스의 계몽주의 정치철학자인 몽테스키외 등이 주장한 이래 근대자유주의의 중요한 정치원리가 되어, 미국에서는 이미 1787년의 미합중국 헌법에서 이를 가장 엄격하게 그리고 가장 전형적으로 받아들였다.
우리나라에서도 제헌 당시부터 이 원리를 받아들여 실시하였으며, 현행 헌법에서도 입법권은 국회에, 행정권은 대통령을 수반으로 하는 행정부에, 그리고 사법권은 법관으로 구성된 법원에 속한다고 규정하고 있다.

4·19 혁명

1960년 4월 19일 학생과 시민이 중심 세력이 되어 일으킨 반독재 민주주의 운동으로, 이승만 대통령의 하야로 이어졌다.

이승만 정권은 1948년부터 불법적인 개헌을 통해 12년간 장기 집권하였으며, 1960년 3월 15일 제4대 정·부통령을 선출하기 위한 선거가 실시됐는데, 자유당은 반공개 투표, 야당참관인 축출, 투표함 바꿔치기, 득표수 조작 발표 등의 부정선거(3·15 부정선거)를 자행하였다.
이에 같은 날 마산에서 시민들과 학생들이 부정선거를 규탄하는 격렬한 시위를 벌였고, 실종되었던 고등학생 김주열 군이 눈에 최루탄이 박힌 참혹한 시체로 발견되었다. 이후 4월 18일 고려대학교의 3천여 명의 학생들은 선언문을 낭독, 국회의사당까지 진출하였다. 그러나 학생들은 학교로 돌아가던 중 괴청년들의 습격을 받았다.
이에 분노한 전국의 시민과 학생들이 다음 날인 4월 19일 총궐기하여 '이승만 하야와 독재정권 타도'를 외쳤으나 이승만 독재정권은 총칼을 앞세운 무력으로 시민들을 탄압하고 비상계엄령까지 선포하였다. 그리고 4월 25일 이승만 정권의 만행에 분노한 서울 시내 각 대학 교수단 300여 명은 선언문을 채택하고 학생, 시민들과 시위에 동참하였다. 여기에 4월 26일 전날에 이어 서울 시내를 가득 메운 대규모의 군중들은 정권의 무력에도 굽히지 않고 더욱 완강하게 투쟁하였고, 결국 이승만은 대통령직에서 하야하였다.

6·29 민주화 선언

노태우 민주정의당 대표위원이 당시 국민들의 민주화와 직선제 개헌 요구를 받아들여 발표한 시국 수습을 위한 특별선언.

개헌 논의 금지 및 제5공화국 헌법하에서 차기 대통령을 뽑도록 한다는 4·13 조치 이후 이에 대한 철폐를 요구하는 성명, 집회 및 시위가 전 국민적 차원으로 확산되는 가운데, 당시 민정당 대표위원으로 대통령 후보로 지명되었던 노태우 의원이 1987년 6월 29일 전격적으로 발표한 8개 항의 시국 수습 대책.
내용은 직선제 개헌 단행, 대통령 선거법 개정, 사면·복권실시, 언론자유 최대 보장, 기본권 신장 명시, 지방 교육 자치제의 실현, 정당 활동 자유 보장, 사회 비리 척결 등이다. 개인의 견해로 발표되었으나 7월 1일 전두환 대통령의 '시국 수습에 관한 대통령 특별담화'로 정부 공식 입장으로 확정되었다.

6월 항쟁

1987년 6월 학생, 시민, 재야인사, 정치인 등 각계각층이 전국적인 규모로 벌인 민주화 운동.

정부가 모든 개헌 논의를 봉쇄한 가운데 박종철 고문 살인사건에 대한 은폐 조작 사실이 밝혀지자 민주화에 대한 열망이 전국적인 대규모 시위 형태로 나타났다. 전국 곳곳에서 70만 명이 참가하는 시위가 벌어졌고 300명 이상이 구속되었다. 이런 민주화 운동은 결국 6·29선언을 이끌어내는 데 성공했다.

김영란법

부정 청탁 및 금품 수수 등 금지에 관한 법률을 말한다.

김영란 전 국민권익위원장이 공직사회 기강 확립을 위해 법안을 발의하여 2015년 3월 27일 제정된 법안으로, 2012년 김영란 당시 국민권익위원회 위원장이 공직사회 기강 확립을 위해 법안을 발의하여 일명 '김영란법'이라고도 한다.
김영란법은 1년 6개월의 유예 기간을 거쳐 2016년 9월 28일부터 시행됐으며. 법 적용 대상 기관은 국회, 법원, 헌법재판소, 선거관리위원회, 감사원, 국가인권위원회, 중앙행정기관 및 그 소속기관, 지방자치단체, 시·도 교육청, 공직유관단체, 공공기관 운영법 제4조에 따른 기관 각급 학교, 사립학교법에 따른 학교법인, '언론중재 및 피해구제 등에 관한 법률'에 따른 언론사 등이다. 법에 정의된 언론사는 방송사업자, 신문사업자, 잡지 등 정기간행물사업자, 뉴스 통신사업자 및 인터넷신문사업자다.

간접민주정치 (間接民主政治)

국민이 스스로 선출한 대의원을 통하여 국가권력을 행사하는 정치제도.

대의제, 대표 민주제라고도 하며 직접민주제의 반대 개념이다. 오늘날 대부분 국가는 이 제도를 채택하고 있다.

⇨ 직접민주정치 (直接民主政治)

국가를 구성하고 있는 모든 국민이 직접 국가의 의사를 결정하는 데 참가하는 정치 형태. 이 제도는 고대 아테네의 민회나 현재 스위스의 일부에서 그 예를 찾아볼 수 있을 뿐, 넓은 영토와 많은 인구를 가지고 있는 현대 국가에서는 실시할 수 없기 때문에 간접민주정치를 원칙으로 하고 직접민주정치를 그 보조 수단으로 채택하고 있다. 직접민주정치의 형태에는 국민발안, 국민투표, 국민소환 등이 있다.

⇨ 혼합민주정치 (混合民主政治)

간접민주제와 직접민주제의 국민투표와 국민발안 등을 절충한 것으로, 우리나라·프랑스·일본이 이에 속한다. 또, 간접민주제와 직접민주제의 의회 방식을 가미한 혼합민주정치로는 스위스의 정치제도가 대표적인 예다.

감사원 (監査院)

행정기관과 공무원의 직무에 대한 감찰을 목적으로 설립된 대통령 직속의 국가 최고 감사기관.

감사원의 지위와 조직, 권한은 헌법으로 규정하고 있는데, 헌법 제97조는 「국가의 세입·세출의 결산, 국가 및 법률이 정한 단체의 회계검사와 행정기관 및 공무원의 직무에 관한 감찰을 하기 위하여 대통령 소속하에 감사원을 둔다」라고 규정되어 있다.

또 헌법 제98조 제1항에는 「감사원은 원장을 포함한 5인 이상 11인 이하의 감사위원으로 구성한다」라고 규정되어 있다. 감사원은 감사원장과 감사위원들로 구성되는 '감사위원회의'에서 업무를 처리하는 합의제 기관으로, 현행 감사원법에는 감사 위원수를 7인으로 구성하도록 규정하고 있다.

개헌 (헌법 개정)

각 나라의 최고 기본법인 헌법 일부를 수정하거나 개정하는 것.

개헌의 절차는 국가원수인 대통령 또는 국회에서 재적의원 과반수 이상이 발의해서 재적인원 3분의 2의 동의를 받아 개정안이 발표된다. 대통령은 가결된 순간 이를 즉시 공포하여 20일 이상 공개하고 60일 이내 국민투표에 회부되고 국회의원을 투표할 자격이 있는 전원의 과반수가 참여한 가운데 그 과반수 이상 동의하면 헌법은 발효된다. 대통령에 의해 즉시 공포되며, 시행 시기는 해당 법률에 따라 정해진다.

게티즈버그 연설 (Gettysburg Address)

미국 대통령 링컨이 1863년 11월 게티즈버그 국립묘지 봉헌식에서 한 연설.

1863년 11월 19일, 미국 남북전쟁의 격전지인 펜실베이니아주 게티즈버그에서 거행된 전사한 장병들의 영혼을 위로하는 식전에서 미국 제16대 대통령 링컨이 행한 연설이며, 이 연설 가운데, '국민의 국민에 의한, 국민을 위한 정치(government of the people, by the people, for the people)'라는 명언을 남겼는데, 민주주의가 무엇인지 잘 설명해 주고 있으며 또한 민주 정치의 실천 이념이 되고 있다.

광역의회 (廣域議會)

광역자치단체(특별시, 광역시, 도)의 중요사항을 최종심의 결정하는 의결기관.

광역의회는 지방정부를 상대로 하는 '작은 국회'라는 점에서 운영 방식과 권한, 의원의 임기 및 신분상 대우는 기초의회와 비슷하지만, 견제 대상 자치단체와 의회사무국의 조직이 크고, 상임위원회를 둘 수 있으며, 기초의회에 비해 연간 회의 개최 일수가 같다.

⇨ 기초의회 (基礎議會)

주민을 대표해서 각 기초 자치단체(시, 군, 구)의 중요사항을 최종심의 결정하는 최고 의결기관. 정기회의는 30일 회기로 매년 12월 1일 소집되며, 임시회의는 자치단체장이나 재적 3분의 1 이상의 요구가 있을 때 회기 10일 이내로 의장이 소집한다. 그 권한에는 예산 결산의 심의 의결 기능, 조례를 제정하는 입법 기능, 자치 행정을 감시하는 통제 기능, 지역 현안에 대한 조정 기능 등이 있다.

교섭단체 (交涉團體)

국회에서 의사 진행에 관한 중요한 안건을 협의하기 위하여 일정한 수 이상의 의원들로 구성된 의원 단체.

소속 의원 20명 이상의 정당을 단위로 구성하는 것이 원칙이나 정당 단위가 아니더라도 다른 교섭단체에 속하지 않는 20명 이상의 의원으로 별도의 교섭단체를 구성할 수 있다. 국회에서 의원들의 의사를 종합 통일하여 사전에 상호 교섭함으로써, 국회의 의사 진행을 원활하게 하는 것이 목적이며, 교섭단체 대표를 원내총무라 한다.

국가의 3요소

국가에는 영토, 국민, 주권이 3요소가 있어야 한다는 견해이다.

⇨ 국가의 3요소

① 영토 : 토지로써 구성되는 국가 영역.

② 국민 : 소재지와는 관계없이 원칙적으로 일정한 국법(國法)의 지배를 받는 국가의 구성원.

③ 주권 : 국가의 의사를 최종적으로 결정하는 최고의 권력.

국무위원 (國務委員)

정부의 최고 정책심의기관인 국무회의의 구성원.

국무위원은 국무총리의 제청으로 대통령이 임명한다. 다만, 군인은 현역을 떠난 후가 아니면 국무위원이 될 수 없다. 국무위원의 해임은 오직 대통령만이 할 수 있고, 국무총리는 국무위원의 해임을 건의할 수 있으며 국회는 해임을 의결할 수 있다.

국무위원은 국무총리 다음으로 대통령의 권한 대행권이 있으며, 이 밖에 부서(副署)하는 권한, 국회 출석 발언권 등의 권한을 가진다. 행정각부 장관은 국무위원 중에서 국무총리의 제청으로 대통령이 임명한다.

⇨ 국무회의 (國務會議)

정부의 권한에 속하는 주요 정책을 심의하는 최고 정책심의기관으로 대통령 및 국무총리와 15명 이상 30명 이하의 국무위원으로 구성되고, 대통령은 군무회의의 의장이 되며 국무총리는 부의장이 된다. 그러나 일반적인 관례는 국무총리가 회의를 주재한다.

국무총리 (國務總理)

대통령의 명을 받아 행정 각부를 통괄하는 대통령의 제1위의 보좌기관.

국무총리는 대통령을 보좌하고 국무회의 부의장이 되는데 대통령이 국회의 동의를 얻어 임명한다. 단, 국무총리는 국무위원 임명의 제청권, 국무위원 해임 건의권, 대통령의 권한 대행권, 부서(副署)를 하는 권한, 국회 출석 발언권, 행정 각부 통할권, 총리령을 발하는 권한 등을 가진다.

국민소환제 (國民召還制)

선거에 의하여 선출된 대표 중에서 유권자들이 부적격하다고 생각하는 자를 임기가 끝나기 전에 국민투표에 의하여 파면시키는 제도.

국민소환제는 직접민주주의 한 형태로서, 일반적으로 대통령과 국회의원을 포함한 모든 선출직 공무원을 대상으로 하는 국민투표제를 의미하지만, 역사적으로는 하위 개념으로서 지방의 선출직 공무원을 지역 주민들이 소환하는 주민투표제의 의미로서 주로 시행되었다.
대한민국은 2006년 5월 24일 법률 제7958호로 주민소환제에 관한 법률이 신규 제정되어, 2007년 7월부터 시행되었다.

국민투표제 (Referendum)

헌법 개정안이나 국가의 중요한 일 등을 국민 표결에 부쳐 최종적으로 결정하는 제도.

국민투표는 대의 민주주의 제도의 단점을 보완하기 위하여 현대 국가가 채택하고 있는 직접민주주의 정치제도의 한 형태이며 국정의 중요

사항을 국민의 표결로 결정하는 제도이다. 국가의 의사 형성이나 정책 결정에 대하여 국민이 직접 찬성과 반대의 의사를 밝히는 국민투표는 국가적 중요사항에 국민의 의사를 명확히 반영하기 위한 절차이다.
대한민국 헌법은 헌법 개정안을 국민투표에 부쳐 확정하도록 규정하고 있다. 따라서 국민투표는 헌법 개정의 최종 절차이다. 또한 대통령은 필요하다고 판단될 때 외교, 국방, 통일, 그리고 기타 국가 안위에 관한 중요정책을 국민투표에 부칠 수 있다. 그 외에 지방자치법 등에서 규정하고 있는 주민투표도 일종의 국민투표로 간주할 수 있다.

국정감사 (國政監査)

국정감사권에 따라 국회가 국정 전반에 대해 실시하는 감사.

헌법과 국정감사 및 조사에 관한 법률에서 정하는 '국정'의 개념은 '의회의 입법 작용뿐만 아니라 행정·사법을 포함하는 국가작용 전반'을 뜻한다. 다만, 개인의 사생활이나 신앙처럼 순수한 사적 사항은 제외된다.
국정조사는 특별한 사안에 대해 국회 의결에 따라 수시로 열린다는 점에서 매년 정기국회 때마다 열리는 국정감사와 다르다. 국정감사를 받는 대상 기관은 정부조직법 등에 의한 국가기관, 지방자치단체, 정부투자기관, 기타 국회 본회의에서 국정감사가 필요하다고 의결한 기관 등이다. 국정감사를 하는 국회상임위원회는 감사와 관련된 보고 또는 서류를 관계 기관 등에 제출토록 요구할 수 있다. 또 증인·감정인·참고인 등에 출석을 요청하고 청문회도 열 수 있다.

국제사면위원회 (Amnesty International)

국가권력에 의해 처벌당하고 억압받는 각국 정치범들을 구제하기 위하여 설치된 국제기구.

이데올로기·정치·종교상의 신념이나 견해 때문에 체포·투옥된 정치범의 석방, 공정한 재판과 옥중에서의 처우 개선, 고문과 사형의 폐지 등을 목적으로 한다. 이를 위해 해당 국가의 사회체제 관계없이 정부에 서신 등으로 요구하는 운동을 계속하여 이제까지 약 2만 명의 정치범을 석방했다. 이러한 공로로 1977년에 노벨평화상, 1978년에 UN 인권상을 수상하였다.

국제사법재판소 (ICJ; International Court of Justice)

국가 간의 분쟁을 법적으로 해결하는 국제연합 기관.

조약의 해석, 국가 간의 의무 위반의 사실 여부, 위반에 의한 배상 등 국제적 법률 분쟁의 해결을 도모하는 상설재판소로서, 본부는 네덜란드의 헤이그에 있다. 임기는 9년이고 15명의 재판관으로 조직되어 있으며, 재판관은 UN 총회와 안전보장이사회에서 선거로 선출된다.
UN 가맹국은 당연히 국제사법재판의 당사국이 되며, 비가맹국도 UN의 승인을 얻으면 당사국이 될 수 있다. 과거의 중재 재판소와는 달리 다수의 국가가 참가하는 상설적 재판소지만, 강제적 관할권이 없기 때문에 한쪽 당사자의 요청만으로 재판의 의무가 생기지는 않는다.
ICJ의 판결은 구속력을 가지며 판결을 이행하지 않는 국가에 대해선 안전보장이사회가 적절한 조치를 하게 된다.

국제 앰네스티 (Amnesty International)

정치·경제체제를 초월하여 독립적이고 공평하게 고문, 실종, 사형, 난민 등의 인권 문제의 개선을 위해 활동하는 민간 국제 인권 기구.

1961년 5월 28일 런던에서 피터 베넨슨 변호사의 노력으로 설립되었으며, 헝가리, 남아프리카공화국, 스페인 등지에서 정치범들의 변호를 맡았고 인권신장을 위한 국제기관 창설에 힘써왔다.

1961~75년의 국제사면위원회 국제 집행위원회 위원장 숀 맥브라이드는 1974년에 노벨평화상을 수상했다. 주요 활동으로는 이데올로기·정치·종교상의 신념이나 견해 때문에 체포·투옥된 정치범의 석방, 공정한 재판과 옥중에서의 처우 개선, 고문과 사형의 폐지 등을 위해 노력해 왔으며, 이를 위해 해당 국가의 사회체제 관계없이 정부에 서신 등으로 요구하는 운동을 계속해서 이제까지 약 2만 명의 정치범을 석방했다.

한국을 포함한 150여 개국에 지부와 지역사무실을 두고 회원 수가 180만 명에 이르는 세계 최대의 인권단체이다.

국제연합 (UN; United Nations)

전쟁 방지와 평화유지를 위해 설립된 국제기구(UN).

모든 분야에서 국제협력을 증진하는 역할을 하는 국제기구다. 국제연합 헌장을 근거로 하며 1945년 10월 24일, 정식으로 설립하여 1946년 1월 10일에 활동을 시작하였다.

본부는 뉴욕에 있고 주요 기구로는 총회, 안전보장이사회, 경제사회이사회, 신탁통치이사회, 국제 사법 재판소 및 사무국의 6개 기구가 있으며, 여기에 많은 보조기관과 전문기구가 있다. 국제연합에 새로 가입하기 위해서는 안전보장이사회의 5개 상임이사국 전부를 포함한 9개 이사국의 찬성에 의한 권고에 따라 총회의 3분의 2 이상의 찬성을 얻어야 한다.

국제연합평화유지군 (UN PKF; United Nations Peace Keeping Force)

국제연합의 평화유지활동을 위해 안전보장이사회가 각 분쟁지역에 파견하는 군대.

UN 평화유지군은 크게 정전 감시단과 평화 유지군으로 나뉘며, 1948년 이스라엘과 아랍 제국 사이의 휴전을 감시하기 위한 국제연합 정전감시기구(UNTSO)를 시초로 이후 수십 차례 구성되었다. 평화유지군은 UN 안보리 의결에 따라 배치되며, 보통 여러 국가에서 자발적으로 차출, 파견된다.

국제원자력기구 (IAEA; International Atomic Energy Agency)

원자력의 평화적 이용을 위한 연구와 국제적인 공동 관리를 위하여 설립된 국제연합기구.

1955년 워싱턴에서 기초한 헌장을 UN 본부의 국제회의에서 채택하여 1957년에 발족하였다. 국제연합의 전문기구는 아니지만, 실질적으로는 이에 준하는 기능을 수행하고 있다.
국제원자력기구는 세계에 원자력의 평화적 이용을 위한 연구개발과 실용화를 장려하고 이에 필요한 물자, 서비스, 설비를 제공하고, 과학적·기술적인 정보교환을 촉진하며, 핵분열 물질이 군사적 목적으로 사용되지 않도록 보장하고 조치를 강구한다는 등을 활동 목표로 하고 있다.

국회 선진화법 (國會先進化法)

다수당의 일방적인 법안이나 안건 처리를 막기 위해 2012년 제정된 국회법 개정안.

다수당의 일방적인 국회 운영과 국회 폭력을 예방하기 위해 2012년 5월 2일 18대 국회 마지막 본회의에서 여야 합의로 도입됐다.
여야의 갈등이 극에 달했을 때마다 국회에서 몸싸움과 폭력이 발생하자 이를 추방하자는 여론이 비등해지면서 탄생했기에 '몸싸움 방지법'

이라고도 한다.
국회선진화법에 따르면 여야가 첨예하게 대립하는 쟁점 법안은 과반수보다 엄격한 재적의원 5분의 3 이상이 동의해야 본회의 상정이 가능하다. 또 재적의원 3분의 1 이상 요구가 있는 경우 본회의 심의 안건에 대한 무제한 토론할 수 있는 필리버스터 제도를 도입했다.

국회의 권한 (國會-權限)

국회는 입법에 관한 권한, 재정에 관한 권한, 일반 국정에 관한 권한을 갖는다.

① 입법에 관한 권한 : 헌법 개정 제안·의결권, 법률 제정·개정권, 조약체결·비준 동의권 등
② 재정에 관한 권한 : 예산안 심의·확정권, 결산심사권, 기금심사권, 재정입법권, 예비비지출 승인권, 국채동의권 등.
③ 국정감사·조사권, 헌법기관 구성권, 탄핵소추권, 긴급명령, 긴급 재정경제처분·명령 승인권, 계엄 해제 요구권, 일반사면에 대한 동의권, 선전포고 및 국군의 해외 파견·외국군대 주류에 대한 동의권, 국무총리·국무위원 해임건의권, 국무총리·국무위원·정부위원 출석 요구권 및 질문권 등.

국회의원 (國會議員)

국민의 보통·평등·직접·비밀선거에 의하여 선출된 국회의 구성원.

국회의원은 국민의 보통·평등·직접·비밀선거에 의하여 선출되며 임기는 4년이다. 국회의원은 국민을 대표하여 법률을 제정하고 국정을 심의한다.
국회의원의 수는 200명 이상으로 하되 구체적인 수는 법률로 정하게 되어 있다. 2016년 3월 국회의원 의석수를 새로 정하는 공직선거법

개정안이 통과되어 국회의원의 수는 300명이 유지되고, 지역구 의원 253명과 비례대표 의원 47명으로 변경되었다.
국회의원은 국민의 대표로서 그의 권한을 행사하고 임무를 완수하기 위하여 크게 다음과 같은 특별한 권한을 가지고 있다.

① 불체포 특권 : 국회의원은 현행범인 경우를 제외하고는 회기 중에 국회의 동의 없이 체포 또는 구금되지 아니하며, 회기 전에 체포 또는 구금된 때에도 현행범이 아닌 한 국회의 요구가 있으면 회기 중 석방하여야 한다.
② 면책특권 : 국회의원은 국회 내에서 직무상 행한 발언과 표결에 관하여 국회 외에서 책임을 지지 아니한다.

난민의 지위에 관한 조약
(Convention Relating to the Status of Refugees)

본국의 박해나 생명의 위협으로부터, 벗어나기 위해 해외로 도피한 난민에 대해 일반적인 '외국인'과는 별도로 인도주의적 목적에서 그 권리를 보장해 주는 조약.

난민조약이라고도 한다. 1951년 7월 제네바에서 26개국이 이 조약을 체결했고 1954년 4월 발효되었다. 이 조약은 유입된 난민에 대해 체제국은 그들의 귀화, 동화를 촉진함과 아울러 여러 종류의 권리를 적극적으로 인정할 것을 명시하고 있다.
난민 지위를 인정받기 위해서는 인종·종교·국적·특정 사회집단의 구성원 신분 또는 정치적 의견을 이유로 받은 박해의 공포를 증명해야 하며, 국적국 밖에 있어야 하고, 박해의 공포 때문에 본국으로 돌아갈 수 없다는 조건을 충족시켜야 한다. 외국에 체재하던 중 자국에서 발생한 상황 또는 정치적 의견을 표명하는 행동으로 인해 박해의 공포가 발생했을 때도 난민이 될 수 있다. 우리나라는 1992년에 가입했다.

남·북미 정상 판문점 회동 2019

2019년 6월 30일 문재인 대통령과 미국의 도널드 트럼프 대통령, 그리고 북한의 김정은 국무위원장이 사상 처음으로 판문점에서 가진 회동이다.

남 북미 정상의 사상 첫 판문점 회동은 6월 29일 트럼프 대통령의 트위터를 통한 깜짝 제안에 김정은 위원장이 호응하면서 속전속결로 이뤄졌다. 트럼프 대통령과 김정은 위원장은 6월 30일 오후 3시 46분경 판문점 군사분계선 앞에서 만났으며, 이후 북미 정상은 군사분계선 북측으로 함께 이동했다. 이로써 트럼프 대통령은 군사분계선을 넘어 사상 처음으로 북한 땅을 밟은 미국 대통령이 됐다.

대사 (大使, Ambassador)

외교사절의 최고계급.

국가를 대표하여 외교 교섭을 하기 위하여 외국에 파견되는 제1급 외교사절로서, 특명전권대사(特命全權大使)의 약칭이다.

⇨ **공사** (公使, Minister)

국가를 대표하여 파견되는 외교사절. 국가를 대표하여 외교 교섭을 하기 위하여 외국에 파견되는 제2급 외교사절로서, 특명전권공사(特命全權公使)의 약칭이다. 그 아래에 변리공사, 대리공사가 있다.

⇨ **영사** (領事 Consul)

외국에 있으면서 외무부 장관과 특명전권대사·공사의 지시를 받아 자국의 통상이익을 도모하고, 주재국에 있는 자국민을 보호하는 것을 주요 임무로 하는 공무원. 외국에서 자기 나라의 통상과 국민의 보호를 담당하는 파견영사와 다른 나라에 거주하는 사람 중에서 선임된 명예영사(또는 선임영사)가 있다. 영사는 외교사절이 아니며, 총영사, 영사,

부영사의 구별이 있다.

대선거구제 (大選擧區制)

한 선거구에서 2명 이상의 대표를 선출하는 제도.

전국적으로 큰 인물이 당선되기 쉬운 장점이 있는 반면, 선거구가 넓어 후보자의 인물·식견을 판단하기 어렵고 비용이 많이 드는 단점이 있다.

⇨ 소선거구제 (小選擧區制)

한 선거구에서 1명의 대표를 선출하는 제도. 선거구가 작아 관리가 간단하고 비용이 덜 들며, 투표가 간편하고 선거인이 후보자의 인물을 잘 알 수 있는 동시에 정국이 안정되기 쉬운 장점이 있다. 그러나 한편으로는 전국적인 큰 인물보다 지방 명사가 당선되기 쉽고, 선거인을 매수하거나 관권에 의한 간섭을 받기 쉬운 단점이 있다.

대통령제 (Presidential System)

입법부·행정부·사법부 상호 간에 견제와 균형을 통해서 권력의 집중을 방지하고 국민의 자유와 권리를 최대한 보장하는 현대 민주국가의 정부형태.

이는 18세기 미국에서 시작되었으며, 그 후 남미, 아시아, 아프리카 국가들의 정치적 모델로 채택되었다. 대통령 중심제는 대통령이 임기 동안 강력한 집행권을 행사하면 정국이 안정되나 권한이 비대해질 경우 독재가 될 가능성이 있다.

⇨ 의원내각제 (Parliamentary Cabinet System)

정부의 성립과 존립이 국회의 신임을 필수조건으로 하는 정부형태. 내각책임제 또는 의회정부제라고도 한다. 실질적인 행정권을 담당하는 내각이 의회 다수당의 신임에 따라 조직되고 또한 존속하는 의회 중심주의의 권력분립 형태다.
특히 영국에서 발달하였으며, 우리나라는 1960년 4·19혁명으로 탄생한 제2공화국에서 이를 채택한 적이 있지만 1961년 5·16 군사 정변과 함께 사라지고 말았다.
의회는 내각을 불신임할 수 있고 내각(수상)은 의회를 해산할 수 있다. 책임정치를 구현하고 민의에 충실할 수 있다는 장점이 있으나 특히 연립내각의 경우에는 정국이 불안해질 염려가 있다.

레임덕 (Lame Duck)

임기 만료를 앞둔 공직자를 '절름발이 오리'에 비유한 말.

레임덕은 임기 만료를 앞둔 공직자의 통치력 저하를 기우뚱기우뚱 걷는 절름발이 오리에 비유해 일컫는 말이다. 우리나라에서는 '권력누수 현상'이라고 표현하기도 한다.
레임덕은 주요 현안에 대한 정책 결정이 늦어질 뿐 아니라 공조직 업무 능률을 저하시켜 국정 공백을 일으키는 등 나라 전체에 나쁜 영향을 끼칠 수 있는 위험한 현상이다.
레임덕 용어의 유래는 18세기 런던 증권시장에서 시작됐는데, 당시 이 말은 빚을 갚지 못해 시장에서 제명된 증권 거래원을 가리키는 말로 사용됐다. 주가가 오르는 장세를 황소(Bull)에, 내려가는 장세를 곰(Bear)에 비유하면서 채무불이행 상태의 투자자를 절름발이 오리에 비유한 것이다.

민족주의 (Nationalism)

민족에 기반을 둔 국가의 형성을 지상목표로 하고, 이것을 창건(創建)·유지·확대하려고 하는 민족의 정신 상태나 정책원리 또는 그 활동.

민족의식을 제1 의(義)로 하여 정치·경제·문화 등의 모든 분야에 걸쳐 민족의 독자성을 발휘, 확립하려는 주의나 주장을 말한다. 민족주의가 극단적으로 흐르면 배타적 국수주의가 되기 쉽다. 오랫동안 식민지로 있었던 아시아, 아프리카의 여러 나라에서 특히 제2차 세계대전 이후 민족주의가 활발하다.

배타적 경제수역 (EEZ; Exclusive Economic Zone)

UN 해양법 협약에 새로이 규정된 바다의 영토에 대한 개념.

자국 연안으로부터 200해리까지의 모든 자원에 대해 독점적 권리를 행사할 수 있는 유엔 국제해양법상의 수역. 1982년 12월 채택되어 1994년 12월 발효된 유엔해양법협약은 ① 어업자원 및 해저 광물자원, ② 해수 풍수를 이용한 에너지 생산권, ③ 에너지 탐사권, ④ 해양과학 조사 및 관할권, ⑤ 해양환경 보호에 관한 관할권 등에 대해 연안국의 배타적 권리를 인정하고 있다. 따라서 타국 어선이 배타적 경제수역(EEZ) 안에서, 조업하기 위해서는 연안국의 허가를 받아야 하며, 이를 위반했을 때는 나포(拿捕)되어 처벌받는다. 이보다 앞서 1970년대부터 세계 각국은 앞다투어 배타적 경제수역을 선포함으로써 세계 주요 어장의 대부분이 연안국의 배타적 경제수역으로 편입되었다. 하지만 한국과 일본 사이에는 거리가 400해리가 되는 곳이 없어 200해리 EEZ는 서로 중복될 수밖에 없다.

보통선거 (Universal Suffrage)

사회적 신분·교육·재산·인종·신앙·성별 등에 의한 자격요건의 제한 없이 일정 연령에 달한 모든 국민에게 원칙적으로 선거권을 인정하는 것.

제한선거에 대응되는 말이다. 오늘날에는 보통선거가 선거의 기본원칙으로 되어 있으나, 연혁적으로 보면 그 발달과 확립은 점진적이었고, 이 원칙이 전 세계적으로 완전히 확립된 것은 제2차 세계대전 후의 일이다.
특히 재산 또는 성별에 의한 제한선거가 철폐된 것은 최근의 일이다. 예컨대 재산에 의한 제한선거는 미국의 각 주(各州)가 1820~50년, 프랑스가 1848년, 스웨덴이 1907년, 이탈리아가 1912년, 영국이 1918년에 철폐되었고, 성별에 의한 제한선거는 미국이 1920년, 영국이 1928년, 일본이 1945년, 프랑스가 1946년에 철폐되고 여성 참정권이 인정되었다.
한국은 1948년 제헌헌법에서 보통선거를 채택했고, 현행 헌법에서도 대통령·국회의원 등의 모든 선거에서 보통선거를 시행하도록 규정하고 있다.

북대서양조약기구 (NATO; North Atlantic Treaty Orgauization)

제2차 세계대전 후 동유럽에 주둔하고 있던 소련군과 군사적 균형을 맞추기 위하여 체결한 북대서양조약의 수행 기구.

본부는 벨기에의 브뤼셀에 있다. 가맹국의 안전 보장을 목적으로 하며 가입국 간의 경제협력을 촉진한다.
회원국은 벨기에, 캐나다, 덴마크, 아이슬란드, 이탈리아, 룩셈부르크, 네덜란드, 노르웨이, 포르투갈, 영국, 미국, 프랑스, 그리스, 튀르키예, 스페인, 체코, 폴란드, 헝가리 등이며, 2004년에는 불가리아, 에스토니아, 라트비아, 리투아니아, 루마니아, 슬로바키아, 슬로베니아의 동유럽 국가들이 새 회원국으로 가입하고 2009년 4월에 크로아티아, 알바니아 2016년 몬테네그로, 2020년 북마케도니아가 가입하여 2022년 기준 정식회원국은 30개국이다.

브렌트유 (Brent Oil)

영국 북해 지역에서 생산되는 원유로서 미국의 서부텍사스유, 아랍에미리트 연방의 두바이유와 함께 세계 3대 유종으로 꼽힌다.

현재 세계 70여 개국에서 생산되는 수십 종의 원유 중 텍사스중질유와 브렌트유, 두바이유가 세계 3대 유종으로 국제 원유 가격의 기준이 되고 있다.
브렌트유는 영국 북해 생산 원유이다. 가장 광범위한 지역으로 수출되는 국제적인 유종인데, 유럽 현물시장과 런던 선물시장에서 거래된다. 북해유전은 1975년부터 원유를 생산, 영국과 노르웨이가 반분하고 있으며 이 중 브렌트는 영국 소유 유전이다.

⇨ 서부 텍사스중질유 (WTI; West Texas Intermediate)
미국 서부 텍사스 지역에서 생산되는 원유로 약칭은 WTI다. 영국 북해에서 생산되는 브렌트유, 중동에서 생산되는 두바이유와 함께 세계 3대 유종으로 꼽힌다. 국제 원유 가격을 결정하는 기준 원유로, 미국 서부 텍사스와 오클라호마주 일대에서 생산된다. 대표적인 경질유(Light crude oil)이자 저유황유이며, 미국 국내와 아메리카 지역의 기준 유종이다.

⇨ 두바이유 (Dubai Oil)
중동의 아랍에미리트에서 생산되는 원유로, 영국의 브렌트유, 미국의 서부텍사스유(WTI)와 함께 세계 3대 유종으로 꼽히며 중동 지역을 대표하기 때문에 중동 산 두바이유로 불린다.

비준 (Ratification)

전권위원(全權委員)이 체결·서명한 조약을 조약 체결권자(국가원수 또는 내각)가 최종적으로 확인하며, 동의하는 행위.

조약체결의 전권을 위임받은 전권위원이 체결한 조약을 조약체결권자인 국가원수 또는 내각이 다시 비준하는 이유는, 조약이 국가와 국민에게 중대한 영향을 끼치는 중대 사항이기 때문에 다시 한번 최종적인 심사를 하고자 하는 데 있다. 하지만 서명된 조약을 비준권자가 반드시 비준해야 할 법률상의 의무를 지는 것은 아니다. 따라서 비준을 거절하더라도 정치적인 비난을 받을 수는 있지만 국제법상 불법행위는 아니다.

선거의 4원칙

보통선거, 평등선거, 직접선거, 비밀선거의 네 가지 원칙을 말한다.

보통선거는 일정한 연령에 달하면 어떤 조건에 따른 제한이 없이 선거권을 주는 제도이며, 평등선거는 투표의 가치에 차등을 두지 않는 제도를 말한다.
직접선거는 선거권자가 대리인을 거치지 않고 자신이 직접 투표 장소에 나가 투표하는 제도를 말하며, 비밀선거는 투표자가 누구에게 투표했는지 알 수 없게 하는 제도이다.

세계무역기구 (WTO; World Trade Organization)

무역 자유화를 통한 전 세계적인 경제 발전을 목적으로 하는 국제기구.

관세 및 무역에 관한 일반협정인 가트(GATT : General Agreement on Tariffs and Trade) 체제를 대신하여 국제 무역 질서를 바로 세우고 우루과이라운드(UR : Uruguay Round of Multinational Trade Negotiation) 협정의 이행을 감시하는 국제기구로, 본부는 스위스 제네바에 있다. 1994년 4월 15일 모로코의 마라케시에서 125개 국가의 통상 대표에 의해 7년 반 동안 진행되어 온 UR 협상의 종말과 마라케시선언이 공동 발표되면서, 1995년 1월 1일 정식으로 출범하였다.
WTO는 합의제를 원칙으로 하며, 합의 도출이 어려울 경우 다수결 원칙(1국 1표 원칙 과반수 표결)에 의해 의사를 결정한다. 우리나라에서는 1994년 12월 16일 WTO 비준안 및 이행 방안이 국회에서 통과되었다.

쇼비니즘 (Chauvinism)

맹목적·광신적·호전적 애국주의.

자기 나라의 이익을 위해서는 수단과 방법을 가리지 않으며, 국제 정의조차 부정하는 배타적 애국주의, 즉 광신적 국수주의를 말한다.
프랑스의 연출가 고냐르가 지은 속요(俗謠) '삼색모표(三色帽標)'에 나오는 나폴레옹을 신과 같이 숭배하는 병사의 이름 니콜라 쇼뱅에서 나온 용어다.

스윙 보터 (Swing Voter)

선거 등의 투표 행위에서 누구에게 투표할지 결정하지 못한 이들을 가리키는 말.

'스윙 보터'는 지지하는 정당과 정치인이 없어 그때그때의 정치 상황과 이슈에 따라 투표하게 된다. 예전에는 미결정 투표자라는 뜻의 '언디사이디드 보터(undecided voter)'라고 했지만, 지금은 마음이 흔들리는 투표자라는 의미에서 '스윙 보터(swing voter)' 또는 플로팅 보터(floating voter)라는 용어가 일반적으로 사용된다. '스윙 보터'는 대부분 이념적으로 중도성향인 이들로, 그 어떤 정당도 자신들을 만족시킬 수 없다고 생각한다.

아시아유럽정상회의 (ASEM; Asia-Europe Meeting)

동북아 3개국과 동남아의 아세안(동남아국가연합) 회원국 7개국 등 아시아 10개국과 유럽연합(EU) 15개국 등 모두 25개국이 참여하는 아시아와 유럽 간의 정상회의.

아셈의 의의는 식민지적 지배 관계의 단절 이래 아무런 연결 고리를 갖지 못한 아시아와 유럽이 새로운 동반자 관계를 구축함으로써 유럽-북미-아시아 간 3각 지역 협력 체제의 기틀을 마련하자는 데 있다.

알 카에다 (Al-Qaeda)

사우디아라비아 출신의 오사마 빈 라덴(Osama bin Laden)이 조직한 국제 테러단체.

1991년 걸프 전쟁이 일어나면서 반미 세력으로 전환한 이 조직은 빈 라덴의 막대한 자금과 군사력을 바탕으로 아프가니스탄, 수단, 파키스탄, 방글라데시, 필리핀, 사우디아라비아는 물론, 캐나다, 영국, 미국 등 총 34개국에 달하는 국가에서 활동하고 있는 것으로 알려져 있다. 이들은 철저하게 점조직으로 움직이면서 계속 활동 영역을 넓혀 비(非)이슬람권 국가에까지 세력을 확장하는 한편, 1998년에는 이집트의 이슬람 원리주의 조직인 지하드와 이슬람의 과격 단체들을 한데 묶어 '알카에다 알지하드'로 통합하였다.
특히 2001년 9월 11일 발생한 미국 맨해튼의 110층짜리 쌍둥이 건물인 세계무역센터와 미 국방부(펜타곤)에 대한 항공기 납치와 자살테러 사건이 발생하여 배후 조종자가 이 조직의 수뇌인 빈 라덴으로 의심받으면서 널리 알려지게 되었다.

욱일기 (Rising Sun Flag)

일본이 제2차 세계대전 기간 중 사용한 전범기로 일본 군국주의를 상징하는 깃발이다.

일본 국기인 일장기의 태양 문양 주위에 퍼져 나가는 햇살을 형상화한 것으로, 1870년 일본제국 육군 군기로 처음 사용됐으며 1889년에는 일본제국 해군의 군함기로도 사용됐다.
1954년 창설된 육상자위대(자위대기)와 해상자위대(자위함기)는 욱일기를 군기로 사용하기 시작했다. 현재 일본 육상자위대는 일본 국기인 태양 문양 주위에 8줄기 햇살이 퍼지는 욱일기를 사용하고 있으며, 해상자위대는 16줄 햇살이 그려진 욱일기를 사용한다. 무엇보다 독일 나치의 상징인 하켄크로이츠 문양 사용이 엄격히 금지되는 것에 반해, 욱일기는 현재도 침략 역사를 부정하는 일본의 극우파 혹은 스포츠 경기 응원에서 종종 사용되면서 많은 논란을 일으키고 있다.

유네스코 (UNESCO)

교육·과학·문화의 보급 및 교류를 통하여 국가 간의 협력 증진을 목적으로 설립된 국제연합 전문기구.

정식 용어는 국제연합교육과학문화기구이고 유네스코는 약칭이다. 인종·종교·성별의 차이 없이 교육·과학·문화를 통하여 국가 간의 협력을 촉진함으로써 정의와 법의 지배를 실현하고 기본적 자유를 지킬 것을, 목적으로 하여 1946년에 창설된 국제기구다. 각국 국민 사이의 상호 이해, 일반 교육의 보급, 문화유산의 보존 등을 주요 임무로 하고 있으며, 이를 위해 조약의 체결, 권고, 선언 등을 행한다. 회원국은 2009년 1월 현재 회원국으로 193개국이, 준회원국으로 6개국이 가입되어 있고 본부는 파리다. 우리나라는 1950년에 가입하여 1987년 제24회 총회에서 집행위원국으로 선출되기도 하였다.

유럽연합 (EU; European Union)

1957년 유럽경제공동체가 출범한 이후 단일 유럽법과 마스트리히트조약에 의한 유럽공동체의 새로운 명칭.

유럽연합(EU)은 유럽공동체(EC) 12개국 정상들이 1991년 12월 네덜란드 마스트리흐트에서 경제통화통합 및 정치통합을 추진하기 위한 유럽연합조약(Treaty on European Union, 일명 마스트리흐트 조약)을 체결하기로 합의하고, 각국의 비준 절차를 거쳐 1993년 11월부터 동 조약이 발효됨에 따라 설립된 유럽의 정치·경제 공동체이다.
그러나 영국이 2016년 국민투표로 EU 탈퇴를 결정했고 2020년 탈퇴하였다.

의결정족수 (議決定足數)

합의체 기관이 의사를 결정하는 데 필요한 구성원의 출석수.

구성원의 합의에 따라 의사를 결정하는 조직체에서, 의사결정의 효력을 발휘하는 데 필요한 구성원의 출석수를 말한다.
의결정족수는 합의체의 성격과 의사 진행 내용에 따라 달라지는데, 한국에서는 국회의 경우 원칙적으로 재적의원 과반수의 출석과 출석의원 과반수의 찬성이 필요하다. 다만, 법률안의 재의(再議)는 재적의원 과반수의 출석과 출석의원 2/3 이상의 찬성을, 헌법의 개정은 재적의원 2/3 이상의 찬성이 필요로 한다. 상법에서는 보통결의의 경우는 의결권의 과반수, 특별결의의 경우 의결권의 2/3 이상이다.

인사청문회 (人事聽聞會)

대한민국 제16대 국회가 2000년 6월 23일「인사청문회법」(법률 6271호)을 제정함으로써 도입된 인사에 관한 청문회.

정부 중요 요직(국무총리, 국정원장, 검찰총장 등)에 대통령이 임명하려는 인사에 대해서 국회의원들이 그 사람의 근무능력, 도덕성, 청렴함 등을 따져서 앞으로 일하는 데 하자가 없는지를 확인하는 절차.

자유무역협정 (FTA; Free Trade Agreement)

정치·경제적으로 긴밀한 관계에 있는 2개 이상의 국가 간에 관세 및 수입 제한을 철폐함으로써 가입국 간의 통상을 자유화하려는 국가 간의 협정.

가입국 이외의 국가에 대해서는 독자적인 관세 및 무역협정을 맺고 있다는 점에서 FTA는 대외적으로 단일 관세 주체로 행동하는 관세동맹과 다르다. 1988년 미국과 캐나다가 결성했고, 1992년에는 멕시코까지 끌어들여 북미자유무역협정(NAFTA)을 결성했다.
그러나 자유무역협정에 참여한 국가들이 반드시 이로운 것은 아니다. 세계 각국이 시장을 개방하여 일부 선진국은 고도성장을 이룩했으나 일부 국가는 심한 실업과 불황을 겪게 되었다.

전방위 외교 (Omnidirectional Diplomacy)

이념을 초월하여 모든 나라와 외교관계를 수립하려는 정책.

일본은 일찍부터 정경 분리 원칙을 내세워 어느 나라와도 통상을 한다는 전방위 외교를 수행, 중국이나 러시아 등과의 비적대 외교로 군사적 위협에서 벗어나는 유연한 외교 방침을 구사하고 있다. 유사한 용어로 어떤 나라와도 특별한 관계를 원치 않는 외교 전략을 의미하는 등거리 외교(等距離外交)가 있다.

전체주의 (Totalitarianism)

개인은 전체 속에서 비로소 존재가치를 갖는다는 주장을 근거로 강력한 국가 권력이 국민 생활을 간섭·통제하는 사상 및 그 체제.

국가·민족의 전체를 궁극의 실제로 보고 개인의 모든 활동은 전체의 존립과 발전을 위해 종속되어야 한다는 이념아래에, 국가의 목적을 위해서는 국민의 모든 자유나 권리를 희생시켜도 좋다는 사상이다. 기본적 인권에 대한 야만적인 공격, 특정 인종에 대한 증오 등을 그 특징으로 한다. 보편이 특수보다 선행하는 것이라고 보는 보편주의와 결부되어 있다. 그 예로 나치스 독일과 파시스트 이탈리아 체제를 들 수 있다.

정기국회 (定期國會)

국회는 법률이 정한 바에 의하여 매년 1회 정기적인 회의를 열게 되어 있는데, 이를 정기국회라 한다.

우리 헌법상 정기국회는 매년 9월 10일에 개회하며(그날이 공휴일이면 그다음 날), 기간은 100일을 초과할 수 없다. 정기국회에서는 법률안 등 안건을 처리하는 것 외에 매년 정기회 다음 날부터 20일간 소관 상임위원회별로 국정 전반에 관한 감사를 행한다. 또 예산안과 결산에 대한 소관상임위원회의 예비 심사와 예산결산특별위원회의 종합심사 등도 이뤄진다.

⇨ 임시국회 (臨時國會)

임시국회는 정기국회와 별도로 필요에 의해 소집되는 국회로, 국회 재적의원 4분의 1 이상의 요구나 대통령의 요구에 의해 개최된다. 대통령이 임시회의 집회를 요구할 때는 기간과 집회 요구의 이유를 명시하여야 한다.

정당명부제 (政黨名簿制)

국회의원 선거에서 지지하는 지역구 후보 및 정당에 유권자가 각각 한 표씩 행사하는 1인 2표제 선거제도.

유권자가 지역구 국회의원 후보자 1명에게 투표하고 또한 비례대표 후보 명부를 제시한 여러 정당 중 자신이 선호하는 정당에도 표를 던지는 방식이다.
한 후보자가 지역구 후보와 비례대표 후보를 겸할 수 있어, 지역구 선거에서 낙선하더라도 비례대표에 의해 당선될 수 있다.

제국주의 (Imperialism)

자국의 정치적·경제적 지배권을 다른 민족·국가의 영토로 확대하려는 국가의 충동이나 정책.

오늘날에는 고도로 발달한 금융 자본주의를 말한다. 즉 국내 시장을 독점할 뿐만 아니라, 군사적 우월을 배경으로 국제시장을 장악, 이윤을 독점할 것을 목적으로 하여 후진국이나 식민지를 지배하려는 군사적·경제적 침략주의를 말한다.

중앙선거관리위원회 (中央選擧管理委員會)

선거와 국민투표의 공정한 관리 및 정당에 관한 사무를 관할하기 위하여 설치된 최상급의 선거관리위원회.

이의 구성은 대통령이 직접 임명하는 3명, 국회에서 선출하는 3명, 대법원장이 지명하는 3명 등 9명(모두 대통령이 임명)이며, 이들의 임기는 5년, 위원장은 위원 중에서 호선한다.

준연동형 비례대표제 (準連動形 比例代表制)

비례대표 의석을 지역구 선거 결과와 연동해 배분하는 제도.

국회의원 의석수 총 300석을 정당 득표율에 따라 나누고 지역구 의석수가 정당 득표율보다 적은 정당의 경우 모자란 의석수의 50%를 비례대표로 채워주는 방식으로, 2020년 4월 15일 치러진 제21대 총선 때의 준연동형 비례대표제는 비례대표 47석 중 30석에만 '연동형 캡(cap, 상한선)'을 적용, 연동률 50%의 준연동형 비례대표제를 적용했다. 연동형 캡에서의 '캡'은 '한도, 상한선'을 뜻하는 영어단어로, 47석 중 30석에만 연동률 상한선을 적용해 지역구 결과에 연동시킨 것이다. 이 제도하에서 민주당 위성정당인 더불어시민당은 17석, 미래통합당(국민의힘 전신)의 위성정당인 미래한국당은 19석, 정의당은 5석, 국민의당과 열린민주당은 각각 3석을 차지한 바 있다. 준연동형 비례대표제는 당초 소수정당의 국회 진출을 명분으로 도입했지만, 거대 양당이 비례대표 선출을 위한 위성정당을 창당하면서 애초 도입 취지가 무색해졌다는 비판을 받았다.

치킨게임 (Chicken Game)

어느 한쪽이 양보하지 않을 경우 양쪽이 모두 파국으로 치닫게 되는 극단적인 게임이론.

치킨게임은 1950년대 미국 젊은이들 사이에서 유행하던 자동차 게임의 이름으로, 한밤중에 도로의 양쪽에서 두 명의 경쟁자가 자신의 차를 몰고 정면으로 돌진하다가 충돌 직전에 핸들을 꺾는 사람이 지는 경기로 어느 한쪽도 핸들을 꺾지 않을 경우 게임에서는 둘 다 승자가 되지만, 결국 충돌함으로써 양쪽 모두 자멸하게 된다.
이 용어가 1950~70년대 미국과 소련 사이의 극심한 군비경쟁을 꼬집는 용어로 차용되면서 국제정치학 용어로 굳어졌다. 그러나 오늘날에는 정치학뿐 아니라 여러 극단적인 경쟁으로 치닫는 상황을 가리킬 때도 인용된다. 그 예로 1950~80년대의 남북한 군비경쟁, 1990년대 말 이후 계속되고 있는 미국과 북한 사이의 핵 문제를 둘러싼 대립 등도 치킨게임의 대표적인 예로 언급되고 있다.

캐스팅 보트 (Casting Vote)

합의체의 의결에서 가부(可否)가 동수일 경우 의장이 가지는 결정권.

법률상으로는 어느 편에 표를 던지든 자유지만 운영상 의장은 현상 유지를 위해 부(否)표를 던지는 것이 바람직하다. 국회의장은 관행상 의원으로서 표결에 참여하지 않는다. 현재 이 말은 두 당파의 세력이 균형을 이룬 상태에서 대세를 좌우할 열쇠를 쥔 제3당의 표를 가리키기도 한다.

탄핵소추 (彈劾訴追)

고위직 공직자에 의한 헌법침해로부터 헌법을 보호하기 위한 재판제도.

탄핵을 발의해 파면을 요구하는 것을 말한다. 탄핵이란 대통령, 국무위원 등 행정부의 고관 또는 법관 같은 신분보장이 되어있는 공무원의 비행에 대하여 국회가 소추(訴追)하고 국회나 다른 국가기관(헌법재판소)이 심판하여 처벌, 파면하는 제도이다.
국회는 대통령, 국무총리, 국무위원, 행정 각부의 장, 헌법재판소 재판관, 법관, 중앙선거관리위원회 위원, 감사원장, 감사위원, 기타 법률이 정한 공무원이 그 직무 집행에 있어서 헌법이나 법률을 위배한 때에는 탄핵의 소추를 의결할 수 있다.
탄핵소추는 국회 재적의원 3분의 1 이상의 발의와 재적의원 과반수 이상 찬성으로 의결할 수 있으나, 대통령의 경우는 재적의원 과반수의 발의와 재적의원 3분의 2 이상 찬성이 있어야 한다.

탈레반 (Taleban)

1994년 아프가니스탄 남부 칸다하르 주에서 결성된 무장 이슬람 정치단체.

아프가니스탄의 회교 율법을 공부하는 학생들로 구성된 무장세력이다. 1994년 약 2만 5000명의 학생들이 중심이 되어 남부 칸다하르에서 수니파 무장 이슬람 정치 조직을 결성하여 그 해 국토의 약 80%를 장악하고, 그다음 해에 수도 카불(Kabul)을 점령하여, 14년간의 내전과 4년간의 무자헤딘(Mujahidin : 무장 게릴라 조직)의 권력투쟁을 종식시켰다.

이어 이슬람 공화국이라는 과도정부를 선포하였으나, 각종 인권을 침해하고, 이슬람교에 대한 엄격한 해석으로 사회 차별이 심화하는 등 많은 부작용이 생겨 국제사회의 비난을 받게 되었다. 더욱이 2001년 9월 11일 발생한 미국 테러 사건의 배후자인 오사마 빈 라덴과 그의 추종 조직인 알카에다를 미국에 인도하지 않아, 미국과 동맹국들의 반발을 산 끝에 아프가니스탄을 전쟁의 도가니로 몰아넣어 결국 미국의 막강한 화력 앞에 종지부를 찍게 되었다.

파시즘 (Fascism)

1919년 이탈리아 B. 무솔리니가 주장·조직한 국수주의적이고 권위주의적·반공적인 정치적 주의 운동.

넓은 뜻으로는 이와 공통의 본질을 갖는 운동 및 지배체제를 말한다. 파시즘은 제1차 세계 대전 후 고도로 발달한 자본주의의 전반적 위기를 폭력적으로 유지하는 것이, 그 본질이고, 특징은 테러리즘적인 수단에 의한 독재, 노동계급에 대한 탄압, 시민적 자유의 말살, 대외적인 침략전쟁 등이다. 파시즘이란 이탈리아어인 파쇼(fascio)에서 나온 말이다.

팔레스타인 해방기구 (PLO; Palestine Liberation Organization)

전 세계 445만 명으로 추산되는 팔레스타인인을 대표하는 정치 조직.

팔레스타인 국가 건설을 목적으로 1964년 결성된 팔레스타인 난민의 반이스라엘 해방조직이다. 아랍 제국의 재정지원을 받아 1965년부터 무력 항쟁을 전개해 왔고, 100개국 이상에 대표부 또는 사무소를 설치하고 있으며 1974년 UN 옵서버가 되었다. 산하에 많은 해방 조직(단체)들을 포괄하고 있으며, 입법조직으로 팔레스타인 국민회의, 군사 조직으로 팔레스타인해방군(PLA)과 팔레스타인 무장투쟁 사령부(PASC)를 두고 있다.

패권주의 (覇權主義)

강력한 군사력에 의해 세력을 확장하려던 미·소 등 강대국의 외교 노선을 중국 측이 비난하여 사용한 용어.

'패권주의'란 강력한 군사력을 배경으로 세계를 지배하려는 제국주의 정책을 이르는 말이다. 1968년 신화사 통신에서 구소련군의 체코슬로바키아 침입을 비난하면서 처음 사용하였다. 중국이 말하는 패권주의에는 미국의 한국에 대한 영향권 강화 및 일본에서의 군사기지 강화와 구소련이 월남전 이후 아시아에서 집단 안전 보장을 실현하려는 움직임 등이 포함된다.

포츠담 선언 (Potsdam Declaration)

제2차 세계대전 종전 직전인 1945년 7월 26일 독일의 포츠담에서 열린 미국·영국·중국 3개국 수뇌회담의 결과로 발표된 공동선언.

일본군의 무조건 항복 요구와 영토 제한, 일본 점령 등 13개 항목으로 이루어져 있고, 이 선언을 일본이 무조건 수락함으로써 우리나라는 해방되었다.

포퓰리즘 (Populism)

대중의 견해와 바람을 대변하고자 하는 정치사상 및 활동.

어원은 인민이나 대중 또는 민중을 뜻하는 라틴어 '포풀루스(populus)'에서 유래하였으며, 대중주의(大衆主義) 또는 민중주의(民衆主義), 인민주의(人民主義)라고도 한다. 이는 대중에 대한 호소를 통해 소수의 엘리트만이 아닌 다수를 위한 정책을 수립하고, 다수의 참여와 지배를 강조한다는 특징이 있다. 반면 포퓰리즘에 대해 대중을 전면에 내세우고 대중적 지지만을 우선시한다는 '대중영합주의'로 보는 부정적 시각도 있다. 여기에는 제2차 세계대전 이후 노동자들의 지지를 얻어 대통령에 당선된 아르헨티나의 페론 정권이 대중을 위한 선심 정책으로 국가 경제를 파탄시킨 것이 대표적 사례로 꼽힌다.
현대의 포퓰리즘은 특히 정치적인 목적으로 일반대중, 저소득계층, 중소기업 등의 지지를 확보하기 위해 취하는 일련의 경제정책에서 흔히 볼 수 있다. 국내 수요를 창출하기 위한 적자예산 운용, 소득 재분배를 위한 명목임금 상승과 가격 및 환율통제 등이 그 예라고 할 수 있다.

프랑스 혁명 (French Revolution)

1789년 7월 14일부터 1794년 7월 28일에 걸쳐 일어난 프랑스의 시민혁명.

프랑스 혁명은 사상혁명으로서 시민혁명의 전형이다. 여기서 시민혁명은 부르주아혁명(계급으로서의 시민혁명)만을 의미하지는 않는다. 전 국민이 자유로운 개인으로서 자기를 확립하고 평등한 권리를 보유하기 위하여 일어선 혁명이라는 보다 넓은 의미를 포함하고 있다.
프랑스 혁명으로 왕정이 폐지되고 공화제가 성립되었다. 이 혁명은 자유주의, 민주주의의 승리를 얻어 근대 시민사회를 촉진하는 계기가 되었다.

필리버스터 (Filibuster)

필리버스터는 의회 안에서의 합법적·계획적인 의사진행 방해 행위를 일컫는 말이다.

소수파에 의해 흔히 사용되는데 법안의 통과·의결 등을 막기 위한 오랜 시간의 발언, 유회·산회(散會)의 동의, 불신임안 제출, 투표의 지연 등을 말한다. 2012년 현재까지 필리버스터의 최장 기록은 1957년 미 의회에 상정된 민권법안을 반대하기 위해 연단에 오른 스트롬 서먼드 상원의원이 무려 24시간 8분 동안 연설한 것이다.
우리나라에선 1969년 8월 29일 박한상 신민당 의원이 3선개헌을 막으려고 10시간 15분 동안 발언한 것이 최장 기록이다.
그러나 개헌안 저지에는 성공하지 못했다. 우리나라 국회법에 의해 2012년 5월 30일부터 재적의원 3분의 1 이상이 찬성하면 필리버스터를 시작, 5분의 3 이상 찬성해야 중단시킬 수 있게 된다.

하마스 (Hamas)

'이슬람 저항운동'이란 뜻으로 회교 원리주의 조직을 말한다.

1987년 이스라엘에 저항하는 팔레스타인 무장단체로 창설하여 저항활동을 전개해 오다가 2006년 팔레스타인 자치정부의 집권당이 되었다. 이들은 1990년대 들어 시작된 이스라엘과의 평화 협상을 반대했으며, 1996년 1월에 실시된 팔레스타인의 자치 지역 총선도 거부했고 자살 폭탄 공격을 서슴지 않는 무장 저항활동을 전개했다.
하마스는 2006년 1월 치러진 팔레스타인 자치정부 총선에서 132석 가운데 73석을 차지, 40년 동안 집권해 온 파타당을 누르고 집권당이 되었다. 그리고 2007년 가자지구에서 파타 정파를 몰아내고 이곳에 대한 독자적 통치를 시작했다. 그러자 이스라엘은 자국민 보호를 내세우며 가자지구에 대한 엄격한 봉쇄와 통제를 시작했는데, 우선 팔레스타인 주민들의 이동을 제한하고 무기 제조에 사용될 수 있다는 이유로 생필품 등 물자 반입을 차단했다. 특히 가자지구를 에워싸는 분리 장벽을 세우고 주민들의 통행을 극도로 제한, 가자지구는 '세계 최대의 지붕 없는 감옥'으로 불리고 있다.

핵확산금지조약 (NPT; Nuclear non-Proliferation Treaty)

1970년에 체결된 조약으로, 정식 명칭은 '핵무기의 불 확산에 관한 조약'이다.

이 조약의 주요 골자는 핵보유국은 핵무기 또는 기폭장치 그리고 그 관리를 제3자에게 이양할 수 없고, 비보유국은 그러한 무기를 수령하거나 개발할 수 없으며, 원자력 시설에 대한 국제사찰을 인정해야 한다는 것이다. 이외에 조인국은 핵 군축, 전면 완전 군축조약을 성실히 이행할 것이 명시되어 있다. 이 조약에 따라 핵을 만들 수 있는 나라는 미국, 소련, 영국, 프랑스, 중국 5개국으로 제한되었다. 조약의 이행 상황은 5년마다 검토하게 되어 있는데, 1980년의 제2회 검토회의에서는 개발도상국들이 미·소 양국에 대해 핵 군축의 진전이 없다는 불만을 표명한 바 있었다.
북한이 2003년 이 조약을 탈퇴하여 국제적 물의를 빚었으며 국제연합은 회원국의 의무적 가입과 탈퇴 시 집단행동을 추진하는 등 점차 강화하는 추세에 있다.

헤즈볼라 (Hezbollah)

레바논의 이슬람교 시아파(派) 교전단체이자 정당조직.

아랍어로 '신의 당'이라는 뜻으로, 레바논의 이슬람교 시아파 무장단체 가운데 가장 규모가 크고 잘 알려진 무장 조직으로서, 이스라엘이 레바논을 2차 침공했던 1980년대 초에 조직되었다.

호르무즈 해협 (Hormuz strait)

페르시아만과 오만만을 연결하는 해협으로 중동의 산유국에서 원유가 반드시 지나야 하는 중요한 원유 수송로이다.

페르시아만과 오만만을 연결하는 해협으로 너비는 약 50㎞이고, 최대 수심은 190m이다. 교통 및 전략상으로 중요한 곳이며, 특히 세계적 산유국인 사우디아라비아, 이란, 쿠웨이트 등에서 생산되는 석유가 이 해협을 경유하여 전 세계에 공급되고 있으므로 이 해협이 일단 폐쇄되면 세계 석유 공급량의 30% 이상이 심각한 영향을 받게 된다.

회기불계속의 원칙 (會期不繼續—原則)

국회 또는 지방 의회의 회기 중에 의안이 의결되지 않을 경우 그 의안은 폐기되며, 다음 회기에 인계되지 않는다는 원칙.

국회는 매 회기마다 독립적인 의사를 가진다는 점에 의거한 원칙이다. 이 원칙의 실시는 다음 회기에서 의원이 바뀌거나 정세의 변동이 있을 수 있고, 한 회기 중에 의안을 처리하는 것이 효율적이라는 점에 근거한다. 영국에서 실시 중이나, 많은 국가에서 이 원칙을 배제하고 있다.

제3장

알아두면 사고력이 높아지는 시사 개념어 상식 사전

사회 Society

노동 Labor

법률 Law

환경 Environment

4대 보험 (사회보험)

국민이 미래에 직면할 수 있는 사회적 위험에 대비하여, 국가나 국민의 건강과 생활 보전을 목적으로 보험방식에 의하여 사전에 대비하는 제도.

4대 보험의 종류

⇨ 건강보험

한국은 소득 및 재산 등에 따라 매달 일정 금액의 보험료를 납부하는 건강보험제도를 실시하고 있다. 건강보험에 가입하면, 아프거나 출산할 때 저렴한 비용으로 의료기관을 이용할 수 있다. 또한 정기적으로 건강검진을 받을 수 있다. 모든 국민은 건강보험에 가입하여야 하되, 의료급여 수급자는 제외된다.

⇨ 국민연금

소득 활동을 할 때 조금씩 보험료를 납부하여 모아두었다가 나이가 들거나, 갑작스러운 사고나 질병으로 사망 또는 장애를 입어 소득 활동이 중단된 경우, 본인이나 유족에게 연금을 지급함으로써 기본생활을 유지할 수 있도록 정부가 직접 운영하는 소득 보장 제도이다.

⇨ 고용보험

근로자가 실직한 경우에 생활 안정을 위하여 일정 기간 동안 급여를 지급하는 실업급여 사업과 함께 구직자에 대한 직업능력개발·향상 및 적극적인 취업알선을 통한 재취업의 촉진과 실업 예방을 위하여 고용안정사업 및 직업 능력개발사업 등의 실시를 목적으로 하는 사회보험의 하나.

⇨ 산재보험

산재 근로자와 그 가족의 생활을 보장하기 위하여 국가가 책임을 지는 의무보험으로 원래 사용자의 근로기준법상 재해보상책임을 보장하기 위하여 국가가 사업주로부터 소정의 보험료를 징수하여 그 기금으로

사업주를 대신하여 산재 근로자에게 보상해 주는 제도이다

RE100 (Renewable Electricity 100)

기업이 사용하는 전력 100%를 재생에너지로 충당하겠다고 약속하는 글로벌 캠페인.

RE100은 '재생에너지(Renewable Electricity) 100%'의 약자로, 기업이 사용하는 전력량의 100%를 2050년까지 풍력·태양광 등 재생에너지 전력으로 충당하겠다는 목표의 국제 캠페인이다. 2014년 영국 런던의 다국적 비영리기구인 '더 클라이밋 그룹'에서 발족한 것으로, 여기서 재생에너지는 석유 화석연료를 대체하는 태양열, 태양광, 바이오, 풍력, 수력, 지열 등에서 발생하는 에너지를 말한다.
국내 기업 중에서는 SK그룹 계열사 8곳(SK㈜, SK텔레콤, SK하이닉스, SKC, SK실트론, SK머티리얼즈, SK브로드밴드, SK아이이테크놀로지)이 2020년 11월 초 한국 RE100 위원회에 가입신청서를 제출한 바 있다.

가스라이팅 (Gas-lighting)

타인의 심리나 상황을 교묘하게 조작해 그 사람이 스스로 의심하게 만듦으로써 타인에 대한 지배력을 강화하는 행위.

가스라이팅은 1938년 패트릭 해밀턴 작가가 연출한 스릴러 연극 〈가스등(Gas Light)〉에서 유래된 '정신적 학대'를 일컫는 용어이다. 타인의 심리나 상황을 교묘하게 조작해 그 사람이 스스로 의심하게 만들어 타인에 대한 지배력을 강화하는 행위이다. 거부, 반박, 전환, 경시, 망각, 부인 등 타인의 심리나 상황을 교묘하게 조작해 그 사람이 현실감과 판단력을 잃게 만들고, 이로써 타인에 대한 통제 능력을 행사하는 것을 말한다.

가정법원 (家庭法院)

가사소송법이 규정한 가정에 관한 사건과 소년법이 규정한 소년에 관한 사건 등을 관장하는 법원.

1963년 10월 1일에 설립되었으며, 지방법원과 동격의 법원으로서 한국에는 현재 서울, 대전, 대구, 부산, 광주, 인천, 울산, 수원 등에 가정법원이 설치되어 있다.
가정에서 생기는 분쟁은 개인의 사생활 영역에 속하는 것이어서 그 해결점을 모색하면서 윤리적·사회적 측면을 깊이 고려해야 하는 등 일반 민사 소송과는 다른 점이 많고, 소년 사건 또한 가사 사건과 밀접한 관계가 있기 때문에 이들 사건을 다루기 위해 특별히 가정법원을 설치했다.

갑종 근로소득세 (甲種勤勞所得稅)

갑종 근로소득으로 분류된 소득에 대하여, 부과되는 조세.

근로를 제공한 대가로 받는 봉급, 상여금, 보수, 세비, 임금, 수당, 급료, 연금 또는 이와 비슷한 성질의 것으로서, 원천징수를 하는 근로소득에 대해 부과하는 직접 국세다. 이를 줄여서 갑근세라고도 한다.
이에 대해 외국인 또는 외국 법인에 고용된 사람의 소득에 부과하는 소득세를 을종 근로소득세라고 한다.

개인 워크아웃 (Individual Workout)

개인이 법원에 파산 신청을 내기 전에 채무를 일부 탕감해 주거나 만기를 연장해 개인에게 신용 회복의 기회를 주는 제도.

개인워크아웃은 채무조정이 필요한 과중 채무자에게 연체이자 전액 감면, 상환기간 연장 등의 채무조정을 통해 금융 채무불이행 정보 해제 및 안정적 채무상환을 지원하는 제도이다. 원금 분할 상환방식으로 원금상환이 완료되면 이행이 종료된다.
원칙적으로 원금은 감면되지 않으나 상각 채권(채무자의 상환능력이 없거나 회수 불가능한 채권으로 분류)의 경우 최대 50%, 사회 소외계층은 60~70%가 감면, 가능하다.

개인회생 (個人回生制)

재정적 어려움으로 인해 파탄에 직면한 개인 채무자의 채무를 법원이 강제로 재조정해 파산을 구제하는 제도.

재정적 어려움으로 인해 파탄에 직면한 개인 채무자로서, 장래 계속적으로 또는 반복하여 수입을 얻을 가능성이 있는 자에 대하여 채권자 등 이해 관계인의 법률관계를 조정함으로써 채무자의 효율적 회생과 채권자의 이익을 꾀할 목적으로 2004년 9월 23일부터 시행된 제도다.

견제와 균형의 원칙 (Principle of Checks and Balances)

국가권력을 분리하여 상호 견제·억제하게 함으로써 국가 질서의 균형 있는 안정을 이루도록 하는 통치원리.

국가권력이 입법, 행정, 사법으로 분리, 독립되어 서로 견제하고 균형을 취하는 가운데, 국민의 자유와 권리가 보장되고 독재 권력이 발생하지 않도록 한다는 원칙이다. 따라서 삼권 분립은 이 원칙을 적용함으로써 그 목적을 달성할 수 있다.

경성헌법 (硬性憲法 Rigid Constitution)

헌법의 개정 절차가 법률보다 어렵게 되어 있는 헌법.

이것은 국가의 기본법인 헌법의 개정을 될 수 있는 대로 방지하는 데 그 목적이 있다. 경성헌법은 반드시 성문헌법으로 되어 있으며, 우리나라 헌법은 성문헌법이며, 또한 경성헌법이다.

⇨ 연성헌법 (軟性憲法 Flexible Constitution)

법률과 같은 절차에 의하여 개정할 수 있는 헌법. 헌법 개정에 있어 특별한 개정 절차가 필요로 하지 않고 일반 법률의 개정 방법으로 개정할 수 있는 헌법이다. 특별한 개정 절차가 필요로 하는 경성헌법에 대응하는 개념으로 불문헌법을 가지고 있는 영국이 전형적인 연성헌법 국가다.

고령화 사회 (Aging Society)

총인구 중 65세 이상 인구가 총인구를 차지하는 비율이 7% 이상인 사회.

65세 이상 인구가 총인구를 차지하는 비율이 7% 이상을 고령화 사회(Aging Society), 65세 이상 인구가 총인구를 차지하는 비율이 14% 이상을 고령사회(Aged Society)라고 하고, 65세 이상 인구가 총인구를 차지하는 비율이 20% 이상을 후기고령사회(post-aged society) 혹은 초고령사회라고 한다.
2015년 기준 한국의 65세 이상 노인인구는 662만 4천 명으로 전체인구의 13.1%에 이르며, 2025년에는 전체인구의 20%에 이르는 초고령화 사회로 돌입할 것으로 추정된다. UN 추계에 의하면 2025년에 65세 이상의 인구가 총인구에서 차지하는 비율은, 일본 27.3%, 스위스 23.4%, 덴마크 23.3%, 독일 23.2%, 스웨덴 22.4%, 미국 19.8%, 영국 19.4%로 예측되고 있다.

고발 (告發)

고소권자 또는 범인 이외의 제삼자가 수사기관에 범죄사실을 신고하고 범인 수사 및 소추를 요구하는 행위.

제삼자는 누구나 범죄행위가 행해졌다고 생각될 때는 고발을 할 수 있고, 그 방식과 절차는 고소와 같다. 고발은 그 기간 제한이 없어서 취소한 후에도 다시 고발할 수 있다는 점과, 고소가 피해자를 중심으로 한 특정인의 의사를 존중함에 비해 고발은 제삼자의 의사를 존중한다는 점이 고소와 다르다.

⇨ 고소 (告訴)

범죄로 인한 피해자, 기타 피해자의 법정 대리인, 친족 등이 수사기관에 범죄사실을 신고하여 그 수사와 소추를 요구하는 의사 표시.
고소는 서면이나 구두로 검사 또는 사법 경찰관에게 해야 하고, 고소당한 경우는 조서를 작성해야 하며, 고소의 효력은 하나의 범죄 전체에 미친다.

공기업 (Public Enterprise)

국가 또는 지방공공단체의 자본에 의해서 생산·유통 또는 서비스를 공급할 목적으로 운영되는 기업.

공기업은 출자 주체에 따라 국가 공기업과 지방 공기업으로 분류된다. 국가 공기업은 정부기업, 정부 투자기관, 정부출자기관, 정부 투자기관 출자회사로 구분된다. 정부기업은 철도, 체신 등과 같이 정부 부처 형태로 운영되며, 정부 투자기관은 정부가 전체 지분의 50% 이상을 소유한 기업을 말하고, 정부출자기관은 납입 자본금의 50% 미만을 소유한 경우를 말한다.

공소증후군 (Empty nest syndrome)

사회에서 여성의 참여가 활발히 이루어지지 못하는 경우 나타나는 현상으로 중년의 가정주부들이 자아 정체성을 상실해 자신의 정체성에 큰 혼란을 가지게 되는 심리적 현상.

중년에 이른 가정주부가 결혼 시작부터 중년까지 남편을 뒷바라지하고 자식을 키우고 시부모를 모시는 등 바쁘게 살아오다가 어느 날 문득 남편도, 자식도 모두 자신의 품 안에서 떠나버렸음을 깨닫고 자신의 정체성에 대해 의심을 품게 되는 심리적 현상을 가리키는 말이다.

공시지가 (公示地價)

정부가 전국에 걸쳐 표준 필지를 설정해 매년 지가를 산정, 공시하는 땅값.

지가 산정이 다원화되어 있는 것을 일원화하면서 과거 지나치게 낮게 평가되어 있는 땅값을 현실화하자는 취지로 도입된 지가 체계로 표준 필지는 30만 필지이며, 해마다 1월 1일을 기준으로 감정평가사들에 의해 산정되며 각종 조세 개발 부담금의 부과와 2,500만 필지의 개별 지가 조사 기준이 된다.

⇨ 기준시가 (基準時價)

국세청이 특정 지역으로 고시한 지역 내의 부동산을 팔거나 상속·증여할 때 물게 되는 양도소득세·상속세 및 증여세를 매기는 기준이 되는 부동산 가격으로, 투기가 우려되는 특정 지역의 아파트, 각종 회원권, 자가용 등을 대상으로 삼으며 현 시가의 60~70% 정도를 반영한다.

공상허언증 (Mythomania)

사실을 왜곡해 거짓말을 하고 그 거짓말이 진실이라고 믿는 심리적 장애를 말한다.

사실이 아닌 것을 사실로 확신하거나 일어난 일을 과장하고 왜곡해서 말하는 증상으로, 이 증상이 나타나는 사람들은 일반 사람들이 거짓말을 할 때 그것이 거짓이라는 것을, 인지하는 것과는 달리 자신의 거짓말을 진실이라고 믿는다.
이들은 대체로 다른 사람이 쉽게 믿도록 자신의 상황을 실감 나게 설명하고, 자신의 세계를 이상적으로 묘사한다. 이들은 타인에게 주목받기를 좋아하며 남들이 자신을 어떻게 평가하는지에 관심이 많다. 또 이상이 지나치게 높고 자기 과시욕을 가지고 있기도 하다.

공정거래법 (公正去來法)

독점에 의해 발생하는 부당한 거래의 제한과 독점 그 자체를 배제 또는 규제하기 위한 법률. 정식 명칭은 '독점 규제 및 공정거래에 관한 법률'이다.

이 제도는 경쟁 질서 확립과 시장기능 활성화를 통해 기업 체질을 개선함으로써 국제 경쟁력을 강화하고 사업자의 시장 지배적 지위의 남용과 부당한 거래 행위 등으로부터 소비자를 보호하여 국민경제의 균형 발전을 도모하려는 것이다.

공직자 윤리법 (公職者倫理法)

공직자 및 공직 후보자의 재산등록과 공개, 공직을 이용한 재산취득의 규제와 퇴직공직자의 취업제한 등을 정한 법률.

공직자의 부정행위를 방지하고 공무 집행의 공정성을 확보하여 공직자로서 진정한 국민의 봉사자로 책임을 다하게 할 목적으로 제정된 법률이다.

공직자의 재산 등록(4급 이상 공무원과 그 배우자 및 직계 존비속), 선물 신고 및 직무상 비밀 이용에 의한 재산취득 금지, 비밀누설 금지, 퇴직공직자의 유관 영리 사기업체에의 취업제한 등을 그 내용으로, 하고 있다.

공탁 (供託)

어떤 행위를 확증하기 위해 금전·유가증권 등을 공탁소에 기탁하는 일.

금전, 유가증권, 기타의 물품을 공탁소에 임치(任置)하는 것으로, 합의가 이뤄지지 않을 때 가해자 쪽이 적절한 금액을 법원에 맡겨 합의에 최선을 다했음을 증명해 보이기 위한 것이다. 즉, 법령의 규정에 따른 원인에 의해 금전, 유가증권, 기타의 물품을 국가기관(법원의 공탁소)에 맡김으로써 일정한 법률상의 목적을 달성하려고 하는 제도다.

과밀 부담금 (過密負擔金)

수도권 등 특정 도시지역으로 인구나 시설 등의 집중을 막기 위해 신규시설에 부담금을 물리는 제도.

특정 도시의 과밀억제 권역에 새로 들어서는 일정 규모 이상의 업무, 판매 시설에 대해 땅값과 건축비를 포함, 사업비의 일정액에 상당하는 금액을 과밀 부담금으로 부과하는 것이다. 특정 도시지역에 대한 인구나 시설 등의 집중을 막는 방법으로는, 시설 입지를 강제로 규제하는 물리적 방법과 부담금을 부과하여 입지 비용이 지방에 비해 상대적으로 비싸지게 함으로써 스스로 포기하게 하는 경제적 규제 방식이 있다.

구속영장 실질심사제도 (拘束令狀實質審査)

구속영장을 청구받은 지방법원 판사가 구속의 사유를 판단하거나, 피의자 또는 변호인 등의 신청에 의해 피의자를 심문할 수 있는 제도.

구속영장 실질심사제도는 수사기관에 체포 또는 긴급 체포된 피의자가 수사기관이 청구한 구속영장이 적합한지를 가려달라고 관할법원에 신청하는 제도로서 '구속 전 피의자 심문제도'라고도 한다. 무분별한 구속수사 관행을 막기 위해 1997년 1월 1일 형사소송법 개정 때 도입되었으며, 도입 당시 피의자에 대해 구속영장을 청구받은 지방법원 판사는 구속 사유를 판단하기 위해, 필요하다고 인정될 때 피의자를 신문할 수 있도록 규정했다.
사법 경찰관이 피의자를 구속한 때에는 10일 이내에 피의자를 검사에게 인치 하지 아니하면 석방해야 하고, 검사가 피의자를 구속하거나 사법 경찰관으로부터 피의자를 인치 받은 때에는 10일 이내에 공소를 제기하지 않으면 석방해야 한다.

구속적부심사제도 (Review of Legality for Confinement)

구속된 피의자에 대하여 법원이 구속의 적법성과 필요성을 심사하여 그 타당성이 없으면 피의자를 석방하는 제도.

헌법 제12조 제6항의 규정에 의해 체포나 구금을 당한 때에 그 적절성 여부에 대하여 법원에 심사를 청구할 수 있는 제도를 구속 적부 심사제라고 한다. 이는 구속이나 체포의 정당성에 대하여 인정하지 못하는 사람이 법관이 발부한 영장에 대하여 재심을 청구하는 것으로, 국민의 기본권 보장을 위한 중요한 제도 중 하나이다.

그린벨트 (Greenbelt)

차단 녹지대. 도시의 비대화를 막고 공해를 방지하며, 자연환경을 보존하는 것을 목적으로 도시 주위의 일정 지역을 녹지대로 하는 것을 법제화한 도시 정화 정책의 하나다.

이 지역 내에서는 대체로 신규 건축이 금지된다. 생산녹지와 차단녹지로 구분되며, 건축물의 신축·증축, 용도변경, 토지의 형질변경 및 토지 분할 등의 행위가 제한된다.

그린피스 (Green Peace)

국제적인 환경보호단체.

남태평양에서 실시된 프랑스의 핵실험에 반대하기 위해 1970년 발족되었다. 본부는 암스테르담에 있으며 유럽 여러 나라와 미국, 캐나다, 오스트레일리아에 지부가 있다. 고래 보호 단체로도 널리 알려져 있는 그린피스는 원자력 반대, 방사성 폐기물의 해양투기 저지 운동을 펼쳐 왔다.

금치산자 (禁治產者)

자기 행위의 결과를 합법적으로 판단할 수 없다고 인정되어 가정법원으로부터 금치산의 선고를 받은 법률상의 무능력자.

정신 기능의 장애로 선악을 구별할 능력이 없거나 의사를 결정할 능력이 없는 경우, 본인, 배우자, 검사 등의 청구에 의해 법원으로부터 금치산 선고를 받게 된다. 금치산자에게는 선거권, 피선거권이 없을 뿐 아니라 민법 기타 법률상의 행위는 후견인이 대행한다.

⇨ 한정치산자 (限定治産者)

심신 박약자, 벙어리, 귀머거리, 장님, 낭비자 등 의사 능력이 불충분한 자로 일정한 자의 청구에 의해 법원으로부터 한정치산 처분을 받은 자. 자신의 행위 결과를 합리적으로 판단할 힘이 약하거나 재산의 낭비로 가족생활을 궁핍하게 할 염려가 있는 자로, 본인, 배우자, 사촌 이내의 친족, 호주, 후견인, 검사 등의 청구에 의해 법원으로부터 한정치산 선고를 받은 자인데, 선고는 가정법원에서 받으며 행위 능력은 미성년자와 동일하다.

기초노령연금법 (基礎老齡年金法)

65세 이상의 전체 노인 중 소득과 재산이 적은 60%의 노인에게 매달 일정액의 연금을 지급하는 제도.

저소득 노인의 생활 안정과 복지 증진을 목적으로 2007년 4월 25일 제정된 노령연금법을 말한다. 기초노령연금법은 노인이 후손의 양육과 국가 및 사회의 발전에 이바지해 온 점을 고려해 생활이 어려운 하위소득 60% 이내인 노인들에게 매달 일정액의 연금을 지급하도록 한다. 연금 지급 대상은 65세 이상인 자로서 소득인정액이 대통령령으로 정하는 금액 이하인 자에게 연금을 지급한다.

기소독점주의 (起訴獨占主義)

공소를 제기할 수 있는 권한을 검사만이 가진다고 하는 주의.

기소독점주의란 재판을 받게 할지, 여부를 결정할 수 있는 권한을 오직 검사만 갖는다는 뜻이다. 우리나라는 '공소는 검사가 제기하여 수행한다(형사소송법 제246조)'라고 규정하여 국가소추주의와 함께 기소독점주의를 인정하고 있다.

기소독점주의는 공소제기의 적정성을 보장하고 검사가 개인적 감정에 지배되지 않고 국가적 입장에서 공평하고 획일적인 입장을 기한다는 점에서 장점이 있지만, 검사가 외부 압력에 굴복해 자의적이고 독단적인 공소권 행사할 우려도 제기된다. 검사동일체의 원칙, 기소편의주의와 함께 강력한 검찰권 행사를 가능하게 하는 기반이 되는데, 이는 자칫 검찰이 무소불위의 권력을 휘두르게 할 수도 있다.

⇨ 검사동일체의 원칙

검사는 검찰총장을 정점으로 한 전국적으로 통일적인 조직체의 일원으로서 상명하복의 관계에서 직무를 수행한다는 원칙.

⇨ 기소편의주의

검사에게 기소·불기소의 재량(裁量)의 여지를 인정하는 제도로 기소편의주의에 있어서는, 검사는 제반 사정을 합리적으로 판단하여 기소 여부를 결정함으로써 구체적 정의(正義)를 실현할 수 있는 반면에 검사의 자의(恣意)나 독선(獨善)으로 흐르거나 정치적인 압력에 영향을 받을 염려가 있다.

기소유예 (起訴猶豫)

범죄혐의가 충분하고 소추조건이 구비되어 있어도 가해자의 기존 전과나 피해자의 피해 정도, 피해자와의 합의 내용, 반성 정도 등을 검사가 판단해, 기소하지 않는 것을 말한다.

'기소유예'는 죄는 인정되지만, 피의자의 연령이나 성행, 환경, 피해자에 대한 관계, 범행의 동기나 수단, 범행 후의 정황 등을 참작하여 검사가 기소하지 않는 것을 말한다.

⇨ 불기소처분

수사 종결 처분권을 가진 검사가 사건 수사 후 재판에 회부 하지 않는 것이 상당하다고 판단되면 기소하지 않고 사건을 종결하는 것을 말한다. 불기소처분권에는 혐의없음, 죄가 안 됨, 공소권 없음이 해당한다.

나나랜드

사회의 기준이나 타인의 시선에 연연하지 않고, 자신을 있는 그대로 긍정하며 나만의 기준에 따라 살아가는 삶의 트랜드를 일컫는 신조어다.

사회가 만든 기준이나 타인의 시선에 연연하지 않고 내가 기준인 세상에 살아가는 것을 뜻하는 신조어다. 김난도 서울대 소비자학과 교수가 할리우드 영화 〈라라랜드〉에서 따와, 저서 《트렌드 코리아 2019》에서 처음 소개했다. 이렇게 자신을 있는 그대로 긍정하는 사람들은 '나나랜더'라고 불린다.

니트족 (Not in Education, Employment or Training)

일하지 않고 일할 의지도 없는 청년 무직자를 뜻하는 신조어.

일하지 않고 일할 의지도 없고 교육, 고용, 훈련 등을 모두 거부하는 청년을 가리킨다.
일할 의지는 있지만 일자리를 구하지 못하는 실업자나 아르바이트로 생활하는 프리터족과는 구별된다. 한국경제연구원이 2019년 9월 17일 발표한 '청년층 니트(NEET)족의 특성 분석 및 비용 추정과 정책적 함의' 보고서에 따르면 니트족들의 취업 기회 손실에 따른 경제적 비용은 연 49조 4000억 원으로 국내총생산(GDP)의 2.7%에 해당한다는 분석이 나왔다.
소득이 없는 니트족은 소비 능력도 부족하기 때문에 늘어날수록 경제의 잠재 성장력을 떨어뜨리고 국내총생산도 감소시키는 등 경제에 나쁜 영향을 주는 동시에 실업문제를 비롯한 여러 가지 사회문제를 일으킬 가능성이 크다.

노동 3권 (勞動三權)

근로자의 인간다운 생활을 보장하기 위하여 헌법에 규정된 단결권·단체교섭권 및 단체행동권의 기본 권리.

근로 삼권이라고도 하며, 세계 여러 국가에서 법률로 보장하고 있다. 우리나라도 헌법 제33조 1항에 '근로자는 근로조건의 향상을 위하여 자주적인 단결권, 단체교섭권 및 단체행동권을 가진다.'라고 명시하고 있다.

⇨ 단결권

근로자가 근로조건의 유지, 개선을 목적으로 사용자와 대등한 교섭력을 가지기 위해 단결하여 노동조합과 같은 집단을 형성할 수 있는 권리다.

⇨ 단체교섭권

노동조합의 대표자가 노무자를 보호하기 위해 근로조건의 유지, 개선 등에 관해 사용자와 직접 교섭할 수 있는 권리다.

⇨ 단체행동권

근로자의 의사가 관철되지 않아 노동 쟁의가 발생하였을 때 쟁의 행위를 할 수 있는 권리를 말한다.

노동 3법 (勞動三法)

노동관계 기본법인 노동조합법, 노동쟁의조정법 및 근로기준법의 총칭.

⇨ 노동조합법

노동자가 단결하여 단체 교섭이나 기타 단체행동을 할 수 있는 권리를 인정하고 구체적으로 그것을 보장하는 방법 등을 규정한 법률이다.

⇨ 노동쟁의조정법

노동 쟁의를 공정하게 조정하여 노사 간의 분규, 즉 노동 쟁의를 예방, 해결함으로써 산업의 안정을 꾀하고 나아가 산업 및 경제의 안정적 발전에 기여하는 것을 목적으로 제정되었다.

⇨ 근로기준법

노동자의 노동조건, 즉 임금, 노동시간, 휴게·휴일 및 연차 유급 휴가, 안전 위생 및 재해 보상 등에 관한 최저 기준을 규정하고 있다.

노모포비아 증후군 (Nomophobia)

노모포비아 증후군은 합성어로 휴대전화가 없는(Nomobile) 공포증(Phobia)이라는 의미.

휴대전화의 대중화와 휴대전화의 발전으로 인해 한순간도 휴대전화를 가지고 있지 않으면 불안증세, 강박증 등의 심리적 불안감을 보이는 증후군이다. 하루 3시간 이상 휴대전화를 사용하는 사람의 경우 노모포비아에 걸릴 확률이 높다고 하며, 스마트폰을 소지한 사람이 늘어나면서 노모포비아 증후군은 더욱 심해지고 있다.

노란 봉투 법

노조의 파업으로 발생한 손실에 대한 사측의 손해배상을 제한하는 내용 등을 담은 법안.

노사관계에서 사용자와 쟁의 행위의 범위를 넓히고 파업 노동자 등에 대한 손해배상 청구를 제한하는 내용을 담은 '노동조합 및 노동관계조정법 2·3조 개정안'으로, 2023년 11월 9일 국회를 통과했다. 노란 봉투 법이라는 명칭은 2014년 쌍용차 파업 참여 노동자들에게 47억 원의 손해배상 판결이 내려지면서 한 시민이 언론사에 4만 7,000원이 담긴 노란 봉투를 보내온 데서 유래된 것이다.

노사정위원회 (勞社政委員會)

노사정 당사자가 대등한 입장에서 근로자의 고용안정과 근로조건에 관한 노동정책 및 관련된 산업·경제·사회정책 등에 관해 협의하는 기구.

1998년 경제 위기 당시 김대중 정부가 들어서면서 탄생한 사회적 합의 기구로 노동자와 사용자, 정부가 노동정책 및 이와 관련된 사항을 협의함을 목적으로 만들었으며, 위원회는 노동자의 고용안정과 근로조건 등에 관한 노동정책 및 이에 중대한 영향을 미치는 산업 경제 및 사회정책, 공공 부문의 구조조정의 원칙과 방향, 노사관계 발전을 위한 제도 개선 등에 대해 협의한다.

논 칼라 세대 (non-collar age)

손에 기름때가 묻은 블루칼라도, 서류와 씨름하는 화이트칼라도 아닌 컴퓨터를 사용하는 무색세대를 말한다.

블루칼라와 화이트칼라 이후에 나타난 무색칼라 세대로 손에 기름을 묻히지도 않고 서류에 매달리지도 않는 컴퓨터 작업자 세대를 일컫는 말이다. 산업사회가 현대화하면서 노동의 질만 달라지는 것이 아니라 노동시장의 구조도 달라지면서 2차 산업은 3차 산업으로, 블루칼라는 화이트칼라로, 화이트칼라는 다시 논 칼라로 변화하였다.

님비현상 (Not In My Backyard)

님비(NIMBY)란 최근 사회적으로 문제가 되고 있는 쓰레기 소각장, 화장터, 납골당, 고아원 등의 '필요성을 원칙적으로는 찬성하지만 자기 지역에는 설치할 수 없다'라는 지역 이기주의 현상을 이르는 말이다.

개인주의가 보편화되고 경제적 이익에 대한 관심이 증대하면서 자기 지역에 혐오시설이 들어서면 부동산 가격이 하락하고 생활환경이 악화된다는 이유로 장례식장, 장애인 시설 등의 사회복지시설에서 핵폐기물 처리장에 이르기까지 많은 사회적 갈등의 원인이 되고 있다.

⇨ 핌피현상 (PleaseIn My Frontyard)

도서관, 공원, 행정기관 등 이익이 되는 시설을 자기 지역에 적극적으로 유치하려는 현상으로 지역 이기주의의 또 다른 면을 나타낸다.

대법원장 (大法院長)

사법부의 최고 상급 기관인 대법원의 수장으로서 사법행정권을 총괄하고 사법행정상의 최고책임을 진다.

국회의 동의를 얻어 대통령이 임명하며, 임기는 6년이고 중임할 수 없다(헌법104·105조). 그 자격은 15년 이상의 법조 경력을 가진 40세 이상인 자로 하고 있다.
대법원의 일반사무를 관장하여 대법원의 직원과 관할법원의 법원 행정사무 및 그 직원을 지휘·감독한다. 대법관회의의 의장이 되며, 전원합의체 재판장으로서 지위를 가진다.
대법관 임명제청권, 각급 판사 보직권, 헌법재판소 재판관 지명권, 중앙선거관리위원회 위원 지명권, 법원 직원 임명권과 사법행정권을 행사한다.

디지털 치매 (Digital Dementia)

휴대전화나 PDA, 컴퓨터 등 다양한 디지털 기기에 의존한 나머지 기억력이나 계산 능력이 크게 떨어진 상태를 말한다.

디지털 기기가 일상에 필요한 기억을 대신 저장해줘 디지털 기기 없이는 전화번호, 사람의 이름 등을 기억하지 못하거나 계산 능력이 떨어지는 현상을 말한다. 생활에 심각한 위협이 따르는 것은 아니어서 병으로 분류되지는 않지만, 스트레스를 유발해 공황장애, 정서장애 등이 발생할 수 있으며 치매로 발전할 가능성도 있다.

딩크족 (DINK; Double Income, No Kids)

정상적인 부부생활을 영위하면서 의도적으로 자녀를 두지 않는 맞벌이 부부를 일컫는 용어.

미국 베이비붐 세대의 생활양식과 가치관을 대변하는 용어로, 서로 배우자의 자유를 존중하며 자신의 일에 삶의 보람을 찾으려고 한다. 최근에는 자식을 중요하게 생각해온 부모 세대와는 다른 가치관을 지닌 동양의 젊은이들에게서도 딩크족이 나타나고 있다. 자녀보다는 돈과 성공, 명예 등을 목표로 일하고, 오로지 자신의 삶을 위한 생활방식을 가지고 상대방의 자유와 자립을 중요하게 생각한다.

만 나이 통일법

나이 계산을 만 나이로 통일하는 것을 골자로 한 법안.

년 나이와 만 나이를 세는 것이 혼용되면서 사회적, 행정적 혼선과 분쟁이 계속 발생하자 이를 해소하기 위해 2022년 12월 8일 국회를 통과한 데 이어 12월 27일 공포되면서 2023년 6월 28일부터 '만 나이'로 통일하여 시행됐다. 만 나이는 출생일을 기준으로 0살로 시작하여 생일이 지날 때마다 1살씩 더하는 나이 계산법으로 다 같이 1월 1일에 1살씩 더하는 것이 아니라 각자 생일에 1살씩 더하면 된다.

무죄추정의 원칙 (無罪推定 原則)

검사에 의해 기소된 피고인은 물론 수사기관에서 조사를 받고 있는 피의자도 법원으로부터 유죄 판결받을 때까지는 누구든지 그를 범죄자로 단정해서는 안 된다는 것을 말한다.

헌법에는 '형사피고인은 유죄판결이 확정될 때까지는 무죄로 추정된다'라고 규정돼 있다. 유죄의 확정판결 시까지 무죄의 추정을 받으므로 제2심 또는 제2심판결에서 유죄의 판결이 선고되었다 해도, 확정되기 전까지는 무죄의 추정을 받는다. 유죄판결이란 형 선고 판결뿐만 아니라 형 면제 판결과 선고유예 판결을 포함한다. 그러므로 면소, 공소기각 또는 관할위반 판결은 확정되어도 무죄의 추정이 유지된다.

묵비권 (Right of Silence)

형사책임에 관하여 자기에게 불리한 진술을 강요당하지 않고 거부할 수 있는 권리(헌법 12조 2항).

일반적으로 형사피고인 또는 피의자 수사기관의 조사나 공판에 따른 심문에 대하여 진술을 거부하는 권리를 말한다. 따라서 묵비권은 진술을 강요당하지 않는 효과를 가지며, 강요된 진술은 유죄의 증거가 되지 못한다.

물권 (Real Rights)

특정한 물건을 직접 지배하여 배타적 이익을 얻는 권리.

물권은 내용 면에서는 재산권이며, 효력 면에서는 지배권이며, 의무자의 범위를 표준으로 본다면 절대권이다. 개인이 물건 특히 생산수단을 사유화할 수 있다는 것은 자본주의의 기본 이념이다. 따라서 자본주의 국가는 예외 없이 물권을 법적으로 보장한다.

⇨ 채권 (Bond)

정부, 공공단체, 주식회사 등이 일반인으로부터 자금을 조달하기 위하여 채무이행 약속 증서를 발행하는 증권으로, 대체로 정부 등이 발행하므로 안전성이 높고, 이율에 따른 이자소득과 시세차익에 따른 자본소득을 얻는 수익성이 있으며, 현금화할 수 있는 유동성이 크다.

미란다 원칙 (Miranda)

경찰이나 검찰이 범죄 용의자를 연행할 때 그 이유와 변호인의 도움을 받을 수 있는 권리, 진술을 거부할 수 있는 권리 등이 있음을 미리 알려 주어야 한다는 원칙.

미란다 원칙은 검찰과 경찰이 피의자를 구속하거나 자백을 받기 전 반드시 변호인단 선임권, 진술거부권 등 피의자의 권리를 알려야 한다는 것이다. 비록 강력범죄 피의자라 하더라도 재판 과정에서 미란다 원칙이 규정한 피의자 권리가 고지되지 않은 채 체포된 사실이 드러나면 범인에 씌워진 모든 혐의가 무효가 되는 강력한 인권 보호 장치이다.

미필적 고의 (Dolus Eventualis)

자기의 행위로 인해 어떤 범죄 결과가 일어날 수 있음을 알면서도 그 결과의 발생을 인정하여 받아들이는 심리 상태.

불확정적 고의의 하나로서 '조건부 고의'라고도 한다. 자기의 행위로부터 어떤 결과가 '발생할지도 모른다'라는 것을 알면서도 '발생해도 어쩔 도리가 없다.'고 인정하고 있는 심리 상태를 말한다. 즉, 범죄사실이 발생할 가능성을 인식하고도 이를 용인하는 것을 말한다.

민식이법

스쿨존에서 어린이 교통사고를 줄이겠다는 취지로 개정된 도로교통법과 특정범죄 가중처벌 등에 관한 법률.

2019년 9월 충남 아산의 한 어린이보호구역(스쿨존)에서 교통사고로 사망한 김민식 군(당시 9세) 사고 이후 발의된 법안으로, 2019년 12월 10일 국회를 통과해 2020년 3월 25일부터 시행됐다. 법안은 어린이보호구역 내 신호등과 과속단속카메라 설치 의무화 등을 담고 있는 '도로교통법 개정안'과 어린이보호구역 내, 안전 운전 의무 부주의로 사망이나 상해사고를 일으킨 가해자를 가중 처벌하는 내용의 '특정 범죄 가중처벌 등에 관한 법률 개정안' 등 2건으로 이뤄져 있다.

배심제도 (陪審制度)

법률 전문가가 아닌 일반 국민 중에서 무작위로 선출된 배심원들이 피의 사건에 대한 재판 또는 기소나 심판에 참여하는 제도.

13세기경 영국에서 처음 시작되었으며, 현재 미국, 영국, 캐나다, 뉴질

랜드 등에서 시행하고 있고, 배심제도는 대배심과 소배심으로 구분된다.

대배심은 일반적으로 12~23명의 배심원이 재판에 참여하여 피의자의 구속 및 기소 여부를 결정하는 검사 역할을 하는 것으로 '기소배심', '수사배심'이라고도 부른다.

소배심은 12명의 배심원단이 사건에 대해 유·무죄 결정, 원고 및 피고의 승소·패소에 대한 평결 등을 하는 판사 역할을 하는 것으로 '심리배심', '공판배심'이라고도 한다.

백색 스모그 (White Smog)

햇볕이 내리쬐는 대낮에도 눈앞이 뿌옇게 흐려지는 현상.

'광화학 스모그'라고도 하며, 질소 산화물과 탄화수소가 대기 중에 녹아 있다가 태양 광선 중 자외선과 화학 반응을 일으켜 2차 오염 물질인 옥시던트가 발생하여 대기가 안개 낀 것처럼 뿌옇게 변하는 연무 현상에 의한 대기오염을 말한다. 우리나라에서도 서울과 대도시에서 빈번하게 나타나고 있다.

번아웃 신드롬 (burnout syndrome)

'탈진증후군'이라고도 하며, 한 가지 일에 지나치게 몰두하던 사람이 극도의 신체적·정신적 피로로 무기력증·자기혐오 등에 빠지는 증후군을 말한다.

사전적 의미로 영어에서는 번(burn)은 '타다, 열중하다'라는 뜻을 나타내고 여기에 '소진하다, 다 써버리다'라는 뜻의 아웃(out)이 조합되어 만들어진 용어이다. 미국의 정신분석 의사인 H. 프뤼덴버그가 사용한 심리학 용어인데 그는 이 증후군의 최초의 예를 자신이 치료하던 한 간호사에게서 찾아냈는데, 한 가지 일에 지나치게 몰두하다가 어느 순간 자신이 하던 일에 대해 회의를 느끼고 무기력감에 빠져 더 이상 일을 할 수 없게 되는 상태에 빠지게 되었다고 한다.

부영양화 (Eutrophication)

강·바다·호수에서 미생물이 유기물을 분해함으로써 영양물질이 많아지는 현상.

자연현상으로부터의 부영양화는 수천 년이 걸리지만 공장 폐수와 생활 하수 등의 유입이 심하면 20~30년 정도의 기간에도 부영양화가 될 수 있다. 부영양화되면 식물성 플랑크톤 등의 생물이 이상 번식하여 적조가 되며, 더 심해지면 용존산소량(DO)이 부족해 물고기와 물새가 죽고 물은 심한 악취를 풍긴다. 우리나라의 진해만, 인천 앞 바다 등지에서도 부영양화로 인한 적조현상이 나타나고 있다.

분양가 상한제 (分讓價上限制)

분양가격을 안정시켜 원활하게 주택 공급을 하기 위해 아파트 가격을 일정 수준 아래로 규제하는 것.

분양가격을 안정시켜 원활하게 주택 공급을 하기 위해 아파트 가격을 일정 수준 아래로 규제하는 것으로, 미리 정한 기본형 건축비에 택지비를 더한 뒤 그 이하로 아파트를 분양하는 제도다. 감정된 토지비용(택지비)과 정부가 정한 기본형 건축비에 개별 아파트에 따라 추가된 비용인 가산 비용을 더해 분양가의 상한선을 결정한다. 기본형 건축비는 6개월마다 조정된다.

블랙 컨슈머 (Black Consumer)

구매한 상품의 하자를 문제 삼아 기업을 상대로 과도한 피해보상금을 요구하거나 거짓으로 피해를 본 것처럼 꾸며 보상을 요구하는 소비자들을 말한다.

악성을 뜻하는 블랙(black)과 소비자란 뜻의 컨슈머(consumer)를 합친 신조어다. 2008년 이른바 '생쥐깡 파동'을 시작으로 많은 식품 관련 사고가 발생하면서 업계의 화두로 떠올랐다. 이들은 변질 이물질이 들어간 제품을 찾아내 관련 제조업체나 유통 업체에 과도한 보상을 요구하는 행위를 하며, 이 과정에서 인터넷에 공개하거나 언론 등에 제보하기도 한다. 제대로 된 원인 규명 없이 인터넷에 특정 사건에 대해 유포되거나 언론에 보도될 경우 해당 업체는 큰 타격을 입게 된다.

블루 벨트 (Blue Belt)

수산자원 보호를 위해 설정해 놓은 수산자원 보호지구.

청정해역이라고도 한다. 주요 연안 지역의 무분별한 개발을 통제하여 수산자원을 보호하기 위해 설정한, 육지의 그린벨트와 같은 해안의 개발 제한지역을 말한다.

비정부기구 (NGO; Non-Government Organization)

정부 기관이나 관련 단체가 아닌 순수한 민간 조직.

본래 UN 헌장 제17조에 있는 말로 경제사회이사회에 참석해서 의견을 제시할 수 있도록 허용되어 있다. 1970년대 초부터 UN이 주관하는 국제회의에, 민간 단체가 참가하여 NGO 포럼을 열면서 이 용어가 널리 쓰이게 되었다. NGO는 1863년 스위스에서 시작된 국제적십자사 운동이 효시이며, 현재 국제적으로 이름이 알려진 NGO는 약 1만 5,000여 개이며, 회원 수는 3,000만 명에 이른다. 세계자연보호기금, 그린피스, 국제사면위원회가 그 대표적인 NGO다.

3심제 (三審制)

한 사건에 세 번의 심판 받을 수 있는 심급제도.

하나의 사건에 대하여 등급이 다른 종류의 법원에서 세 번까지, 심판 받을 수 있는 제도이다. 한 사건에 세 번의 심판을 받을 수 있는 심급제도로, 우리나라는 3심제를 원칙적으로 채택하고 있다. 따라서 판결 절차에서는 항소와 상고를 인정하며, 결정 절차에는 항고와 재항고를 인정하고 있다. 대륙법계 국가에서는 3심제가 원칙이나 영미법계 국가에서는 2심제가 통례다. 우리나라에서도 헌법상 3심제가 반드시 유지될 필요는 없으며, 예외가 존재한다. 기관소송·선거소송 등은 대법원을 제1심으로 하는 단심제(單審制)로 되어 있으며, 특히 비상계엄하의 군사재판은 특정 범죄 중 법률이 정한 경우에 한하여 단심으로 할 수 있도록 되어 있다.

사면 (Pardon)

형의 선고 효과의 전부 또는 일부를 소멸시키거나, 형의 선고를 받지 않은 자에 대하여 공소권을 소멸시키는 일.

대통령의 고유권한으로, 형벌권 자체의 전부 또는 일부를 소멸시키는 것이다. 이는 특정 죄에 대해서 실시하는 '일반사면'과 특정한 사람에 대하여 행하는 '특별사면'으로 나뉜다.

⇨ 일반사면

대통령령으로 사면 대상이 되는 범죄의 종류를 지정하여 범죄인 개개인을 따지지 않고 일괄적으로 행해지는 것으로 대사(大赦)라고도 한다. 미결, 기결을 묻지 않으며 검거 여부도 불문한다. 즉, 기결수에 대해서는 형 선고가 효력 상실하며 미결수에 대해서는 공소권을 소멸시키는 것이다.

⇨ 특별사면

형의 선고를 받은 특정 범인에 대하여 형을 사면하는 것으로 특사(特赦)라고도 한다. 다만 형 선고를 받기 전의 범인에 대해서는 특별사면을 할 수 없다. 특별사면은 국무회의의 의결을 거쳐 대통령이 명령하며, 국회의 동의는 필요하지 않다.

사법권의 독립 (Richterliche Unabhangigkeit)

법관이 구체적인 사건을 재판함에 있어, 절대적으로 독립하여 누구의 지휘나 명령에도 구속되지 않는 일.

사법권 독립은 곧 재판(심판) 독립의 원칙 내지, 판결의 자유를 목표로 하는 것이다. 이와 같은 재판 독립의 원칙 내지, 판결의 자유는 입법부나 행정부로부터의 법원의 독립과 그 자율성, 그리고 재판에 있어서 어떠한 내외적 간섭도 받지 아니하는 법관의 직무상 독립과 신분상의 독립에 의하여 실현된다.

사회간접자본 (SOC; Social Overhead Capital)

정부 및 기타의 공공단체 공급자에 의해 주도되는 설비 및 서비스 관련 시설류의 총칭.

도로, 항만, 철도, 상하수도, 공항, 댐, 보험·교육, 대중 보건에 필요한 시설 등 어떤 제품을 생산하는 데 직접 사용되지는 않지만, 생산활동에 간접적으로 도움을 주는 자본. 사회간접자본에 대한 투자를 소홀히 하게 되면 교통 체증, 항만 적체 등을 유발해 생산과 수출에 애로를 겪게 되며 상품의 경쟁력이 저하되는 문제가 발생 된다.

사회봉사 명령제 (社會奉仕命令制)

죄질이 경미하고 집행유예·가석방 등으로 풀려나는 범죄인에 대해 처벌·교화 효과를 위해 일정 기간 무보수로 다양한 봉사활동에 종사하도록 하는 형벌의 일종.

우리나라의 경우 1989년 소년법을 개정해 청소년들을 대상으로 범죄가 격리 수용할 정도로 무거운 것이 아닐, 경우 실시해 왔다. 이어 1992년 형사법 개정으로 1997년부터 성인까지 확대 시행되고 있다.
사회봉사명령은 따로 당사자의 동의가 필요하지 않으며, 판사의 재량으로 실행되고 있다. 형법을 위반한 성인범의 경우 사회봉사명령으로 이행할 수 있는 법정 한도 시간은 500시간이다.
사회봉사명령을 받으면 그대로 시행해야 한다. 사회봉사 집행 분야로는 자연보호 활동, 복지시설 봉사, 행정기관 지원, 공공시설 봉사, 공익사업 보조, 농촌 봉사, 문화재 보호 활동 등이 있다.

성문헌법 (成文憲法)

문자로 표현되고 문서의 형식을 갖춘 헌법.

불문헌법(不文憲法)에 대칭되는 말로 성문헌법을 맨 처음 가진 나라는 미국이며(1776년 제정된 버지니아주 헌법), 오늘날 우리나라를 비롯한 대부분 국가가 성문헌법을 가지고 있다. 성문헌법은 대개 경성헌법(硬性

憲法)이다.

⇨ 불문헌법 (不文憲法)

성문화된 형식적 법전을 가지지 않은 국가의 헌법. 영국, 이스라엘처럼 고유한 제도가 자연적으로 발달하여 관습법 또는 일반 법률의 형태로 존재하는 헌법을 말한다. 불문법은 전부 연성헌법(軟性憲法)이다.

세계인권선언 (Universal Declaration of Human Rights)

1948년 12월 10일, 제3차 UN 총회에서 인종·민족·국가를 초월한 인권의 보장을 위해 채택된 선언.

전문(前文)과 본문 30조로 된 '세계헌법의 전문'이라 불리는 이 선언은 특히 사상·언론의 자유, 인간의 평등권, 개인의 기본적 자유권 및 생존권과 근로권 등에 관해 보장한 것으로 유명하다. 조약과 같은 구속력은 없으나 인권 보장의 표준을 나타내는 것으로 커다란 의의가 있다.

소셜테이너 (Socialtainer)

사회를 뜻하는 소사이어티(society)와 연예인을 가리키는 엔터테이너(entertainer)를 합쳐 만든 신조어.

사회 이슈에 적극적으로 자신의 의견을 밝히거나 직접 참여하는 연예인을 말한다.
소셜테이너는 최근엔 의미가 확장돼 트위터나 페이스북 같은 소셜미디어(SNS)를 활용해 대중과 적극적으로 소통하는 연예인을 통칭하는 말로 사용되기도 한다.

소호 (SOHO; Small Office Home Office)

소규모 자영업을 일컫는 말.

작은 사무실과 자택 사무실을 거점으로 하는 근무 형태로서 특별한 사무실이 없이 자신의 집을 사무실로 활용하는 데서 시작된 개념이다. 재택근무를 하며 컴퓨터 네트워크를 활용하므로 이제까지의 사무실 근무와는 다른 새로운 근무 형태다. 자택에서 근무하는 비즈니스 스타일은 이전부터 있었으나, SOHO는 '인터넷을 활용하여 자기 자신의 비즈니스를 주체적으로 전개하는 지적 사업의 소규모 사업장'이라 할 수 있다.

솔로산업 (Solo Industry)

혼자 살기를 원하는 독신자들이 늘어나 사회의 새로운 계층으로 등장하면서 이들을 겨냥해 생겨난 산업.

혼자 살기를 원하는 독신자들이 늘어나 사회의 새로운 계층으로 등장하면서 이들을 겨냥해 생겨난 산업을 말한다. 일찌감치 부모로부터 독립해 독자적인 생활을 하려는 신세대 독신 층의 증가와 함께 사회 전반적으로 결혼연령이 늦어지고 있는데다 아예 결혼 하지 않겠다는 독신 층도 점차 늘어나면서 가전업체 식품업체 건설업체 등이 이 독신 세대들을 새로운 소비자군으로 분류해 이들을 위한 상품을 개발하고 있다. 세탁기 전기밥솥 등 독신자용 가전제품, 원룸식 주택, 동전을 사용하는 편의 세탁점, 즉석식품을 취급하는 편의 식품점 등이 대표적인 솔로산업이다.

슈퍼 에이지 (Super Age)

인구의 20%가 65세 이상이 되는 '초고령화' 시대를 뜻하는 말.

65세 이상의 노인인구가 전체의 20% 이상을 차지해 인류 역사상 최초로 노령인구가 젊은이들의 수를 추월하는 시대를 이르는 말이다. 이는 글로벌 전략·자문회사 '더 슈퍼 에이지'의 창립자이자 인구통계학자인 브래들리 셔먼이 제시한 개념이다.
인구 고령화가 노동력 부족, 경제침체 등의 위기로만 이어진다는 기존의 입장과 달리 슈퍼 에이지 세대가 출생률 감소와 급속한 수명 증가로 인해 새로운 소비계층으로 부상하며 새로운 산업의 기회가 될 수 있다고 주장한다. 이에 따르면 슈퍼 에이지를 제대로 대비하기 위해서는 연금 수혜자의 은퇴 연령을 상향 조정하고, 노동자들의 근로 수명을 연장해야 한다. 또 직장과 가정에서 세대 간 협력을 강화하는 국가와 노년층을 대상으로 시장과 제품을 개척하고 발굴하는 기업에게는 큰 기회가 될 것이라는 전망을 내놓고 있다.

스마드족 (SMAD)

각종 디지털 기기를 통해 여러 정보를 조합하여 새로운 정보를 신속하게 얻고 정보를 면밀하게 분석해서 현명하게 구매하는 소비자를 말한다.

스마드족은 스마트(smart)와 노마드(nomad)가 합쳐진 신조어이다. 각종 정보를 입수해서 스마트하게 구매한다는 뜻과 시간과 장소에 구애받지 않고 새로운 곳을 찾아 유랑한다는 노마드의 의미를 모두 담고 있다. 이들은 주로 스마트폰과 같은 기기를 활용해 Facebook, Twitter 등 SNS 서비스가 활발해짐에 따라 개인들이 주변 사람들을 통해 정보를 얻기가 더욱더 빨라졌고 구매도 수월해졌다.

신드롬 (Syndrome)

하나의 공통된 질환, 장애 등으로 이루어지는 일군의 증상.

어떤 공통성이 있는 일련의 병적 징후를 총괄적으로 나타내는 말이며, 증후군이라고도 한다. 증세로서는 일괄할 수 있으나 어떤 특정한 병명을 붙이기에는 인과관계가 확실치 않은 것을 말한다.

⇨ 임피 신드롬 (IMFY Syndrome)

'In My Front Yard'의 머리글자를 따서 만든 신조어로서, 자기 지역에 이득이 되는 시설을 유치하거나 관할권 장악을 시도하는 적극적 행동을 가리키는 말로 님비 신드롬과 대조적인 개념이다.

⇨ 핌피 신드롬 (PIMBY Syndrome)

수익성 있는 사업을 내 지방에 유치하겠다는 지역 이기주의의 일종이다. 집값 상승에 도움이 되는 시설의 적극 유치 의사 등이 그 예다.

⇨ 바나나 신드롬 (Banana Syndrome)

각종 환경오염 시설들을 자기가 사는 지역권 내에는 절대 설치하지 못한다는 지역이기주의의 한 현상으로, '어디에든, 아무것도 짓지 마라'는 이기주의적 의미로 통용되기 시작했으며 유해시설 설치 자체를 반대하는 것이다.

⇨ 피터팬 신드롬 (Peter Pan Syndrome)

나이가 든 어른이면서도 어린이 같은 언어와 행동을 지속하는 증후군으로, 1970년대 후반 미국에서 사회에 적응할 수 없는 남성들이 대량으로 발생하기 시작했는데, 이런 남성들이 나타내는 심적인 증후군을 피터팬 증후군이라 한다.

⇨ 슈퍼우먼 신드롬 (Superwoman Syndrome)

여성이 모든 일에 완벽해지려고 지나치게 신경을 쓴 나머지 지쳐버리는 증상을 말한다.

⇨ 신데렐라 신드롬

자신의 능력과 인격으로 자립할 자신이 없는 여성이 동화 속의 주인공 신데렐라처럼 일시에 자신의 인생을 변화시켜 줄 왕자와 같은 사람의 출현을 기다리는 심리적 의존을 말한다.

⇨ 온달 신드롬

신데렐라 신드롬과 남녀가 바뀌어, 현대 사회의 남성들이 재력이나 능력이 뛰어난 여성을 만나 신분 상승을 꾀하려는 현상을 말한다.

⇨ 파랑새 신드롬

동화 '파랑새'의 주인공처럼 장래의 행복만을 꿈꾸며, 현재의 일에 정열을 느끼지 않는 현상을 말한다.

신종 인플루엔자 A (H1 Influenza A virus subtype H1N1)

2009년 4월 멕시코와 미국 등지에서 발생한 뒤 아메리카·유럽·아시아 등 전 세계로 확산되었다. H1N1 또는 약칭하여 신종플루라고도 한다. 처음에는 '돼지 인플루엔자(돼지플루)' 또는 '돼지 독감'이라고 하였으나 돼지와 관련이 있다는 증거가 없어 세계보건기구(WHO)의 공식 명칭으로 사용하는 '신종 인플루엔자 A (H1N1)'로 통일되었다. 사람·돼지·조류 인플루엔자 바이러스의 유전물질이 혼합되어 있는 새로운 형태의 바이러스로서 2009년 4월 처음 발견되었다.

실버타운 (Silver Town)

국가와 지방자치단체 등이 재정을 지원하여 운영되는 양로원이나 요양원과 달리 입주자들의 입주금으로 운영되는 노인 거주 단지.

외국의 경우 병원, 백화점, 수영장, 레스토랑, 은행, 영화관, 레크리에이션 센터(수영장, 테니스코트, 볼링장, 헬스클럽) 등 노인들을 위한 편의시설이 구비되어 있으며, 입주자의 건강 상태에 따라 노인 전용 아파트, 유료 양로원, 유료 요양원, 노인병원, 치매병원 등 다양한 형태의 주거시설이 있다.

실손의료보험 (實損醫療保險)

보험 가입자가 질병이나 상해로 입원 또는 통원 치료 시 의료비로 실제 부담한 금액을 보장해 주는 건강보험을 말한다.

보험사고 발생 시 보험약관에 약정한 금액만을 지급하는 정액 보상과 달리 실제 들어간 비용을 보상하는 것을 말하며 환자가 병의원에서 치료받고 청구되는 병원비 중 국민건강보험으로는 보장받을 수 없는 환자 본인 부담금에 해당하는 의료비 중 90%까지 보장해 주는 보험. 민영의료보험, 실비보험, 실손의료보험 등으로 불린다.

아노미 (Anomie)

사회적 규범의 동요, 이완, 붕괴 등에 의하여 일어나는 혼돈상태 또는 구성원의 욕구나 행위의 무규제 상태.

사회 전반에 걸쳐 급격한 사회 변동의 과정에서 종래의 규범이 흔들리고 아직 새로운 기준이나 규범의 체계가 확립되지 않아서, 규범이 혼란한 상태 또는 규범이 없는 상태를 말한다. 아노미 상태에서는 개인들이 행동의 갈피를 잡지 못하게 되며 마침내는 사회 질서가 문란해지고 사회적 혼란이 일어난다.

아프리카 돼지열병 (ASF : African Swine Fever)

아프리카 지역에서 주로 발생하였기 때문에 아프리카돼지열병이라는 이름이 붙여졌다.

바이러스성 출혈 돼지 전염병으로, 주로 감염된 돼지의 분비물 등에 의해 직접 전파된다. 이 병에 걸린 돼지는 고열과 식욕부진, 기립불능, 구토 증상 등을 보이다가 보통 10일 이내에 폐사한다. 다만 ASF는 인체에는 영향이 없고 다른 동물에도 전염되지 않으며, 돼지와 야생 멧돼지 등 돼지과 동물에만 감염된다. 이 질병이 발생하면 세계동물보건기구(OIE)에 발생 사실을 즉시 보고해야 하며, 돼지와 관련된 국제교역도 즉시 중단된다.

악어의 눈물 (Crocodile Tears)

거짓 눈물 또는 위선적인 행위를 일컫는 용어.

통속어로 '악어의 눈물'이란 위정자를 빗대 하는 말이다. 다시 말해서 악어가 먹이를 씹으며 자기가 먹고 있는 동물의 죽음을 애도해서 눈물을 흘린다는 얘기에서 전래 되었던 것으로, 패배한 정적 앞에서 흘리는 위선적 눈물을 가리킬 때 많이 쓰인다.

야스쿠니신사 (Yasukuni Shrine)

일본 도쿄 지요다구에 있는 일본 최대의 신사.

일본이 벌인 주요 전쟁에서 숨진 246만여 명을 신격화해 제사를 지내는 일본 최대 규모의 신사(神社)로, 제2차 세계대전 A급 전범들의 위패가 보관되어 있어 군국주의를 조장한다는 논란이 끊이지 않는 곳이다.

전쟁과의 연관성 때문에 과거 일본의 지배나 점령당한 경험이 있는 아시아 국가들은 일왕과 총리를 비롯한 정부 인사의 신사 참배를 군국주의 부활의 조짐으로 여겨 강한 거부감을 갖고 있으며 우려의 눈으로 지켜보고 있다.

영장주의 (令狀主義)

강제처분을 함에 있어서는 원칙적으로 법원 또는 법관의 영장을 필요로 하는 주의.

형사절차에 있어서 강제처분을 함에 있어서는 원칙적으로 법관의 영장을 필요로 하는데 이를 '영장주의'라 한다. 헌법은 체포·구속·압수·수색에는 법관이 발부한 영장을 제시해야 한다고 규정하고 있으며, 긴급을 요 하는 특수한 경우에, 한하여 사후영장제도를 허용하고 있다. 이러한 영장에는 체포영장, 구속영장, 구인장, 압수·수색영장 등이 있다.

오팔족 (OPAL 族)

적극적이고 활동적인 삶을 살아가는 노인 세대를 말한다.

'Old People with Active Life'의 약칭으로 일본의 경제 캐스터인 니시무라 아키라와 하타 마미코의 저서 〈 여자의 지갑을 열게 하라 〉에서 처음 사용되었는데, 경제적인 풍요와 의학의 발달로 고령인구가 늘어나면서 등장한 새로운 개념의 노인층으로, 조용히 시간을 보내며 현재에 만족하는 삶을 사는 것이 아니라 열정적이고 진취적인 활동적으로 개인의 삶을, 아름답게 가꾸어 가며 사는 노인들을 일컫는다.

워킹푸어 (Working Poor)

일하는 빈곤층을 뜻하는 말로 열심히 일해도 가난에서 벗어나지 못하는 계층을 의미.

미국에서 1990년대 중반 등장했으며 2000년대 중반 이후 세계적으로 널리 쓰이고 있다. 이들은 월급이 나오는 일자리가 있어 얼핏 보기엔 중산층 같지만, 고용도 불안하고 저축도 없어 언제라도 극빈층으로 추락할 수 있는 위험에 노출돼있다. 노동연구원의 보고서에 따르면 빈곤가구의 절반 이상은 가구 내에 취업자가 있음에도 불구하고 상대적 빈곤상태에 놓여있는 것으로 나타났다. 이는 가구원의 취업 여부보다는 취업의 질이 빈곤에 중요한 요소임을 보여준다.

워킹홀리데이 (Working Holiday)

노동력이 부족한 나라에서 외국 젊은이들에게 1년간의 특별비자를 발급하여 입국을 허락하고 취업 자격을 주는 제도.

요즘 젊은이들은 대체로 어렵고 힘들며 위험이 따르는 일을 꺼리며, 특히 3D산업(3D업종) 등으로 불리는 산업체 같은 곳은 기피하는 경향이 있다. 실업 홍수 속에서도 어떤 업종에서는 심한 구인난을 겪고 있으며, 이를 해소하기 위해 국가나 해당 산업체에서는 여러 가지 처방을 내놓고 있는데, 이들 처방 가운데 하나가 바로 이 제도다.

윤창호법

음주 운전으로 인명 피해를 낸 운전자에 대한 처벌 수위를 높이고 음주 운전 기준을 강화하는 내용 등을 담은 '특정범죄 가중처벌 등에 관한 법률(특가법) 개정안' 및 '도로교통법 개정안'을 말한다.

윤창호법은 음주 운전 사고로 숨진 윤창호 씨 사망 사건을 계기로 마련된 법안으로, 고인은 2018년 9월 부산 해운대구에서 만취 운전자가 몰던 차량에 치여 뇌사상태에 빠졌다가 끝내 세상을 떠났다. 이 사건을 계기로 국회는 2018년 11월 29일 본회의를 열고 음주 운전 처벌 강화를 골자로 한 '특정범죄 가중처벌 등에 관한 법률(특가법) 개정안'을 통과시켰다. 해당 법안은 음주 운전으로 사망사고를 낼, 경우 법정형을 '현행 1년 이상의 유기징역'에서 '3년 이상의 징역 또는 무기징역'으로 높였다. 또 사람을 다치게 했을 때도 기존 '10년 이하의 징역 또는 500만 원 이상 3,000만 원 이하의 벌금'에서 '1년 이상 15년 이하의 징역 또는 1,000만 원 이상 3,000만 원 이하의 벌금'으로 형량을 강화했다. 이러한 강화 방안은 2018년 12월 18일부터 시행됐다.

인터폴 (Interpol)

가맹 각국의 경찰이 상호 간, 주권을 존중하면서 국제범죄의 방지, 진압에 협력하기 위해 설립한 조직으로, '국제형사경찰기구'라고도 한다.

각국의 경찰이 상호 간에 주권을 존중하면서 국제범죄의 방지·진압에 협력하기 위한 조직이다. 국제 범죄자나 국경을 넘어 도망친 범죄자의 소재 수사, 정보교환 등이 주된 일로서, 정치·군사·종교·인종 문제 등에 관여하는 것은 금지되고 있다.
국제법상의 협정이 아니므로 강제 수사권이나 체포권이 없다. 본부는 파리이며, 한국은 1964년에 가입했다.

일사부재리 (Ne Bis In Idem)

어떤 사건에 대하여 일단 판결이 내려지고 그것이 확정되면 그 사건을 다시 소송으로 심리·재판하지 않는다는 원칙.

어떤 사건에 대해 일단 판결이 확정되면 다시 재판을 청구할 수 없다는 형사소송법상의 원칙으로 일단 판결이 확정된 사건은 다시 공소를 제기할 수 없다는 원칙이다. 즉 판결이 내려진 사건에 대해 두 번 이상의 심리, 재판을 하지 않는다는 것으로 민사소송법에서는 이 원칙이 적용되지 않는다.

⇨ 일사부재의

의회에서 한 번 부결된 안건은 같은 회기 내에 다시 제출할 수 없다는 원칙.

자유형 (Freiheitsstrafe)

범인의 자유를 박탈하는 형벌.

범죄자로부터 사회생활의 자유를 빼앗아 교도소에 구치하고 원칙적으로 작업을 강제하여 범죄자를 교육, 개선하는 동시에 범죄자를 사회생활에서 격리시켜 사회를 방위하는 의미를 가진다. 현행법상 자유형은 징역(懲役), 금고(禁錮), 구류(拘留)의 3가지가 있다.

⇨ 징역

일정 기간 교도소 내에 구치하여 정역(定役)에 종사하게 하는 형벌.

⇨ 금고

강제노동을 과하지 않고 수형자(受刑者)를 구치소에 구금하는 일.

⇨ 구류

1일 이상 30일 미만, 교도소 또는 경찰서 유치장에 구치하는 형벌.

저탄소 녹색성장 기본법 (Act on Low Carbon. Green Growth)

저탄소 녹색성장 정책을 구현하기 위한 법률.

지구온난화에 따른 기후 변화와 에너지 자원 고갈에 대한 위기 등 인류 생존에 직결된 문제가 심각해지고 이에 따른 국제 경제 위기가 고조되면서 선진국을 중심으로 경제 위기를 타개하고 에너지 자립도를 높이려는 녹색성장에 대한, 관심이 확산되었다. 우리나라 역시 저탄소 녹색성장을 효율적이고 체계적으로 추진하기 위해 법적 뒷받침이 필요하다는 인식에 따라 기후 변화, 에너지, 지속가능발전 등 녹색성장 정책을 유기적으로 연계 및 통합한 '저탄소 녹색성장 기본법'을 제정하였다. 2010년 1월 13일 제정되었으며, 2010년 4월 14일부터 본격 시행되었다.

저항권 (Right of Resistance)

국민의 기본권을 침해하는 국가권력의 불법적 행사에 대하여 그 복종을 거부하거나 실력행사를 통하여 저항할 수 있는 국민의 권리.

이것은 국민이 헌법 질서에 따르기 위한 전제로서의 근원적인 권리라 할 수 있는데, 헌법상에 명기되어 있지 않더라도 내재하는 것으로 간주 된다. 그러나 이것은 혁명권과는 다르다. 전자가 기존의 헌법 질서를 전제로 하는 것임에 반해, 후자는 새로운 헌법 질서를 지향한다.

정당방위 (Notwehr)

자기 또는 타인의 법익에 대해 현재의 부당한 침해를 방위하기 위한, 상당한 이유가 있는 행위.

정당방위의 성립요건에는 현재의 부당한 침해가 있을 것, 자기와 타인의 법익을 방위하기 위한 행위일 것, 상당한, 이유가 있을 것 등이 갖추어져야 한다. 이러한 정도를 넘는 방위행위는 과잉방위라고 하며, 과잉방위의 경우 처벌되지만, 형을 감경 또는 면제할 수 있다. 그러나 그 행위가 야간 및 기타 불안한 상황에서 공포, 경악, 흥분, 당황 등으로 인한 때에는 벌하지 않는다.

제노비스 신드롬 (Genovese Syndrome)

목격자가 많을수록 책임감이 분산돼 개인이 느끼는 책임감이 적어져 도와주지 않고 방관하게 되는 심리 현상.

'방관자효과'라고도 하며, 1964년 미국 뉴욕의 주택가, 새벽 3시 15분에 키티 제노비스란 이름을 가진 여성이 야간근무를 마치고 아파트로 귀가하다가 괴한을 만나 칼에 찔려 죽어가는 모습을 38명이 듣거나 봤으면서도 이들 중 어떤 누구도 도와주거나 경찰에 신고하지 않아 사망한 사건에서 유래한 것이다. 이렇게 목격자가 많을수록 책임감이 분산돼 개인이 느끼는 책임감이 적어져 행동하지 않게 되는 현상을 말하며, 우리 사회에서도 이러한 현상을 쉽게 찾아볼 수 있다.

조세 법률주의 (租稅法律主義)

조세의 부과·징수는 반드시 국민의 대표로 구성된 국회에서 제정하는 법률에 의하여야 한다는 주의.

헌법에 '모든 국민은 법률이 정하는 바에 의하여 납세의 의무를 진다.' '조세의 종목과 세율은 법률로 이를 정한다'라고 규정하고 있다. 이것의 근본 의의는 조세의 종류 및 부과의 근거뿐만 아니라 납세 의무자, 과세 물건, 과세 표준 세율을 국민의 대표로 구성되는 의회에서 법률로 정함으로써 국민의 재산 보장과 법률생활의 안전을 꾀하는 데 있다.

조현병 (Schizophrenia)

사고(思考), 감정, 지각(知覺), 행동 등 인격의 여러 측면에 걸쳐 광범위한 임상적 이상 증상을 일으키는 정신 질환을 말한다.

뇌는 인간의 모든 정신적, 신체적 기능들을 조절, 관리하는 기관이기 때문에 뇌에 이상이 생기면 아주 다양한 증상이 나타날 수 있으며, 조현병은 뇌의 이상에 의해 발생하는 뇌질환, 뇌장애로 보는 것이 옳고, 그렇기 때문에 다양한 증상으로 나타난다.
환청이나 환시 같은 감각의 이상, 비현실적이고 기괴한 망상 같은 생각의 이상, 그리고 생각의 흐름에 이상이 생기는 사고 과정의 장애 등이 있으며, 정상적인 감정반응이나 행동이 감소하여 둔한 상태가 되고, 사고 내용이 빈곤해지며, 의욕 감퇴, 사회적 위축 등을 보이는 현상도 나타나기도 한다.

죄형 법정주의 (Grundsatz nulla poena sine lege)

범죄와 형벌을 미리 법률로써 규정해야 한다는 근대 형법상의 기본원칙.

어떤 행위가 범죄가 되며, 그 행위를 처벌하기 위해서는 어떤 형벌을 과할 것인가를 미리 법률로 명문화시켜, 국가의 권력 남용으로부터 개인의 자유와 권리를 보장하려는 근대 형법상의 원칙이다. 법률 이외의 관습법 적용의 배제, 형벌 조문의 유추 해석 금지, 사후 입법의 금지, 광범위한 부정기형의 금지 등 4가지 원칙이 포함된다.

지카 바이러스 (Zika virus)

이집트, 숲모기가 주된 매개체인 감염성 질환으로, 1947년 우간다 붉은 털 원숭이에게서 처음으로 발견됨.

지카 바이러스는 주간에 활동적인 이집트, 숲모기(Aedes aegypti)에 의해 전파된다. 2015년 브라질에서 4,000여 명에 이르는 소두증 신생아가 태어나는 등 지카 바이러스와 소두증과의 관계가 밀접한 것으로 추정되면서 전 세계적 이슈로 부상했다. 즉, 임신부가 지카 바이러스에 감염될 경우 태아에게 소두증을 유발할 위험이 크다는 것으로, 소두증은 태아 때 두뇌가 충분히 성장하지 못하고 수축하여 비정상적으로 작은 뇌와 머리를 가지고 태어나는 선천성 뇌 손상을 말한다.

집행유예 (執行猶豫)

유죄의 판결을 한 뒤 형의 선고를 함에, 있어서 정상에 의하여 일정한 기간 그 형의 집행을 유예하는 제도.

집행유예는 3년 이하의 징역 또는 금고의 형을 선고할 경우, 그 정상을 참작할 만한 사유가 있을 때 1년 이상 5년 이하, 형의 집행을 유예하는 제도다. 특정한 사고 없이 유예기간이 경과한 때는 형의 선고가 효력을 잃고 없었던 것과 동일한 효과를 발생하게 된다. 그러나 집행유예의 선고를 받은 자가 유예기간에 금고 이상의 형을 선고받아 그 판결이 확정되었을 때는 집행유예의 선고는 효력을 잃게 된다.

⇨ 선고유예

범죄의 정도가 비교적 경미한 범죄인에 대해 일정한 기간 형의 선고를 유예하고, 그 유예기간을 특정한 사고 없이 경과하면 면소된 것으로 간주하는 제도.

출생통보제 (出生報制度)

지자체가 부모 대신 아동의 출생신고를 하도록 하는 제도.

의료기관이 신생아의 출생 정보를 건강보험심사평가원에 전달하고 심평원에서 이를 지방자치단체에 통보하는 것으로, 관련 내용을 명시한 '가족관계의 등록 등에 관한 법률' 개정안이 2023년 6월 30일 국회를 통과했다. 이는 부모에게만 있던 출생신고 의무를 의료기관에도 부과하는 것이 핵심으로, 부모가 고의로 출생신고를 누락해 '유령 아동'이 생기는 것을 방지하기 위해 추진됐다. 특히 2023년 6월 21일 경기도 수원의 한 아파트 냉장고에서 영아 시신 2구가 발견된 사건 등 출생신고가 되지 않은 영아가 살해·유기되는 사건이 잇따라 발생하면서 급물살을 탄 바 있다.

친고죄 (Antragsdelikt)

범죄의 피해자나 그 밖의 법률에 정한 사람의 고소가 있어야 공소를 제기할 수 있는 범죄.

친고죄에는 강간죄, 강제 추행죄, 명예 훼손죄, 모욕죄와 같이 기소하는 것이 오히려 불명예 등 본인에게 불이익이 되는 경우와, 피해가 경미하여 피해자의 의사를 무시하면서까지 기소할 필요가 없는 경우의 2가지 유형이 있다. 그러나 고소나 고발이 없이도 수사는 할 수 있다.

친권 (Elterliche Gewalt)

부모가 미성년인 자식에 대하여 가지는 신분상·재산상의 여러 권리와 의무의 총칭.

친권자는 ① 자식의 보호·교양, 거소지정, 징계, 영업 허락 등 자식의 신분에 관한 권리 의무와 ② 재산관리 및 재산상 법률행위의 동의·대리 등 자식의 재산에 관한 권리 의무를 가진다.

쿼터리즘 (Quarterism)

인내심을 잃어버린 청소년의 사고, 행동양식을 이르는 말.

4분의 1을 뜻하는 영어 쿼터(Quarter)에서 나온 말로 인내심을 잃어버린 요즘 청소년의 사고, 행동양식 등을 가리킨다. 최근 10대들은 인터넷의 사용이 일상화되면서 자극에는 즉각 반응하지만 금세 관심이 바뀌는 감각적 찰나주의가 한 특징으로, 이는 순간적 적응을 요구하는 고속정보통신과 영상매체의 급격한 팽창이 한 가지 일에 진지하게 접근하고 집중하는 능력을 잃게 한 원인으로 지적되고 있다. 신세대의 사고와 행동에 걸리는 시간이 기성세대의 4분의 1(Quarter), 혹은 15분밖에 되지 않는다고 해서 생겨난 말이지만 요즘은 '생각은 짧게 행동은 빨리'하는 신세대를 지칭하는 말로 쓰이고 있다.

탄소세 (炭素稅)

지구의 온난화 방지를 위해 이산화탄소를 배출하는 석유·석탄 등 각종 화석에너지 사용량에 따라 부과하는 세금.

탄소배출이 야기하는 눈에 보이지 않는 사회적 비용을 시민이 피부로 느끼도록 만들어 낸 제도로 가시화하기 위한 것이 직접적으로 이산화탄소 배출을 줄이도록 압박하는 의미가 있다.
탄소배출이 많은 사업에 세금을 매겨 탄소배출 감축을 유도한다는 게 기본 취지로 동시에 탄소배출이 적은 대체에너지 개발을 촉진하는 취지도 담고 있다.

2019년까지 25개국이 탄소세를 도입했고, 46개국은 탄소세 또는 배출권 거래제로 탄소배출에 부담을 지우고 있다.

특별 검사제 (特別檢事制)

고위 공직자의 비리나 위법 혐의 등 수사 자체의 공정성을 기하기 어려운 경우에 현직 검사가 아닌 특별검사를 임명해 수사·기소권을 주는 제도다.

특별검사는 대통령에게 특별검사 후보 2명을 추천하면 대통령이 1명의 특별검사를 임명하는 과정으로 진행된다. 특별검사는 고위 공직자의 비리나 위법 혐의에 대해 독자적인 수사를 할 수 있도록 검찰청법과 형사소송법이 규정하고 있는 검사의 모든 권한을 행사할 수 있다. 특검 수사는 상설특검법(특별검사의 임명 등에 관한 법률)에 따라 준비기간 20일, 수사 기간 60일(대통령의 승인을 받아 한 차례만 30일 연장 가능)로 최장 110일 동안 가능하다.

피의사실공표죄 (被疑事實公表罪)

검찰·경찰·기타 범죄 수사에 관한 직무를 행하는 자 또는 이를 감독하거나 보조하는 자가 수사 과정에서 알게 된 피의사실을 기소 전에 공표한 경우 성립하는 죄를 말한다.

피의사실공표죄는 3년 이하의 징역 또는 5년 이하 자격정지 등의 처벌을 받을 수 있다. 이는 헌법상 '무죄추정의 원칙'을 실현하기 위한 규정으로, 아직 입증되지 않은 피의사실 공표로 부당한 인권 피해를 입는 것을 방지하기 위한 것이다.

프리터족 (Free Arbeiter)

특정한 직업 없이 갖가지 아르바이트로 생활하는 젊은 층을 일컫는 말.

프리터족은 Free(프리) + Arbeit(아르바이트)를 줄인 말로 90년대 초반 일본에서 경제불황으로 인해 직장 없이 갖가지 아르바이트로 생활하는 청년층에게 붙여진 신조어이다.
원래 이 말은 경제 불황기인 1987년 고용정보회사인 리크루트사가 아르바이트에 너무 많은 시간을 빼앗기는 젊은이를 주제로 한 영화를 만들며 영화 타이틀로 쓴 이후로 유행하기 시작했다. 당시에는 더 높은 이상을 실현시키기 위해 아르바이트를 수단으로 이용하는 젊은이라는 뜻도 포함하고 있었지만, 요즘에는 아르바이트나 파트타임을 생계 수단으로 삼고 있는 젊은이들을 가리키는 말로 그 의미가 완전히 바뀌었다.

학생인권조례 (學生人權條例)

학생의 존엄과 가치가 학교 교육과정에서 보장되고 실현될 수 있도록 각 교육청에서 제정한 조례.

학교 교육과정에서 학생의 인권이 보장될 수 있도록 전국 16개 시·도 교육청별로 제정·공포해 시행하는 조례를 말한다. 두발과 복장규제, 체벌, 일괄적 소지품 검사를 금지하고 성별과 종교, 성적지향을 이유로 학생을 차별할 수 없도록 했다.
그러나 2023년 7월 서이초 교사 사망 사건 이후, 교육부 장관이 "학생인권이 지나치게 강조돼 교권은 땅에 떨어지고 교실 현장은 붕괴되고 있다"며 학생인권조례의 축소 및 폐지 검토를 시사하여 많은 논쟁거리가 되고 있다.

헌법불합치 (憲法不合致)

'하위법(下位法)의 내용이 헌법에 합치되지 않는다'는 헌법재판소의 선언으로 사실상의 위헌선언.

법 규정의 위헌성이 드러났지만 위헌결정을 내릴 경우 그날부터 해당 규정의 효력이 상실됨에 따라 생기는 법적 혼란을 막기 위해, 관련 법이 개정될 때까지 한시적으로 법적 효력을 인정해 주는 헌법재판소(헌재)의 변형결정 중 하나다. 이 결정이 내려지면 국회와 행정부는 헌재가 제시한 기간에 해당 법률을 반드시 개정해야 한다. 이 판결을 내리기 위해서는 재판관 6인 이상의 찬성이 필요하다. 그동안 헌법재판소는 토지초과이득세, 선거구 획정, 재외동포법, 낙태죄 처벌 등에 대해 헌법불합치 결정을 내린 바 있다.

헌법소원 (憲法訴願)

공권력에 의하여 국민의 기본권이 침해된 경우에 헌법재판소에 제기하여 기본권을 구제하는 수단을 말한다.

국가기관이 공권력을 행사하거나 행사하지 않아서 국민이 헌법상 보장된 기본권을 침해받는 경우 국민은 이를 회복하기 위해 헌법재판소에 헌법소원 심판을 청구할 수 있다. 헌법소원의 심판은 그 사유가 있음을 안 날로부터 60일 이내에, 그 사유가 있은 날로부터 30일 이내에 청구하여야 하며, 다른 법률에 의한 구제 절차를 거친 헌법소원의 심판은 그 최종결정을 통지받은 날로부터 30일 이내에 청구하여야 한다.

헌법재판소 (Verfassungsgericht)

법령의 합헌성(合憲性)을 심판하기 위해 설치된 헌법 재판기관.

법률의 위헌 여부 심사, 탄핵 사건의 심판 및 정당의 해산 심판, 국가기관 지방자치단체 사이의 권한 쟁의에 관한 심판, 헌법소원에 관해 심판한다. 대통령이 지명한 3명, 국회에서 선출된 3명, 대법원장이 지명한 3명 등 9명으로 구성되며, 위원장은 국회의 동의를 얻어 재판관 중에서 대통령이 임명한다. 위헌법률 심사권, 탄핵 심판권, 정당해산 결정권, 기관쟁의 심판권, 헌법소원심판권 등의 권한을 행사하며 이의 결정 시에는 9명 중 6명 이상의 찬성으로 결정한다.

형사 보상 청구권 (刑事補償請求權)

형사 피고인으로 구속되었던 자가 무죄 판결을 받은 때에 법률이 정하는바에 따라 국가에 보상을 청구할 수 있는 권리.

이 권리의 요건은 구속돼있어야 하고, 기소되었어야 하며, 무죄 확정 판결을 받아야 하는 것 등이다. 형사 보상법에 의하면 보상 청구는 무죄 판결이 확정된 날로부터 1년 이내에 무죄 판결을 한 법원에 하기로 되어 있다.

호스피스 (Hospice)

임종이 임박한 환자들이 편안하고도 인간답게 죽음을 맞을 수 있도록 위안과 안락을 베푸는 봉사활동 또는 그런 일을 하는 사람을 지칭한다.

죽음을 앞둔 말기환자와 그의 가족을 사랑으로 돌보는 행위로 여생 동안 인간의 존엄성과 높은 삶의 질을 유지할 수 있도록 신체적·정서적·사회적·영적인 돌봄을 통해 삶의 마지막 순간을 평안하게 맞이할 수 있도록 하며, 사별 후 가족이 갖는 고통과 슬픔을 잘 극복할 수 있도록 돕는 총체적인 돌봄을 뜻한다.

환경개선부담금 (環境改善負擔金)

환경보전 및 환경개선 재원을 조달하기 위해 환경오염의 원인자에게 부과되는 부담금.

환경개선부담금 제도는 1992년 '환경개선비용 부담법'을 제정하면서 최초로 도입되었다. 종전에는 일정 규모 이상의 시설물과 경유를 연료로 하는 자동차에 모두 부과하였으나, 현재는 경유를 연료로 사용하는 '자동차관리법'에 따라 등록된 자동차의 소유자로부터 부담금을 부과·징수하고 있다.

환경영향평가제 (環境影響評價制)

정부기관 또는 민간에서 대규모 개발사업 계획을 수립하는 경우 개발사업이 환경에 끼치는 영향을 미리 평가하는 제도를 말한다.

환경에 영향을 미칠 것이라는 우려가 있는 각종 개발사업을 수립할 때 그 개발사업이 환경에 미치는 영향을 미리 예측하고 평가하여 환경오염을 최소화하는 방안을 강구하는 것이다. 환경은 일단 한번 파괴되면 그 원상회복이 거의 불가능하고, 또한 복구에 막대한 비용이 소요되므로 환경오염에 대한 사전예방이 매우 중요하다. 환경영향평가제도는 이러한 환경오염 사전예방제도로, 각종 사업계획을 시행할 때 환경적 요인도 종합적으로 비교、검토하도록 하는 것이다.

환경 호르몬

인간의 산업활동을 통해서 생성·방출된 화학물질로, 생물체에 흡수되면 내분비계의 정상적인 기능을 방해하거나 혼란케 하는 화학물질.

환경 호르몬은 극히 적은 양으로 생태계 및 인간의 생식기능 저하·성장장애·기형·암 등을 유발하는 중대한 영향을 끼치기 때문에 심각한 문제가 되고 있다. 1970년대에 나타난 사례로 불임여성의 증가, 음경 발달 부진, 1980년대 플로리다 악어의 부화율 감소, 성기의 왜소 증상, 1990년대에는 남성의 정자 수 감소, 수컷 잉어의 정소 축소, 바다 고등어류의 자웅동체 등이 나타났다.

제4장

알아두면 인문학이 높아지는 시사 개념어 상식 사전

철학 Philosophy

역사 History

지리 Geography

3·1운동 (三一運動)

일본 식민지 지배하의 한국에서 1919년 3월 1일을 기하여 일어난 범민족 항일 독립운동.

1910년에 군국주의 일본의 침략을 받아 강제로 합병당한 이후, 1919년 3월 1일, 손병희 등 33인이 미국 윌슨 대통령의 민족 자결주의에 자극받아 고종황제의 국장을 계기로 일으킨 전국적인 규모의 독립운동이다. 탑골 공원에서 독립 선언서의 낭독과 살포, 만세 시위 등을 시작으로 전국적인 독립운동으로 퍼져나갔다. 이에 일제는 비무장 시위대를 총과 칼로 무차별 공격함으로써 잔학하게 탄압했다. 이 운동은 비록 실패했지만, 대내적으로는 독립 정신의 고취와 계승 등 적극적인 민족운동의 발판이 되었다.

6진 (六鎭)

조선 세종 16년(1434)에 영토 수복 정책에 따라 김종서(金宗瑞) 등 동북 방면의 여진족에 대비해 두만강 하류 남안에 설치한 국방상의 요충지.

종성(鐘城), 온성(穩城), 회령(會寧), 경원(慶源), 경흥(慶興), 부령(富寧)의 여섯 진을 말한다. 6진은 대륙에 있어서 원·명 교체기를 이용한 고려 공민 왕조의 북진정책을 이어받은 태조 이성계(李成桂)와 세종의 진취적 정책에 의해 설치되었으며, 이 6진의 개척 결과 우리나라의 국토 경계선이 오늘날 두만강에까지 이르게 되었다.

갑신정변 (甲申政變)

고종 21년(1884) 김옥균을 비롯한 급진 개화파가 일본의 힘을 빌려 조선의 자주독립과 근대화를 목표로 일으킨 정변.

1884년 12월 4일(양력) 김옥균, 박영효, 홍영식, 서광범, 서재필 등 급진개화파가 청나라로부터의 독립과 조선의 개화를 목표로 일으킨 정변이었으나, 청나라의 군사 개입과 민중의 지지를 얻지 못함으로써 3일 만에 실패로 돌아갔다. 이 사건을 계기로 일본이 조선에 식민지적 기반을 닦는 데 박차를 가한 한성조약이 체결되었다.

갑오경장 (甲午更張)

고종 31년(1894) 일본군의 세력을 등에 업고 집권한 개화당이 추진한 근대적 개혁 조치.

갑오경장은 근대 봉건 사회제도의 청산이며 근대화의 출발점이 되었으나, 보수적 봉건 잔재로 인해 기형적 근대화가 이루어지게 되었다. 그 내용은 청나라와의 모든 조약 파기, 개국 기년 사용, 관제 개혁, 과거제 폐지, 세제 개혁, 은본위제 채택, 사회 계급 타파, 노비 해방, 조혼 금지, 신 교육령 실시 등이다.

강화도 조약 (江華島條約)

고종 13년(1876) 2월 강화도에서 조선과 일본이 체결한 우리나라 최초의 근대적 조약.

일본의 군사력을 동원한 강압에 의해 체결된 불평등조약으로, 공식 명칭은 조일수호조규이며, 병자수호조약이라고도 한다. 일본은 국내 사족(士族)들의 불만을 밖으로 돌리고, 구미 제국과의 불평등조약을 개정하기 위한 방법으로, 조선과 청나라의 시세를 살펴 부산항에서 함포 위협 시위를 벌이고 강화도에서 운요호 사건을 유발했다. 결국 이것이 빌미가 되어 1876년 2월 27일 신헌과 구로다 기요다카 사이에 12조의 조약을 체결하게 되었다.

조약의 주요 내용은 다음과 같다. 첫째, 조선은 부산과 원산과 인천 항구를 20개월 이내에 개항한다. 둘째, 치외 법권을 인정하여, 개항장에서 일본인의 범죄가 발생할 경우 일본인은 일본인의 법률에 의해 처벌된다. 셋째, 조선의 연안 측량을 자유롭게 한다. 넷째, 조선과 일본 양국은 수시로 외교사절을 파견하고 일본 화폐의 통용과 무관세 무역을 인정한다.

경험론 (Empiricism)

인식론에 있어 지식의 근원을 경험에서만 구하는 철학적 경향.

초 경험적 존재나 선천적인 능력보다 경험을 통해 얻는 구체적인 사실을 중시하며, 지식의 근원을 이성에 두는 합리론과 대립된다. 베이컨(F. Bacon), 홉스(T. Hobbes), 로크(J. Loke), 흄(D. Hume) 등이 대표적인 사상가다. 베이컨은 경험론의 기초를 확립하였고 로크는 이를 완성시켰다. 경험론은 학문의 방법으로 귀납적 방법을 택했으며 경험론에 입각한 베이컨의 윤리 사상은 홉스, 로크 등을 거쳐 공리주의 윤리 사상으로 발전했다.

계몽주의 (Enlightenment)

18세기 프랑스에서 전성기를 이룬 혁신적 사상.

볼테르(Voltaire), 루소(J. J. Rousseau), 베이컨(F. Bacon), 로크(J. Loke) 등이 대표적인 사상가다. 중세의 전통적·권위적 사상을 철저히 비판하며, 인간과 자연에 대한 합리적·과학적 인식에 의한 이성의 계발로 인류의 보편적 진보를 꾀하려 하였다. 프랑스 혁명의 사상적 배경이 되었다.

계유정난 (癸酉靖難)

조선 단종 1년(1453년, 계유년) 수양대군이 정인지·한명회 등과 공모하여 일으킨 정변.

1453년 수양 대군(후에 세조)이 단종을 몰아내고 왕이 되는 사건으로, 세종의 큰아들 문종은 병약하여 단명하고 문종의 어린 아들 단종이 왕위를 계승하였다. 수양 대군은 김종서 등 반대 세력을 제거하고 동생인 안평 대군도 죽인 뒤 단종을 영월로 귀양 보낸 후 사약을 내려 죽이고 왕이 되었다. 정인지, 이사철, 박종우, 이계전, 박중손, 김효성, 권람, 홍달손, 최항, 한명회 등 37명은 정난공신(靖難功臣)이 되었다.

골품제도 (骨品制度)

신라시대의 신분제도. 중앙집권체제가 정비될 무렵 김 씨가 왕위를 세습하고, 각 족장 세력을 통합 편제하여 왕권을 강화하기 위해 만든 신분제도.

골품(骨品), 즉 개인의 혈통의 높고 낮음에 따라 정치적인 출세는 물론, 혼인, 가옥의 규모, 의복의 빛깔, 우마차(牛馬車)의 장식에 이르기까지 사회생활 전반에 걸쳐 여러 가지 특권과 제약이 가해졌다.
성골(聖骨)·진골(眞骨)·6두품(六頭品) 등으로 나누었으며, 성골은 양친 모두 왕족인 자로서 28대 진덕여왕까지 왕위를 독점 세습했고, 진골은 양친 중 한 편이 왕족인 자로서 태종무열왕 때부터 왕위를 세습했다. 족장 세력의 크기에 따라 6두품, 5두품, 4두품을 주었다.

공리주의 (Utilitarianism)

18세기 말부터 19세기 중엽까지 영국을 지배하였던 사회사상으로, 공리를 증진시킴으로써 행위의 목적과 선악 판단의 표준을 삼는 주의.

인생의 목적은 쾌락·행복이고 도덕은 이를 실현하기 위한 수단이라고 보는 견해다. 경제적으로는 자유방임을 주장하고 경제에 대한 국가의 간섭을 배제하는 야경 국가론을, 정치적으로는 선거법 개정에 의한 민주주의적 의회제도의 확립을 주장하는 철학적 급진주의 운동으로 나타났다. 벤담(J. Benthan)은 경험주의를 바탕으로 '최대 다수의 최대 행복'을 추구하는 공리주의를 내세웠으며 이러한 양적 공리주의는 밀(J. S. Mill)의 질적 공리주의로 극복 계승되었다.

공산주의 (Communism)

사유재산제도의 부정과 공유재산제도의 실현에 의하여 빈부의 차를 없애려는 사상과 운동.

사유재산제로부터 발생하는 사회적 타락과 도덕적 부정을 간파하고, 재산의 공동소유를 기초로 하여 더 합리적이고 정의로운 공동사회를 실현하고자 한 공산주의의 이상은 인간의 정치적·사회적 사색이 시작된 때부터 싹튼 것으로 볼 수 있다. 그러나 오늘날 공산주의라고 할 때는 하나의 정치세력으로서 활동하고 있는 현대 공산주의, 즉 마르크스·레닌주의를 가리킨다.

과전법 (科田法)

고려 말 공양왕 3년(1391)에 이성계, 정도전, 남은 등 신흥 사대부들에 의하여 단행된 토지정책.

이성계 일파는 위화도 회군으로 군사력을 갖춘 후 경제력과 정치력을 차지하기 위한 각종 개혁을 시작했다. 그동안 가장 문제가 되었던 것은 바로 친원파인 권문세족들이 만든 각종 제도들이었다. 특히 신진 사대부들이 노렸던 것은 그들이 불법으로 차지한 농장이었다. 당시 사회 모순의 근원이 문란한 토지 제도였기 때문이다.
이성계를 중심으로 한 신진 사대부들은 토지 제도 개혁을 가장 큰 목표로 삼고 1391년 과전법을 발표했다. 권문세족이 차지한 농장을 몰수하여 신진 사대부들이 다시 나누어 갖는 법이 바로 과전법이다.

교부철학 (Patristic philosophy)

플라톤의 철학을 원용해서 그리스도교의 교의를 합리적·철학적으로 설명하려는 목적에서 일어난 철학.

초기 그리스도 교회의 건설, 교의의 발전에 공헌하고 그 사상을 체계화한 신학적 철학이다. 교부(教父)는 고대 교회에서 교의와 교회의 발달에 큰 공헌을 한, 종교상의 훌륭한 스승과 저술가들을 일컫는 말이다. 특히 1~2세기부터 8세기경까지 활동한 교부들의 철학을 교부철학이라고 한다. 클레멘스(Clemens)에 의해 창시되었으며, 아우구스티누스(A. Augustinus)에 이르러 최성기를 이루었다.

교조주의 (Dogmatism)

합리적인 접근이나 비판, 반성을 허용하지 않고 신앙 또는 신조(信條)에 근거하여 도그마를 고집하는 태도.

철학상으로는 형이상학적인 사고 방법의 일종으로서, 구체적인 여러 조건에 관계없이 불변의 진리라고 간주되는 개념과 명제를 고집하는 사고방식을 말한다.
교조(教條)란 원래 종교에서 비판의 여지가 없는 신성불가침의 진리라고 주장되는 신앙의 내용을 나타내는 명제이다. 그리하여 교조주의란 일반적으로 이론·학설의 명제를 종교의 교조와 같이 취급하는 사고방식 및 태도를 비판적으로 말할 때 쓰는 용어가 되었다.

국권 수호운동 (國權守護運動)

1905년 체결된 한일협약에 반대해 일어난 국민적 운동이다.

고종은 만국평화회의에 밀사를 파견해 을사조약이 무효임을 호소했으나 결국 일제에 의해 고종이 강제 퇴위당하고 정미 7조약이 맺어지면서 일본이 내정을 장악하게 되었다. 이에 일본의 식민지화를 반대하고 주권 회복과 자주독립을 위해 근대문물을 받아들여 실력을 양성하자는 애국 계몽 운동과, 무력으로 일제를 물리치자는 항일 의병 운동이 일어났다. 이와 같은 국권회복운동은 관원·양반·상인·농민·천민에 이르기까지 전 계층의 호응을 얻어 전국적으로 전개되었다.

국자감 (國子監)

고려시대의 국립 교육기관으로, 국가에서 필요한 인재를 양성하기 위한 최고의 교육기관.

창설 연대는 성종 11년(992)으로 추정되며, 숙종 6년(1101), 국자감에 서적포라는 국립도서관을 설치, 충선왕 때 성균관으로 개칭, 공민왕 때 다시 국자감으로 환원되었다. 그러나 이는 다시 성균관으로 개칭되어 조선에 계승되었다.

군국주의 (Militarism)

군사적 가치를 다른 사회적 가치보다 우선하는 주의나 정책.

모든 것이 군사력에 의해 평가되므로 대외적으로는 호전주의, 대내적으로는 파시즘화하는 경향이 있다. 이런 군인들, 즉 군사력을 좌우하는 군부가 정치에 개입해서 실권을 쥐면 군국주의로 가는 경우가 많은

데, 독일의 나치 정권, 스페인의 프랑코 정권, 일본의 군국주의 등을 예로 들 수 있다.

군함도 (軍艦島)

일본 나가사키현 나가사키 항 근처에 위치한 섬으로, 1940년대 조선인 강제 징용이 대규모로 이뤄진 곳으로 알려짐.

군함도는 일본 나가사키현 나가사키 항에서 남서쪽으로 약 18km 떨어진 곳에 있는 섬이다.
일본어로는 '하시마(端島)'라고 한다. 군함도는 1940년대 수많은 조선인이 강제 징용당한 곳이기도 하다. 국무총리 산하기관인 '대일항쟁기 강제 동원 피해 조사 및 국외 강제 동원 희생자 등 지원위원회'의 〈사망 기록을 통해 본 하시마(端島) 탄광 강제 동원 조선인 사망자 피해 실태 기초 조사〉(2012)에 따르면 1943-45년 사이 약 500~800여 명의 조선인이 이곳에 징용되어 강제 노역을 했다. 2015년 7월 유네스코 세계유산에 등재되면서 논란이 되기도 했다.

귀납법 (Inductive method)

각각의 특수한 경험적 사실에서부터 공통된 일반성을 찾아내어 보편적·일반적 원리에 도달하는 추리 방법.

아리스토텔레스는 완전 귀납과 불완전 귀납으로 나누었으며, 베이컨(F.Bacon)에 의해 학문으로 중시되었다. 이를 집대성한 이는 영국의 밀(J. S. Mill)인데, 그는 최고의 원리는 귀납으로 파악된다고 하였다.

⇨ 연역법 (Deductive method)

확실한 보편 원리를 바탕으로 여기에서 특수한 명제를 끌어내어 진실한 인식에 도달하는 추리 방법. 귀납법에 반대되는 것이다. 데카르트(R.Descartes)는 연역의 바탕인 최고 원리는 지성의 직각(直覺)으로 파악된다고 했고, 칸트(I. Kant)는 경험적·형이상학적·선험적 연역으로 구별했다.

규장각 (奎章閣)

조선 정조(正祖) 때 궁중에 설치한 관아로, 역대 국왕의 시문, 친필, 서화, 유교(遺敎), 고명(顧命), 보감(寶鑑) 등을 관리 보관하던 곳.

학문을 연구하고 경사를 토론하게 하여 정치의 득실을 살피는 한편, 외척·환관의 세력을 눌러 왕권을 신장시키고 문예·풍속을 진흥시키기 위한 것이었다. 제학, 직제학 등과 검서관이 있었으며, 이덕무, 박제가, 유득공, 서이수 등 실학자들이 검서관이었다.

균역법 (均役法)

조선시대 군역(軍役)의 부담을 경감하기 위하여 만든 세법.

서민에게 막대한 부담을 주었던 종래의 양역(良役)에 대한 대책으로 영조 26년(1750)에 균역청을 설치, 양포(良布) 2필을 1필로 감해 주고, 그 재정상의 부족을 어·염·선박세(船舶稅) 등에서 징수하여 보충하였다.

금욕주의 (Asceticism)

인간의 욕구나 욕망을 이성(理性)이나 의지로 억제하고 금함으로써 도덕이나 종교상의 이상을 성취시키려는 사상이나 태도.

제논(Zenon)에 의해 창시되었고 각자의 행복을 위해서는 엄격한 금욕 생활과 외물에의 욕망, 격동에 동하지 않는 무 정념을 아파테이아(apatheia)라 하여 준엄한 도덕주의와 엄격한 의무의 준수를 역설했다. 인간은 누구나 보편적인 이성을 가졌으므로 모두 평등하다는 만민 평등사상을 지녔다. 이러한 사상이 후에 로마의 만민법, 근대 자연법에 크게 영향을 주었다. 크리시포스(Chrysippos)가 학문적 체계를 세웠고 로마의 세네카(L. A. Seneca), 에픽테토스(Epictetus) 등이 집대성했다.

난징조약 (南京條約)

1842년 청나라가 아편전쟁의 패배 이후 영국과 맺은 불평등조약.

제1차 아편전쟁의 종결을 위하여 1842년 8월 29일, 영국과 청나라가 체결한 강화조약으로 총 13조로 되어 있고, 1843년 6월 홍콩에서 비준서가 교환되었다. 배상금 지불, 영국의 홍콩 할양, 상하이 · 광둥 등 5개 항구의 개항, 공행(公行)의 폐지, 치외법권 인정 등을 규정하였다. 이 조약은 중국 최초의 개국조약(開國條約)으로, 중국의 반(半)식민지화 발단이 되었다.

남북전쟁 (American Civil War)

1861~65년에 미국의 북부와 남부가 벌인 내전(內戰).

노예제 폐지와 연방주의를 표방하는 공화국의 링컨이 대통령으로 선출되자 남부 7주가 연방을 탈퇴함으로써 1861년 미국에서 일어난 전쟁이다. 당시 미국은 각 주의 역사와 전통, 국가 관념의 차이, 정책 주장의 대립 등으로 남부와 북부 사이에 차이점이 많았다. 링컨은 1863년 노예 해방을 선언하여 전쟁의 명분을 밝혔고, 5년의 전쟁 끝에 1865년 북부의 승리로 끝났다.

다라니경 (陀羅尼經)

통일신라시대의 목판 인쇄물로 1996년 불국사 3층 석탑 보수공사 때 발견된 것으로 현존하는 세계 최고의 목판 인쇄물이며, 국보 제126호이다.

'다라니경'의 출간연대 상·하한(上下限)은 700년대 초에서 751년 사이로 추정되는데 세계에서 가장 오래된 인경(印經)으로 알려진 일본의 '백만탑다라니경(百萬塔陀羅尼經)'보다 20년이 앞서는 셈이고, 지질(紙質)이나 인경의 형태를 보아 중국에서 수입된 것이 아니라 신라에서 조판(雕板)되었음이 사실로 밝혀졌다.

대동법 (大同法)

조선시대에 공물(貢物: 특산물)을 쌀로 통일하여 바치게 한 납세제도.

각 지방의 특산물을 바치는 것을 공(貢)이라 하는데, 이것을 일률적으로 미곡(米穀)으로 환산하여 바치게 하는 제도였다. 이미 전부터 주창자(主唱者)가 있었으나 선조 41년(1608) 이원익(李元翼)의 주장으로 전국적으로 시행되었다.

독립신문 (獨立新聞)

1896년(건양 원년) 4월 7일에 창간된 우리나라 최초의 민간 신문.

4면 가운데 3면은 한글, 나머지 1면은 영문판이다. 서재필(徐載弼)이 주동이 되어 발간하였으며 독립협회의 기관지 역할을 하였다. 그 후 서재필이 도미(渡美)하자 윤치호(尹致昊)에게 인계되었다가 윤치호가 독립협회 사건으로 피신하자 폐간되었다.

동방견문록 (東方見聞錄)

이탈리아의 마르코 폴로(Marco polo)가 1271년부터 1295년까지 동방을 여행한 체험담을 기록한 여행기.

17년 동안 중국에 머물면서 보고 들은 것을, 1295년 귀국한 뒤에 『세계의 불가사의』라는 제목으로 발표한 것이다. 유럽 사람들의 동양에 대한, 관심을 높였고, 콜럼버스(Columbus)의 신대륙 발견에도 많은 영향을 끼쳤다.

동학 (東學)

조선 철종 11년(1860) 최제우(崔濟愚)가 창건한 신흥 종교.

최제우는 혼란·부패한 사회 정세 하에 제세구민(濟世救民)의 뜻을 품고 서학(西學, 천주교)에 대립하는 민족 고유의 종교를 제창, 동학이라 하였다.
종래의 풍수 사상과 유(儒)·불(佛)·선(仙)의 절충을 토대로 '인내천(人乃天)', '인심즉천심(人心則天心)'의 사상을 전개하였다. 당시 이 사상은 많은 백성의 호응을 받아 마침내 동학혁명으로 번졌다. 3세 교주 손병희(孫秉熙)에 의해 천도교(天道教)로 개칭되었다.

동학혁명 (東學革命)

조선 고종 31년에 동학교도 전봉준이 중심이 되어 일어난 혁명.

교조신원운동(教祖伸寃運動)의 묵살, 전라도 고부 군수 조병갑의 불법 착취와 동학교도 탄압에 대한 불만이 도화선이 된 이 혁명은 조선 봉건사회의 억압적인 구조에 대한 농민 운동으로 확대되어 전라도, 충청도 일대의 농민이 참가하였으나 청·일 양군의 개입과 더불어 실패했다. 이 운동의 결과 청일전쟁이 일어나고 우리나라에는 일본 세력이 점점 더 깊이 침투하게 되었다.

로고스 (Logos)

고대 그리스 철학이나 신학의 기본 용어.

로고스의 본래 뜻은 언어·이성이지만 철학 용어로는 만물을 지배·구성하는 질서·원리란 의미를 가지며, 이론적인 것뿐만 아니라 실천상의 도덕적 질서를 나타내는 뜻으로도 사용된다. 헤라클레이토스(Herakleitos)는 만물은 하나의 로고스에 의하여 지배되고, 이 로고스를 인식하는 것 안에 지혜가 있다고 하였다.

르네상스 (Renaissance)

14세기 말엽부터 16세기 초에 걸쳐 이탈리아에서 일어나 전 유럽에 파급된 예술 및 문화 운동.

르네상스란 '재생', '부활'이란 뜻이며, 이탈리아를 중심으로 14세기 경부터 시작된 그리스·로마 문화의 부흥을 통한 새로운 근대 문화의 창조를 뜻한다. 중세의 기독교적 속박에서부터 벗어나 그리스·로마 시대의 자유롭고 풍부한 인간성의 부흥, 개인의 존중과 개성의 해방, 자연인의 발견 등을 주장하고, 문학·미술·건축을 비롯하여 정치·학술·종교·경제 방면에도 널리 혁신 운동을 일으켜 근대 문명을 발전시키는 원동력이 되었다.

리아스식 해안 (Rias Coast)

하천에 의해 침식된 육지가 침강하거나 해수면이 상승해 만들어진 해안.

습곡(褶曲)산맥이 바다에 꺼질 때 흔히 보이는 지형으로, 굴곡이 많은 복잡한 해안선을 말한다. 하천에 의해 침식되어 형성될 경우 리아스식 해안(riascoast)이라 하고 빙하에 의해 침식된 곳이 침강하거나 해수면이 상승해 만들어진 해안은 피오르드(fijord)라고 한다. 후배지가 좁기 때문에 큰 항구로서의 발달이 어렵다. 우리나라의 다도해는 이런 리아스식 해안의 하나다.

만적의 난 (萬積- 亂)

고려 중기인 1198년 최충헌의 노비였던 만적(萬積)이 일으킨 노비해방운동.

만적의 난은 거사 전에 발각되어 만적을 비롯한 수백 명의 노비가 강물에 빠져 죽은 실패한 노비해방운동이다. 노비 신분에 불만을 품은 만적과 그 뜻을 같이하는 노비 6명과 함께 정권을 장악하여 신분 해방을 시도하려고 하였다.
'정중부의 난 이래 나라의 공경대부는 노예 계급에서도 많이 나왔다. 왕후장상이 어찌 원래부터 씨가 있겠는가. 때가 오면 누구든지 다 할 수 있는 것이다. 우리는 주인의 매질 밑에서 고통만 당할 수 없다. 최충헌을 비롯하여 각기 자기 상전을 죽이고 노예의 문적을 불 질러, 노예가 없는 곳으로 만들면 우리도 공경대부 같은 높은 벼슬자리를 차지할 수 있다'라는 연설로 노비들을 선동하였다. 그중 한 노비의 배신으로 봉기 직전 체포되어 무산되었다. 그러나 신분 해방을 목적으로 일으킨 난으로 역사적 의의가 있다.

메이지유신

일본 메이지 천황 때 왕정복고를 이룩하고 근대국가로 나아가기 위해 실시한 변혁의 총칭.

1854년 미국의 무력에 굴복하고 문호를 개방하면서 서구의 군사적 위력을 느낀 일본은 하층 무사들이 주동이 되어 에도 군사정권을 타도하는 존왕 운동이 일어났다. 1867년에는 국왕 중심의 새 정권이 성립되고, 이듬해 5개 조의 어서문이 발표되면서 개혁이 시작되었는데, 이를 메이지 유신이라고 한다. 이로써 700년에 걸친 무인 정치가 막을 내리고 왕권이 회복되었다. 그 뒤 일본은 중앙 집권 체제 강화와 산업 육성, 군비 확충을 위한 부국강병 정책을 폈으며, 헌법이 제정되고 의회가 개설되었다.

목민심서 (牧民心書)

조선시대 다산 정약용(丁若鏞)이 치민(治民)의 도리(道理)를 논술한 책.

목민심서(牧民心書)는 정약용(丁若鏞)이 집필한 것으로, 수령이 지방 통치할 때 필요한 도덕적 규율, 행정 지침·방안 및 통치 이념을 다룬 책이다. 48권 16책으로 된 필사본이다. 정약용은 다양한 서적과 경험을 토대로 '목민심서'를 작성하였다. 12편 72조로 구성되어 있으며 수령이 수행해야 할 주요 항목을 '경국대전' 같이 육전의 형태로 구성하였다. 정약용은 향촌 사회에서 작동하고 있던 전례를 존중하면서도 조선의 국법을 중시하였고 자신의 개혁안을 조율하여 수령이 지방에서 시행해야 할 지침과 통치 기술을 완비하였다.

몽골제국 (蒙古帝國)

13세기 초 칭기즈칸에 의해 아시아와 유럽 양 대륙에 걸쳐 형성된 대제국.

몽골고원을 중심으로 흩어진 부족들을 연합한 칭기즈칸은 서하, 금나라, 만주, 중앙아시아, 러시아, 동유럽을 정복하여 몽골과 중국 본토를 직할령으로 하였고, 나머지를 네 개의 한국(汗國)으로 나누어 지배하였다. 몽골의 정복 전쟁은 칭기즈칸의 사망 후 그의 아들 오고타이칸 때에도 계속 이어졌으나 전쟁 중 오고타이가 사망하는 바람에 유럽 원정 중인 군대가 철수하였으므로 유럽 전역의 정복은 실패로 끝났다.

묘청의 난

고려 인종 13년(1135)에 묘청(妙淸)이 풍수지리의 이상을 표방하고 서경(西京)으로 천도할 것을 주장하여 일으킨 난.

묘청의 난은 1135년(인종 13), 묘청 등이 서경(西京: 지금의 평양)에서 일으킨 반란이다. 승려 묘청을 비롯하여 문신 정지상(鄭知常), 일자(日者)인 백수한(白壽翰) 등 서경인 주축으로 하는 일군의 세력이 당시 이자겸(李資謙)의 난으로 야기된 정치적 혼란을 틈타 지리 도참설을 근거로 삼아 개경에서 서경으로의 천도를 주장하고 칭제건원(稱帝建元), 금국정벌(金國征伐)까지 주장하였다. 그러나 개경 조정의 반대에 부딪치자 서경을 중심으로 반란을 일으켰다. 묘청 등의 반란은 김부식이 이끄는 개경 토벌군에 의해 진압되었다.

무신의 난

고려 무신들에 의해 일어난 반란을 말하며, 특히 정중부(鄭仲夫)의 난을 가리킨다.

고려 의종 24년(1170)에 정중부, 이의방, 이고 등은 고려 초 이래의 숭문억무(崇文抑武)의 정책으로 무신들에 대한 천대가 극심 하자 난을 일으켰다. 그들은 왕과 태자(太子)를 추방하고 문신(文臣)들을 죽이고 왕제(王弟)를 신왕(新王)으로 영립(迎立)해 정권을 잡았다. 이들은 후에 경대승 등에 의해 평정되었다.

백년전쟁

1337~1453년 영국과 프랑스 간에 벌어진 전쟁.

프랑스의 왕위 계승 문제와 플랑드르 지방을 둘러싼 경제적 이해관계가 얽혀 영국군이 침입함으로써 발단되었다. 전쟁 초기에는 영국이 우세하였으나 잔다르크의 활약에 힘입은 프랑스가 승리하여 영국으로부터 프랑스 영토를 회복하였으며, 귀족이 몰락하고 중앙 집권적 통일국가가 들어서게 되었다.

범신론 (Pantheism)

신과 전 우주를 동일시하는 종교적·철학적, 예술적인 사상체계.

신과 전 우주 사이에 질적인 대립을 인정하지 않는다는 점에서 유신론과는 다르다. 범신론은 신비적인 종교 감정이나 자연에 전하는 시인의 감정에서 흔히 볼 수 있으며, 논리 정연한 이론의 형태를 취하고 있는 것은 아니다. 18세기 영국의 사상가 톨런드(J. Toland)에 의해 도입된, 그리스어의 '전체(pan)와 신(theos, 神)'이 결합되어 만들어졌다.
신에 대한 세계의 상대적 독립의 인정 여부에 따라 2가지 범주로 나누어지는데, 도가(道家)사상이나 스토아학파 철학에서처럼 독립을 인정하는 넓은 의미에서 범신론과 '우파니샤드'나 스피노자(B. Spinoza)의 경우처럼 독립을 인정하지 않는 좁은 의미에서 범신론이 그것이다. 가장 일관성(一貫性)있는 전형적인 범신론은 스피노자의 철학이다.

베르사유 조약 (Treaty of Versailles)

제1차 세계 대전 후 1919년 프랑스의 베르사유궁에서 연합국과 독일 사이에 체결된 강화조약.

1919년에 프랑스 베르사유 궁전 '거울의 방'에서 제1차 세계 대전의 전후 처리를 위하여 연합국과 독일 사이에 조인된 것이다. 전체 440조로 구성된 베르사유 조약은 독일의 영토와 배상 문제, 군비 문제 및 국제연맹·노동 협정 등에 관한 규약이 규정되어 있다. 이 결과 독일은 해외 식민지를 잃었으며, 전쟁에 대한 책임의 일환으로 배상금이 부과되고, 군비에 대해서도 엄격히 제한당했다.

변증법 (Dialetics)

동일률(同一律)을 근본원리로 하는 형식논리에 대하여, 모순 또는 대립을 근본원리로 하여 사물의 운동을 설명하려는 논리.

창시자인 제논(Zenon)은 모순을 찾아내어 논쟁하는 방법이라 했으나, 플라톤(Platon)은 개념의 분석으로 결론에 도달하는 방법(이데아 인식의 방법)이라 했다. 헤겔(G. W. F. Hegel)에 이르러 철학의 근본적인 방법으로 굳어졌는데, 헤겔은 모든 사물의 변화·발전의 근본 법칙을 정·반·합의 3단계 변화 과정으로 설명하고 있다. 곧 세계의 역사는 변증법에 의해 변화·발전하는데, 그 원동력이 되는 것은 이성이며 절대정신의 자기 발전이 곧 세계요, 역사라고 보았다. 이것은 마르크스의 유물 변증법의 모태가 되었다.

병인사옥 (丙寅邪獄)

고종 3년(1866)에 흥선대원군이 천주교도들을 학살한 사건.

프랑스 신부 12명 중 9명과 남종삼(南鍾三) 등 8천여 명의 교도가 학살당하였다. 탈출에 성공한 리델(Ridel) 신부가 이 사실을 텐진(天津)에 있던 프랑스군 수사제독(水師提督) 로스에게 보고하여 결국 병인양요를 일으키는 원인이 되었다.

병인양요 (丙寅洋擾)

고종 3년(1866)에 프랑스 함대가 인천과 서울 근처까지 쳐들어온 사건.

당시의 집권자 흥선대원군이 프랑스의 선교사 베르뇌(Berneux) 이하 9명을 사형시키니 그중 한 선교사가 도망하여 청나라로 건너가 프랑스군 수사 제독로스에게 보고하여 프랑스 함대가 2차례에 걸쳐 쳐들어왔다. 프랑스 함대는 강화도를 점령하였으나 결국 아군에게 패배, 강화성을 불사르고 도망하였다.

봉정사 극락전 (鳳停寺極樂殿)

경상북도 안동시 서후면 태장리 봉정사에 있는 고려시대의 불전으로 통일신라시대의 건축양식을 이어받은 건축물로 현존하는 가장 오래된 목조 건물.

12세기 말~13세기 초에 지어진 것으로 추정되며 정면 3칸, 측면 4칸의 주심포계(柱心包系) 맞배지붕 건물로서 우리나라 국보 제15호로 지정되어 있다. 가구(架構)는 기둥 윗몸에 창방(昌枋)을 두르고 주두를 놓은 후 그 위에 공포를 짜올려 구성하였으며, 지붕은 옆면에서 볼 때 사람 인(人)자 모양을 한 맞배지붕으로 이루어졌고, 기둥은 가운데가 볼

록한 배흘림 형태이다.

분석철학 (Analytic Philosophy)

사상의 명석 화를 위해 언어를 분석하는 현대 철학.

오늘날 영미 철학의 주류다. 인간의 사고·인식은 물론 감정이나 의사 표시가 언어로 전개되는 데 착안한 철학 사상이다. 러셀(B. A. W. Russell)과 비트겐슈타인(L. J. J. Wittgenstein)으로부터 시작된 분석철학 안에는 다양한 경향과 계파가 있는데, 그 대표적인 것이 슐리크(F. A. M. Schlick)를 중심으로 한 빈학파의 논리적 실증주의와 일상 언어학파다.

비변사 (備邊司)

조선 중·후기 의정부를 대신해서 국정 전반을 총괄한 실질적인 최고의 관청.

조선의 정치체제는 왕권과 의정부(議政府)·육조(六曹)·삼사(三司: 홍문관·사헌부·사간원)의 유기적인 기능이 표방되는 체제였다. 성종 때에 이르러 소규모이기는 하지만, 왜구와 여진의 침입이 끊이지 않자, 보다 실정에 맞는 대책을 수립하기 위해 점차 의정부의 3의정(영의정·좌의정·우의정)을 포함하는 원상(院相: 임금이 정상적인 정치를 할 수 없을 때 이를 대리 수행할 수 있도록 이끌던 원로 재상)과 병조 외에 국경 지방의 요직을 지낸 인물을 필요에 따라 참여시켜 군사 방략을 협의하게 되었는데, 이들을 지변사재상(知邊事宰相)이라고 일컬었다. 그 뒤 1517년에는 여진 침입에 대비해 축성사(築城司)를 설치, 이를 곧 비변사로 개칭했고, 명종 9년(1554) 후반부터 을묘왜변(乙卯倭變)으로 이어지면서 독립된 합의기관으로 발전했다. 임진왜란 때부터는 그 기능이 확대되어 조정의 중추기관으로 변모, 의정부를 대신해 사실상의 국가 최고기구가 되었다.

사회계약론 (Du contrat social)

1762년 프랑스의 계몽사상가 장 자크 루소(1712~1778)가 발간한 정치 철학서.

'에밀'과 함께 루소의 대표적인 저서 중 하나인 '사회계약론'의 주요 내용은 자유의지를 가진 개인들이 모여 사회계약이라는 형태로 공동체를 이룬 것이므로 사회 공동체는 계약에 따라 개인의 자유와 평등을 보장해야 한다는 내용이다. 따라서 통치자도 사회계약 속의 한 개인으로서 법 위에 군림할 수 없다고 주장한다. 이러한 이론은 국민주권과 혁명권을 인정함으로써 프랑스 혁명에 사상적 기반을 제공하게 되었다.

살수대첩 (薩水大捷)

고구려가 수(隋)나라 양제(煬帝)의 침공을 격퇴하고 대승리를 거둔 싸움.

영양왕 23년(612), 수나라 양제가 수륙 100만 대군을 이끌고 고구려에 침입했는데, 이때 적진에 직접 들어가 군정을 살핀 명장 을지문덕은 적군 30만이 살수에 도착하였을 때, 미리 대기하고 있던 고구려의 복병들이 사방에서 공격해서 결정적으로 섬멸하여, 이때 살아서 돌아간 적병은 겨우 2,000여 명이었다 한다.

삼강오륜 (三綱五倫)

유교의 실천도덕에 있어 기본이 되는 3가지 강령(綱領)과 5가지 인륜(人倫).

삼강은 부위자강(父爲子綱), 군위신강(君爲臣綱), 부위부강(夫爲婦綱)이며, 오륜은 군신유의(君臣有義), 부자유친(父子有親), 장유유서(長幼有序), 부부유별(夫婦有別), 붕우유신(朋友有信)이다.

생의 철학 (Philosophy of Life)

실증주의와 과학 비판철학에 대립하여 19세기 후반부터 20세기 초에 걸쳐 유럽에서 일어난 인간의 의지를 중시한 반이성주의 철학의 총칭.

쇼펜하우어, 니체, 딜타이, 지멜, 베르그송의 철학을 들 수 있다. 이들의 공통 특징은 인간 또는 인간을 포함한 '생'은, 나아가서 우주 전체의 '생'은 실증과학의 합리적이고 과학적인 사고로는 파악하기 어려우며, 오히려 은폐되어 버린다고 생각한 점에 있다. 이들의 사상은 합리적·과학적 사고를 피하고 직관이나 직접적 체험이란 점에서 공통 분모를 지닌다. 그러나 '비합리적'인 '직관'으로 끝나기 쉽다는 점, 즉 철학이 나쁜 의미에서 문학으로 해소되기 쉽다는 점에 한계가 있다. 이 사상의 조류는 후설의 현상학(現象學), 야스퍼스, 하이데거의 실존철학에 영향을 끼쳤다.

성균관 (成均館)

고려 말과 조선시대의 최고 국립종합교육기관이다.

한국 최고의 학부 기관으로 '성균'이라는 명칭이 처음 사용된 것은 고려 충렬왕 때인 1289년이다. 그때까지의 최고 교육기관인 국자감(國子監)의 명칭을 '성균'이라는 말로 바꾸면서부터이다. 충선왕 1년(1308)에 성균관으로 개칭되었고, 공민왕 때에는 국자감으로 명칭이 바뀌었다가, 1362년에 다시 성균관이라는 이름을 찾았다. 성균관에는 최고의 책임자로 정3품직인 대사성(大司成)을 두었으며, 그 아래에 사성(司成)·사예(司藝)·직강(直講)·전적(典籍)·박사(博士)·학정(學正)·학록(學錄)·학유(學諭) 등의 관직을 두었다.

성리학 (性理學)

송·명나라에 걸쳐 철학의 주류를 이루었던 학문.

성명(性命)과 이기(理氣)의 관계를 논한 유교 철학이다. 공자의 학설에 불교와 도교의 사상을 섞어 인성의 원리·인심·천리와의 관계를 논한 학문으로 주자(朱子)에 이르러 집대성하였다. 주자학(朱子學)이라고도 한다.

성선설 (性善說)

맹자(孟子)가 주장한 학설로 사람의 타고난 본성은 선하다는 관점의 윤리 사상.

맹자(孟子)의 윤리 및 정치의 중심 사상으로서 인간은 본래 선(善)을 따르는 경향을 가지고 있으니 이러한 본성을 더럽히지 말고 발전시키고 확충시킴으로써 인의예지신(仁義禮智信) 5덕을 쌓을 수 있다고 하였다. 이들을 '맹자 5덕목(孟子伍德目)'이라고 한다. 서양에서는 루소(J. J. Rousseau)가 성선설을 주장하였다.

⇨ 성악설 (性惡說)

순자(荀子)의 윤리 및 정치의 중심 사상으로 맹자와 반대로 주장하기를, 인간의 본성은 나면서부터 악하므로 그대로 내버려 두면 욕심이 많기 때문에 혼란에 빠져 악을 범하게 된다고 하였다. 그리하여 예의와 교육이 필요하다고 하였다. 서양에서는 홉스(T. Hobbes)가 성악설을 주장하였다.

스콜라 철학 (Scholasticism)

그리스도교의 교의를 학문적으로 체계화하려는 철학.

중세 교회나 수도원의 부속학교 스콜라를 중심으로 그리스도교의 교의를 학문적으로 체계화하기 위해 연구된 종교적 철학으로서, 스콜라 학의 방법을 확립한 사람은 안셀무스(Anselmus)다. 전성기인 13세기에는 아리스토텔레스의 이론을 도입하여 신학으로부터 독립한 지적 연구가 일어났는데 이를 스콜라 철학의 체계 속에서 융화시켜 집대성한 것이 토마스 아퀴나스(T. Aquinas)의 『신학대전』이다. 스콜라 철학은 종교와 철학의 총합이며, 그리스 철학을 전승하고 근대 철학에 커다란 사상적 유산을 남겼다.

신미양요 (辛未洋擾)

고종 8년(1871) 미국 군함이 제너럴셔먼호(號) 사건을 빌미로 조선을 개항시키려고 강화도를 무력 침략한 사건.

셔먼호 사건이 일어난 후 미국 정부는 조선을 문책하는 동시에 강제로 통상조약을 맺으려고, 북경에 있는 공사(公使) 로(F. Law)에게 명하여 아시아 함대를 출동케 하여 우리나라에 통상조약을 요구하였으나 즉시 거절당하였다. 그 후 군함 3척이 강화도에 들어왔는데, 강화도 수병(水兵)들의 맹렬한 포격을 받고 물러갔다.

실용주의 (Pragmatism)

현대 미국의 대표적 철학.

인간의 관념·사상·지식은 생활의 도구로서의 실용성이 있을 때만 가치가 있다고 생각하여 가치나 진리의 기준을 실제 생활에 두려는 상대주의적 경향을 가진다. 경험론과 계몽주의를 계승했으며 실용주의적 입장에서는 절대적인 진리라는 것은 없고 일체의 진리는 상대적이다. 퍼스(Pierce)에 의해 제창되어 19세기 말에 듀이(J. Dewey)가 뒤를 이어 미국 사상의 주류를 이루게 되었으며, 교육 등의 여러 방면에 걸쳐 많은 영향을 미치고 있다.

실존주의 (Existentialism)

20세기 전반에 합리주의와 실증주의 사상에 대한 반동으로서 독일과 프랑스를 중심으로 일어난 철학 사상.

부조리한 현실의 허무와 극한 상황을 극복하고, 진정한 인간상을 확립하고 잃었던 자아를 발견하는 것을 강조한 사상이다. 케에르케고르에서 출발하여 생의 철학자 니체를 거친 후, 하이데거, 야스퍼스, 셰스토프 등에 의해 철학 일반의 근본적 입장이 되기에 이르렀으며, 제2차 세계대전 후 사르트르(J. P. Sartre)의 『구토(嘔吐)』, 카뮈(A. Camus) 등의 문학에 두드러지게 나타났다.

실증주의 (Positivism)

초월적·형이상학적인 사변을 배척하고 경험·관찰·실험에 의해 얻어진 실증적 지식만을 참된 지식으로 간주하는 사고방식.

프랑스의 사회학자이며 철학자인 콩트(A. Comte)의 저서 『실증철학강의』에서 처음 사용된 말이다. 실증주의는 절대적인 목적이나 미리 주어진 원리에 의한 설명을 피하고 현상이 일어나는 법칙을 실증적으로 증명한다. 영국의 경험론과 프랑스의 계몽주의를 그 바탕으로 하고 있으며, 후에 미국의 실용주의에 영향을 주었다.

실학 (實學)

조선 후기인 17세기 후반부터 19세기 전반에 전통 유학에서 벗어나 새로운 방향을 모색한 유학의 한 분파의 학문 및 사상.

당시 지배 계급의 학문이던 실생활과 유리된 성리학의 형이상학적 공리론의 반동으로 일어나 실사구시(實事求是)와 이용후생(利用厚生)에 관해 연구하던 학문이다. 그 영역은 실생활의 유익을 목표로, 정치·경제·언어·지리·천문·금석 등에 널리 미쳤다. 실학파의 학자로는 유형원을 비롯하여 박지원, 정약용, 김정희, 안정복 등이 있다.

십자군 원정

중세 서유럽의 그리스도교도들이 이슬람교도들로부터 성지 예루살렘을 회복하기 위해 일으킨 원정군.

11~13세기에 걸쳐 유럽의 그리스도 교도들이 성지 회복이란 명목하에 일으킨 대원정으로, 직접적인 계기는 셀주크 투르크가 성지를 장악하고 순례자를 박해하며 비잔틴 제국을 위협한 것이었다. 하지만 1차 원정에서 예루살렘을 탈환하였으나 나머지 원정은 실패하였다. 십자군 원정은 교황권의 쇠퇴와 봉건 제후·기사의 몰락, 봉건 체제의 동요에 따른 왕권의 신장을 조장하였고, 지중해를 중심으로 하는 동서 교역의 촉진, 이슬람 문화와의 교류를 가속화하여 중세 사회의 전환에 커다란 영향을 끼쳤다.

아편전쟁 (Opium War)

1840~42년 사이에 영국과 청나라 사이에 일어난 전쟁.

아편 수입으로 인한 피해와 은의 유출을 막기 위해 청의 선종은 아편무역금지령을 내리고, 임칙서를 광주에 파견해서 영국 상인의 아편을 불태워버리고 밀수업자를 처형했다. 이에 영국은 무역 보호를 구실로 해군을 파견해 전쟁이 발발, 청나라가 패하고 난징조약이 맺어졌다.

염세주의 (Pessimism)

세계 또는 인생에 관한 모든 것을 추악한 것, 고통스러운 것, 불만스러운 것으로 보는 생각.

'최악(最惡)'을 뜻하는 라틴어 'pessimum'에서 유래한 말로 옵티미즘(Optimism : 낙천주의)에 대응되며, 비관주의(悲觀主義)라고도 한다. 대표적 인물은 쇼펜하우어(A. Schopenhauer)로서, 그는 세계는 불합리하고 맹목적인 의지가 지배하므로, 인생은 괴로움이며 이 괴로움에서 해탈하려면 쾌락의 부질없음을 깨닫고 완전한 의지부정(意志否定)에 의해 현상세계가 무(無)로 돌아가는 열반(涅槃)의 경지에 도달해야 한다고 하였다.

⇨ 낙천주의 (Optimism)

세계나 인생의 의의와 가치 등을 궁극적으로는 선(善)이라고 보는 생각. 원래는 라이프니츠(G. W. Leibniz)의 학설로, 신은 최선만으로 세계를 창조해서 피조물의 유한성이라는 의미의 형이상학적 악(惡)은 필연적으로 존재할지라도, 전체적으로 본 이 세계는 최선이며, 악의 존재조차 신의 예정조화(豫定調和)를 돕고 있다는 것이다. 또한 악은 외견일 뿐, 모든 것은 선이라는 교설(敎說)에 널리 적용되어 스토아 철학, 스피노자 철학, 헤겔 철학 등에도 적용된다.

왕도정치 (王道政治)

맹자가 주장한 정치사상.

인덕선정(人德善政)·무편무당(無偏無黨)·평화안락(平和安樂) 등을 이상으로 하는 정치를 말한다. 맹자는 '백성은 귀하고 사직이 다음이며, 군주는 가볍다'라고 하면서 '백성을 중히 여기지 아니하는 자는 군주가 될 수 없다'라고 주장하였다. 한편, 부국강병의 실력을 갖추고 왕명(王命)을 받아 천하(天下)를 호령하는 정치를 패도정치(覇道政治)라 하였다.

유물론 (Materialism)

물질을 제1차적·근본적인 실재로 생각하고, 마음이나 정신을 부차적·파생적인 것으로 보는 철학설

일체의 정신 현상, 또는 심적 과정은 물질의 부대 현상, 내지 파생 현상에 지나지 않으며 그 독자성·궁극성은 인정하지 않는다. 효시는 고대 그리스의 자연 철학자인 데모크리토스(Demokritos)인데 그는 원자론적 유물론의 체계를 세웠다. 근대에서는 헤겔의 유심론에 반대하여 그 제자인 포이어바흐(G.Peuerbach)가 유물론 체계를 확립했으며, 마르크스와 엥겔스는 변증법과 유물론을 결합하여 '변증법적 유물론'의 체계를 세웠다. 무신론의 이론적 근거로 되고 있다.

유토피아 (Utopia)

영국의 정치가이며 인문주의자인 토머스 모어(T. More)의 정치적 공상 소설.

현실적으로 실현 불가능한 공상적인 이상사회(理想社會)를 지칭하는

말로서, 영국의 소설가 토머스 모어는 그의 작품 『유토피아』에서 이상국(理想國)을 그렸다. 유토피아는 '아무 데도 없다'라는 뜻으로서 공상주의, 사회주의의 선구가 되었다.

을사조약 (乙巳條約)

1905년 일본이 한국의 외교권을 박탈하기 위해 한국 정부를 강압하여 체결한 조약.

모두 5개의 조항으로 이루어져 '을사오조약(乙巳伍條約)'이라고도 하고, 조약체결 과정의 강압성을 비판하는 뜻에서 '을사늑약(乙巳勒約)'이라 부르기도 한다. 러일 전쟁에서 승리한 일본은 세계열강에 대하여 우리나라에 있어서 우월권(특히 영·미 인정)을 갖게 되어 거칠 것이 없었고, 1905년 일본의 이토 히로부미(伊藤博文)가 이완용(李完用) 일당의 친일파를 움직여 을사조약(전문 5조)을 체결, 이로써 우리나라 외교권은 완전히 박탈당하고 이른바 보호 정치가 시작되었다.

이데아 (Idea)

플라톤 철학의 기본 개념.

본래의 의미는 '보이는 것', '알려져 있는 것'으로, 모습이나 형태를 의미했으나 소크라테스(Socrates)는 윤리적·미적 가치 자체를 표현하는 말로 사용하였고, 플라톤(Platon)은 철학적 개념으로 확립하여 보편적 개념의 내용이라고 규정하였다. 근세에 와서는 특히 이성의 영원불멸하는 최선의 의식 내용을 뜻하는 말로 사용하게 되었다.

이데올로기 (Ideology)

인간·자연·사회에 대해 품는 현실적이며 이념적인 의식의 여러 형태.

넓은 의미로는 사회의 토대인 생산 관계 위에 세워진 국가·사회제도·법체계 등의 상부구조를 가리키며, 좁은 의미로는 사회에 있어서 계급·당파의 이해를 반영하는 견해 또는 이론의 체계를 말한다.

인도주의 (Humanitarianism)

모든 인간은 인간이라는 점에서 동등한 자격을 갖추고 있다는 생각에서, 인류의 공존과 복지를 중시하는 박애적인 사상.

실제로는 인종·국적·종교를 불문하고, 사회적인 약자에게 구원의 손길을 내미는 운동으로 나타난다. 사회악을 통찰·제거하는 현실 변혁적인 운동보다도 현재 곤란을 받는 사람의 구제에 보다, 많은 관심을 갖는 경향이 있는데, 그런 인도주의적 운동이 커다란 사회적 반향을 불러일으켜 사회개혁 운동과 연결되는 경우도 있다. 톨스토이에 의해 문학상의 입장에서 주장되었는데, 로망 롤랑(Rolland Romain)의 평화사상, 슈바이처의 아프리카에서의 의료사업도 이에 해당한다.

에게 문명 (Aegean Civilization)

지중해 동부 에게해 주변 지역에서 번영한 고대문명.

에게해 주변의 청동기 문명으로, 크레타(Creta)섬을 중심으로 그리스 본토 및 소아시아의 서해안에서 일어난 세계 최초의 해양 문명이자 유럽 최초의 문명으로 볼 수 있으며, 메소포타미아 문명, 이집트 문명과 접하여 일어났다.

에게 문명은 전기와 후기로 나눠진다. 전기 문명은 크레타섬이 중심이 된 기원전 3000년부터 1400년까지의 크레타문명, 미노스문명의 단계다. 후기 문명은 그리스 본토의 미케네, 티린스, 소아시아 등이 중심이 된 시대다. 미케네문명은 도리아계의 그리스 민족에 의해 1200년경에 종말을 맞은 것으로 추정된다.

오리엔트 문명 (Orient Civilization)

BC 3200년경부터 알렉산드로스(알렉산더) 대왕이 통일할 때까지 약 3,000년간 오리엔트 지방에 번영했던 세계 최고(最古)의 문명.

세계에서 가장 먼저 문명이 일어난 이집트에서는 천문학과 태양력이 만들어졌고 상형문자를 이용하였다. 종교적 색채를 띤 중앙집권제와 강대한 왕권을 배경으로 거대한 궁전과 신전을 만들었으며 함무라비 법전을 편찬하기도 했다. 한편 동부 지중해 연안의 히타이트에서는 오리엔트 최초로 철기를 사용하여 문화적으로 큰 공헌을 했다. 오리엔트는 고대 로마인이 태양이 떠오르는 지방을 가리켜 부른 오리엔스(Oriens)에서 유래되었다.

장미전쟁 (Wars of the Roses)

1455년에서 1485년에 걸친 영국의 왕위 쟁탈전.

랭커스터 가 문장은 붉은 장미, 요크 가 문장은 흰 장미였기 때문에 왕위를 놓고 두 가문이 벌인 전쟁을 장미 전쟁이라 한다. 헨리 6세의 파당적 권력과 정신 이상으로 인해 요크 동맹에서 섭정을 내세웠으나 헨리 6세가 건강을 회복하는 바람에 요크 가에서는 무기를 잡을 수밖에 없었다. 헨리 6세와 마거릿 일파를 물리치고 에드워드 4세, 리처드 3세로 이어진 요크 가문은 랭커스터 가의 헨리 7세(헨리 튜더)에게 패퇴

하였다. 이 전쟁은 헨리 7세가 요크 가의 엘리자베스를 왕비로 맞아들여 튜더 왕조를 여는 것으로 끝났다. 이렇게 하여 붉은 장미와 흰 장미를 합한 새로운 문장이 만들어졌다. 이를 튜더 로즈라 하는데 현재도 영국 왕가의 문장으로 쓰이고 있다.

제물포 조약 (濟物浦條約)

1882년(고종 19) 임오군란(壬午軍亂)으로 발생한 일본 측의 피해보상 문제 등을 다룬 조선과 일본 사이의 조약.

임오군란으로 일본 공사관이 불에 탄 일본은 조선에 책임을 묻고 1882년 제물포 조약을 체결하였다. 내용은 일본 경비병의 일본 공사관 주둔, 조선 측의 50만 원 배상, 조선 측의 공식 사과를 위한 사절단 파견 등이었다. 1883년 박영효 일행 등이 일본에 사과 사절단으로 파견되었다. 일본에 가는 도중에 태극기를 만들어 사용하였는데, 이것이 태극기 사용의 기원이 되었다.

종교개혁 (Reformation)

16~17세기 유럽에서 로마 가톨릭교회의 쇄신을 요구하며 등장했던 개혁운동.

로마 가톨릭교회가 지나치게 세속화되면서 금전적인 목적으로 면죄부를 판매하는 등 타락하자 1517년에 독일의 마틴 루터가 이를 비판하는 반박문을 발표하는 것을 시작으로 종교개혁 운동이 일어나게 되었다. 이후 스위스의 츠빙글리, 프랑스의 칼뱅 등에 의해 전 유럽에 퍼졌고 그 결과 가톨릭으로부터 이탈한 개신교라는 신교가 만들어지게 되었다.

집현전 (集賢殿)

고려 이래 조선 초기에 걸쳐 궁중에 설치한 학문 연구기관.

조선 세종 2년(1420)에 궁중에 설치하여 유능한 학자들을 모아 경사(經史)를 기록하고 많은 서적을 편찬 간행한 왕립학문연구소를 가리킨다. 대제학(大提學)이 그 책임자이며, 경연(經筵: 왕의 학문 지도)·서연(書筵: 세자의 학문 지도), 고전의 연구, 유교·지리·의학 등의 서적 편찬, 사관(士官)의 임무, 언관(言官)의 직능 및 정치 자문 등을 하여 세종 때의 학문 융성과 왕권 강화에 큰 업적을 남겼다. 세조 때 폐지되어 성종 때 홍문관(弘文館)으로, 다시 정조 때 규장각(奎章閣)으로 변천되었다.

청일전쟁 (淸日戰爭)

1894~95년 조선의 지배권을 둘러싸고 청나라와 일본이 일으킨 전쟁.

일본은 청국이 영향력을 행사하고 있던 조선의 내정개혁을 명분으로 1894년 7월 경복궁을 기습 공격함으로써 도발을 시작했다. 이어서 황해와 평양 등에서 벌어진 본격적인 전투에서 대승을 거둔 후 중국 본토를 공격하여 점령해 들어갔다. 청국은 강화회담을 서두를 수밖에 없었고 열강의 간섭을 우려한 일본도 이에 응해 시모노세키조약으로 전쟁이 마무리됐다. 이 조약으로 청국이 조선에 대한 종주권을 완전히 포기하면서 한반도는 사실상 일본의 지배에 들어갔다.

쾌락주의 (Hedonism)

쾌락을 행위의 궁극 목적 내지 도덕의 원리로 생각하는 주의.

에피쿠로스(Epikouros)에 의해 창시된 학파로서 행복은 쾌락에 있고 최고의 쾌락은 마음의 안정에 있다고 해서 일시적·신체적 쾌락보다 지속적인 정신적 쾌락을 중시하여 금욕 생활을 강조했다. 그들은 형이상학적으로는 데모크리토스(Demokritos)의 유물론의 입장을 취하고, 또한 인식론적으로는 경험론의 입장을 취하였으며, 후에 영국의 공리주의에 크게 영향을 주었다.

크림전쟁 (Krim War)

1853~56년 러시아와 오스만투르크·영국·프랑스·프로이센·사르데냐 연합군 사이에 일어난 전쟁.

보수적인 반동 정치를 강화한 러시아 니콜라이 1세의 남진 정책이 원인이 되어 일어난 전쟁으로, 세바스토폴 함락으로 러시아가 패배하고 파리에서 강화조약이 체결되었다. 이 전쟁은 영국 나이팅게일(F. Nightingale)의 인도적 간호 활동으로 유명하다.

함무라비 법전 (Code of Hammurabi)

고대 바빌로니아 제1왕조의 제6대 왕인 함무라비 왕이 중앙집권을 확립하기 위해 제정한 법전.

1901년 말 프랑스 탐험대가 페르시아의 고도(古都) 수사에서 발견되었으며, 전문 282조로 된 성문법으로서, 민법·상법·형법·소송법·세법·노예법 등으로 구성되어 있으며, 형벌은 '눈에는 눈, 이에는 이'식의 복수의 원칙에 입각하고 있다. 현재 프랑스의 루브르미술관에 소장되어 있으며, 이스탄불 고고학박물관에는 카피본이 전시되어 있다.

합리주의 (Rationalism)

비합리적·우연적인 것을, 배척하고 이성적·논리적·필연적인 것을 중시하는 태도.

진리 파악의 결정적인 능력은 경험이나 감각을 떠난 이성의 사유라는 주의다. 데카르트, 파스칼, 스피노자, 라이프니츠 등이 대표적인 학자들이며 이들은 공통적으로 수학적 인식을 원형으로 하는 논증적 지식을 중시한다. 합리론은 학문의 방법으로 연역적 방법을 택한다.

헤이그 밀사 사건

을사조약 체결이 한국 황제의 뜻에 반하여 일본의 강압에 의한 것임을 폭로하고 이를 파기하려 꾀한 일.

1907년 고종이 이상설 등을 특사로 임명하고 네덜란드의 헤이그에서 열리는 제2회 만국평화회의에 출석하게 하여 을사조약 체결의 불법성과 무효, 일본의 불법적인 침략행위를 알리고자 꾀한 일로, 이준·이상설·이위종 등의 밀사는 국제 정의 앞에 우리나라의 상황을 호소하려고 했으나 일본의 방해로 뜻을 이루지 못했다. 이준 열사는 그곳에서 분사했고, 이위종은 만국기자 협회에서 '한국을 위한 호소'라는 울분에 찬 호소를 했다.

헬레니즘 (Hellenism)

그리스 문화, 그리스 정신 또는 알렉산더 대왕의 제국건설 이후 고대 그리스의 뒤를 이어 나타난 문명을 뜻하는 말.

넓은 뜻으로 헤브라이 정신에 대한 그리스 정신의 뜻으로 쓰인다. 고대 그리스 정신 및 문화·예술을 가리키는 것으로, 인간의 지성·감정의 발휘·미를 추구하는 사상으로 세계주의적·개인주의적·자유주의적·과학적 성격을 띤다. 헬레니즘은 철학과 과학을 강조해서 오늘날의 서구를 만드는 데 정신적 기초가 되었다.

형이상학 (Metaphysics)

철학의 중요한 한 분야로서, 존재의 나타난 현상을 다루는 것이 아니라 존재 그 자체의 근본을 다루는 학문.

경험 세계인 현실 세계를 초월하여 그 뒤에 숨은 본질, 존재의 근본원리를 체계적으로 탐구하려는 학문으로서, 경험적·자연적 인식 태도, 일반의 초월이라는 성격을 지니며 신학·논리학·심리학 등이 이에 속한다. 형이상학을 최초로 확립한 것은 아리스토텔레스이며, 그는 존재자에 관하여 보편적으로 그 제1의 원리를 탐구하는 학문을 '제1철학'이라 부르고, 영원불멸의 원리를 구하는, 학문으로서 학문체계의 최고위에 두었다. 그것은 일체의 궁극적 실재근거로서의 신의 지식이기도 하고, 그와 같이 고귀한 지식으로서 '지혜(知慧, sophia)'라고도 불린다.

⇨ **형이하학** (Physical science)

형이상학에 대한 것으로 유형적(有形的)이거나 물질적인 것을 대상으로 하는 학문이며, 물리학, 생물학, 화학 등이 이에 속한다.

홍익인간 (弘益人間)

널리 인간세계를 이롭게 한다는 뜻으로, 국조(國祖) 단군(檀君)의 건국이념이며 고조선 개국 이래 한국 정교(政敎)의 최고 이념.

홍익인간은 한국의 건국이념이 되었고, 1949년 대한민국 정부 수립 이후 민주헌법에 바탕을 둔 교육법의 기본 정신이 되기도 하였다. 교육법 제1조에는 '교육은 홍익인간의 이념 아래 모든 국민으로 하여금 인격을 완성하고 자주적 생활 능력과 공민으로서의 자질을 구유하게 하여 민주국가 발전에 봉사하며 인류공영(共營)의 이상 실현에 기여함을 목적으로 한다'고 규정되어 있다.

★★★ 세계의 불가사의 ★★★

'세계 7대 불가사의'는 보통 로마 제정 시대의 필론이라는 사람이 말한 일곱개의 건축물 및 예술작품을 말한다. 그런데 왜 하필 일곱 개일까? 그건 7이라는 숫자가 당시 우주를 표현하는 신성한 숫자이기도 했고 또 그 유명한 피타고라스가 완벽한 숫자라고 말한 바 있기 때문이다. 그래서 요즘 7이라는 숫자는 행운의 숫자로 여겨지기도 한다.

① 이집트 기자에 있는 쿠푸왕의 피라미드

고대 이집트의 국왕·왕비·왕족 무덤의 한 형식으로 현재 80기(基)가 알려져 있으나, 대부분은 카이로 서쪽 아부 라와 슈에서 일라 훈에 이르는 남북 약 90 Km인 나일강 서안 사막 연변에 잠재해 있다. 하지만 산으로 변한 것과 흔적만 남아 있는 것도 있어, 옛날의 모습을 남기고 있는 것은 의외로 적다.

② 메소포타미아 바빌론의 공중정원

공중정원(空中庭園)은 공중에 떠 있는 것이, 아니라 높이 솟아있다는 뜻이다. 지구라트에 연속된 계단식 테라스로 된 노대(露臺)에 흙을 쌓고 나무를 심어 마치 삼림으로 뒤덮인 작은 산과 같았다고 한다. 유프라테스 강물을 끌어 올려 물을 댔다고 한다.

③ 올림피아의 제우스상

신상은 높이 약 12m의 목조로 되어 있었으며 보석·상아 등으로 꾸민 금으로 된 의자에 앉아 있는 모습이었다. 어깨에는 황금 망토를 걸치고 오른 손에는 승리의 여신 니케의 황금 신상을 들고 있었으며, 옆에는 황금으로 조각된 거대한 독수리가 있었다. 두 다리는 금으로 된 디딤대 위에 올려져 있었으며 발은 신상을 예배하는 사람들의 눈높이에 맞추어 놓여져 있었다. 신전은 426년의 이교 신전 파괴령으로 파괴되었으며 6세기에 지진과 홍수가 일어나 땅속에 매몰되었다. 19세기 초에 들어와 발굴이 시작되었는데, 신전의 메도프·기둥·지붕들 일부가 발견되어 박물관에 보존되어 있다. 1950년 무렵에는 신전 터에서 피디아스의 작업장 흔적이 발견되기도 하였다.

④ 에페소스의 아르테미스 신전

BC 8세기경에 세워졌는데, 아르테미시온이라고 한다. 장대하고 화려한 이 신전은 처음에 리디아 왕 크로이소스의 협조로 건조되었는데, 그 후 BC 356년의 알렉산드로스 대왕 탄생일에 헤로스트라투스의 방화로 소실된 후 재건되었다. 이오니아 양식의 신전으로 바닥 면이 55.10×115.14m, 기둥 수 127개의 거대한 규모이며, 원주(圓柱)의 기부(基部)에는 인물이 부조(浮彫)되어 있다.

⑤ 할리카르나소스의 마우솔로스 능묘

마우솔로스는 반란을 일으킨 사트라프들과 페르시아 왕과의 사이에서 교묘한 수완으로 세력을 확장하여, 이오니아 지방과 부근의 여러 섬에 있던 폴리스들에까지 지배력을 마쳤다고 한다. 사트라프는 아케메네스왕조 페르시아의 관직명이었으나 사실상 독립국의 군주와 같았다. 마우솔로스의 묘는 대묘묘(大墓廟)라 불리며 고대 세계 7대 불가사의로 불리고 있다.

⑥ 로도스의 크로이소스 대거 상

크로이소스는 동방의 전제왕(專制王) 중 그리스 문헌에 가장 자주 나타나는 사람 중의 한 사람이기도 하지만, 특히 부호로 알려져 있다.
부(富)에 대한 그의 이야기는 헤로도토스의 『역사』 제1권에 기록되어 있다. 그런데 말기에 델포이의 신탁을 잘못 믿고 페르시아의 키루스 2세와 싸우다가 패하였을 때, 그 가화형을 당하기 직전 아폴론의 도움으로 낙원으로 피했다는지, 키루스의 참모로 있으면서 크게 대우를 받았다는 전설이 있다.

⑦ 알렉산드리아에 있는 파로스 등대

높이 135m이고 안쪽으로는 나선 모양의 통로가 꼭대기 옥탑까지 나 있었고 옥탑 위에는 거대한 여신상이 솟아 있었다. 등대 꼭대기의 전망대에 오르면 수십km 이상 떨어져 있는 지중해가 보였으며 불빛이 40여 km 밖에서도 보였다고 한다. 등대는 1100년과 1307년의 지진으로 무너졌다고 알려져 왔는데, 1994년 바닷속에서 여신상을 비롯한 등대 잔해 수백 점이 인양되어 그 존재를 드러냈다.

알아두면 교양이 되는 똑똑한 상식 보따리 • 2

★★★ 新 7대 불가사의 ★★★

스위스의 영화제작자인 베르나르드 베버가 주도하는 민간 단체 '신 7대 불가사의 재단'은 인터넷과 전화로 1억 명이 투표한 결과를 종합해 공개했다.

① 중국 만리장성

기원전 4세기에서 서기 7세기에 건립된 총연장 6,700km의 세계에서 가장 긴 인간 건설 구조물이다. 진시황이 흉노족 침입에 대비해 본격적으로 구축했고, 이후 여러 시대를 거쳐 증축됐다. 흉노족, 몽골족 등 여러 유목 민족의 침략을 막는 방법으로 활용됐다.

② 인도 타지마할

1632에서부터 1654년까지 지어진 타지마할은 우타르프라데시주 아그라에 있는 궁전 형식의 묘역이다. 타지마할은 '마할의 왕관'이란 뜻으로, 무굴제국 황제 샤자한이 왕비 뭄타즈 마할의 죽음을 애도해 건립했다. 인도, 페르시아, 이슬람 건축양식이 혼재한다.

③ 멕시코 치첸 이차 피라미드

멕시코 유카탄 반도에서 10~13세기에 번성했던 마야제국의 도시 치첸 이차에 있는 계단식 피라미드다. 정상에 신전이 있다. 태양력의 원리에 따라 지어진 것으로 분석된다.

④ 페루 마추픽추

페루 남부 쿠스코시의 북서쪽 우루밤바 계곡에 있는 잉카 유적지다. 15세기 잉카왕국에 의해 건설됐다. 리마 남동쪽 500km에 있는 계곡을 굽어보는 안데스산맥 위 해발 2,430m에 있다.
궁전, 사원, 거주지 등으로 이뤄져 있는 이 유적지의 거대한 돌들을 어떻게 운반했는지가 불가사의로 남아 있다.

⑤ 로마 콜로세움

서기 80년에 티투스 황제에 의해 완성된 거대한 원형극장으로 검투사들의 처참한 싸움이 벌어졌던 곳이다. 계단식 관람석에 수용할 수 있는 인원은 5만여 명. 현대 스포츠 경기장의 디자인에 많은 영향을 끼친 건축물이다.

⑥ 요르단의 페트라

요르단 남서쪽의 고대 산악도시로, 아랍 나바테아 왕국의 수도다. 교역로의 교차 지점에 있어 사막의 대상로를 지배하며 번영을 누렸다. 서기 106년 나바테아인이 로마 제국에 패한 뒤에도 번영을 지속했다. 신전, 극장, 장례 사원들로 이뤄져 있는 이곳은 수로와 암석에 새겨진 조각들로 유명하다.

⑦ 브라질 거대 예수상

리우데자네이루 코르코바두 언덕 정상에 자리한 38m 높이의 거대 예수석상이다. 브라질인 에이토르 다 실바 코스타가 설계하고 폴란드계 프랑스 건축가 폴 란도프스키가 1931년 10월 12일 세웠다. 프랑스에서 만들어진 뒤 브라질로 옮겨져 조립된 이 구조물은 거대한 골조를 어떻게 지반도 거의 없는 언덕 정상까지 옮겼는지가 미스터리로 남아 있다.

제5장

알아두면 통찰력이 높아지는 시사 개념어 상식 사전

문화 Culture

예술 Art

교육 Education

매체 Media

ABC 제도 (Audit Bureau of Circulations)

신문·잡지의 발행 부수를 실제로 조사하여 공개하는 제도.

신문·잡지·웹사이트 등의 매체사가 스스로 보고한 간행물의 부수·접촉자 수 등의 매체량을 표준화된 기준에서 객관적인 방법으로 조사, 확인하여 이를 공개하는 것이다.
1914년 미국에서 처음 시작된 이후 세계 32개국이 이 제도를 채택하여 각 나라의 매체·광고 환경에 맞게 운용하고 있다. 아시아에서는 인도가 1943년 처음으로 실시하였고, 일본은 광고회사 덴츠가 주도하여 1955년에 시작되었다. 한국 ABC협회는 1989년 5월 세계에서 23번째로 창립되었다.

IPTV (Interrne Protocol TV)

초고속 인터넷망을 이용하여 정보 서비스, 동영상 콘텐츠, 방송 등을 TV로 제공하는 양방향 서비스.

인터넷과 TV의 융합으로, TV 수상기와 셋톱박스, 그리고 인터넷 회선만 연결되어 있으면 이용할 수 있다. TV를 보면서 인터넷 검색은 물론, TV 홈쇼핑의 상품을 주문, 결제하고 메일 확인, 문자 메시지전송, 금융 및 주식거래 등의 서비스를 이용할 수 있다.

SF (Science Fiction 과학소설)

과학에 바탕을 두고 과학적 논리로 쓴 소설.

『해저 2만 리』를 쓴 프랑스의 J. 베른이 창시자로 인정을 받고 있으며, 영국의 H. G. 웰스의 『타임머신』, 『화성과의 전쟁』, 『우주전쟁』 등에 소설의 장르로 구축되었다. 헉슬리(A. Huxley)의 『아름다운 신세계』는 대중문학의 장르를 구축한 것으로 평가된다. 영화로 만든 것을 SF 영화라고 한다.

가십 (Gossip)

어떤 사람의 사건에 대한 흥미 본위의 뜬소문. 신문·잡지 등의 내막 기사.

가십(gossip)은 "잡담(雜談), 한담(閑談)"이란 뜻이다. 유럽이나 미국에서는 원래 사교계 명사의 소문을 뜻하였으나, 매스커뮤니케이션의 발달에 따라 유명 인사나 배우 등에 관한 신문 지상의 소문이나 기사, 만필(漫筆)을 의미한다.

가전체 문학

주변의 사물을 의인화하여 세상 사람들의 경계심을 일깨우려는 목적으로 하는 문학 양식.

고려 말기에 형성되어, 구소설의 원형이 된 문학 형태의 하나, 우화적·의인적 수법을 쓴 짧은 전기체(傳記體)의 설화로서, 술, 엽전, 거북, 대(竹), 종이, 지팡이 등의 사물을 의인화(擬人化)하고 있으며 계세징인(戒世懲人)을 목적으로 한다. 대표적인 작품으로는 술을 의인화한 임춘의 『국순전』과 돈을 의인화한 『공방전』, 술과 누룩을 의인화한 이규보의 『국선생전』, 거북이를 의인화한 『청강사자현부전』, 대나무를 의인화한 이곡의 『죽부인전』 등이 있다.

간다라 미술 (Gandhara Art)

BC 2세기~AD 5세기, 고대 인도 북서부 간다라 지방에서 발달한 그리스·로마풍의 불교 미술 양식.

쿠샨 왕조 때 간다라 지방을 중심으로 그리스 문화와 인도 문화가 융합된 불교 미술이다. 기원전 1세기경부터 헬레니즘 문화의 영향을 받은 간다라 미술은 그리스 문화와 인도의 불교문화가 융합한 것으로, 대승 불교와 함께 중앙아시아를 거쳐 중국, 한국, 일본에 전해졌다.

경기체가 (景幾體歌)

고려 고종 때부터 조선 선조까지 약 350년간 계속되었던 시가의 한 양식.

경기체가는 13세기경부터 등장하기 시작하여 조선 초기까지도 명맥이 유지되었던 시가 형식으로 신흥 사대부들이 자신들의 삶과 향락을 풍류적으로, 표현하기 위해 만들었다. 경기체가의 대표적인 작품으로 알려져 있는 「한림별곡(翰林別曲)」은 여러 유학자가 모여 함께 노래한 일종의 집단 창작 시가이다. 「죽계별곡(竹溪別曲)」과 「관동별곡(關東別曲)」을 쓴 안축(安軸)과 같은 작가는 신흥사대부층에 속한다.

고전주의 (Classicism)

조화, 완성, 균형 등의 정형화된 형식을 중요시하는 문예사조.

중세의 종교적·정치적 속박에서 벗어나 고전의 정신을 발견하고 거기에서 자유로운 인간성의 확립을 꾀하는 혁신운동으로, 인문주의(Humanism)라고도 한다. 인간의 이성을 중시하고 조화와 균형, 완성된 형식미를 추구하였으며, 개성이나 독창성보다는 사회성과 보편성을 중시하였고, 모방, 명확한 언어와 장르 구분, 개연성의 원칙 등 전형적이고 통일적인 문예 형식을 이론으로 삼았다. 희곡 문학의 대표 작가로는 코르네유, 몰리에르, 드라이든, 포프 등이 있고 미술에서는 앵그르, 음악에서는 하이든, 베토벤, 모차르트 등이 있다.

공영방송 (公營放送)

방송회사의 이윤 추구가 아닌 공공의 이익을 추구하는 방송.

방송의 목적을 영리에 두지 않고, 시청자로부터 징수하는 수신료 등을 주재원으로 하여 오직 공공의 복지를 위해서 행하는 방송을 말한다. 영국의 BBC, 일본의 NHK, 독일의 ARD, 오스트레일리아의 ABC, 우리나라의 KBS, EBS, MBC가 있다. 이에 대하여 기업체가 이윤을 목적으로 일정한 대가를 받고 행하는 방송을 상업방송이라 한다.

교향곡 (Symphony)

관현악 연주를 위해 작곡된 대규모의 다악장 형식의 기악곡을 말한다.

18세기 후반에 고전파 음악가들에 의해 완성된 음악 형식으로 형식상으로는 관현악을 위한 소나타이지만 피아노 소나타 등 많은 악곡이 3악장으로 구성된 데 대해 교향곡은 현악 4중주곡과 마찬가지로 기본적으로는 4악장으로 이루어져 있다. 세계 3대 교향곡으로는 베토벤의 「운명」, 슈베르트의 「미완성 교향곡」, 차이코프스키의 「비창」이 있다.

금오신화 (金鰲新話)

조선 초기에 김시습(金時習)이 지은 한문 단편소설집.

일반적으로 우리나라 최초의 소설로 인정되고 있다. 완본은 전하지 않으며, 현재 전하는 것으로는 「만복사저포기(萬福寺樗蒲記)」, 「이생규장전(李生窺牆傳)」, 「취유부벽정기(醉遊浮碧亭記)」, 「남염부주지(南炎浮洲志)」, 「용궁부연록(龍宮赴宴錄)」 등 5편이다.
다섯 작품의 공통적인 특징은 배경과 등장인물이 모두 우리나라와 우리나라 사람이고, 현실과 동떨어진 신비로운 내용을 담고 있으며, 소재와 주제 및 결말의 처리 방식 등이 특이하고, 문어체를 사용하여 사물을 극히 미화시키고 섬세하게 묘사했다.

낭만주의 (Romanticism)

이성보다는 감성, 감정, 정서 등을 중요시하는 문예사조.

19세기 유럽의 문학적·철학적 사상으로 정의될 수 있지만 낭만주의의 근원은 18세기 말 독일에서 시작한다. 낭만주의는 형식과 논리보다는 개인의 감성과 개성의 자유 등을 중시하였으며, 기존의 도덕이나 관습을 부정하고 이상적인 세계를 추구했다. 대표적인 문학가로는 괴테, 실러, 위고, 바이런 등이 있고, 음악가로는 슈베르트, 쇼팽, 바그너 등이 있으며, 미술가로는 들라크루아, 룽게 등이 있다.

뉴 에이지 음악 (New Age Music)

고전음악이나 포크 음악 등 여러 장르의 음악을 고루 융합시킨 연주음악.

광범위한 장르를 포괄하는 연주음악으로서, 예술적 품격을 갖추고 청소년 정서에 해가 되지 않는다는 점에서 무공해 음악이라고도 한다. 대표적인 연주자는 피아니스트 조지 윈스턴, 플루트 주자 폴 혼 등이 있으며, 1986년부터 그래미상에 '뉴 에이지 뮤직'부문이 신설되어 독립성을 가진 하나의 음악 장르로 정착되었다.

다문화 사회 (多文化社會)

우리나라에 우리나라 사람만 사는 게 아니고 국제결혼이나 외국 근로자들의 유입, 세계 각국의 외국인들이 모여 하나의 공동체를 이루며 사는 사회를 말한다.

다문화 사회는 한 사회 안에서 다른 인종, 민족, 종교, 계급, 성 등에 따른 다양한 문화가 공존하는 사회를 뜻한다. 세계화로 인해 국가 간 인구 이동이 증가하면서 다문화 시대에 돌입하게 되는데 우리나라도 외국인 근로자, 국제결혼 여성, 외국인 가정의 자녀에게 이르기까지 국내 체류 외국인의 구성이 다양해지고 있으며 그 수도 증가하고 있다. 다문화 현상은 우리나라를 다양하고 풍요롭게 만드는 동시에, 문화적 차이로 인한 갈등이나 편견, 차별 등의 문제를 발생시킬 가능성도 있다.

도핑 검사 (Dope Check)

운동선수가 경기 능력을 일시적으로 높이기 위해 호르몬제, 정신안정제, 흥분제 등의 금기 약물을 사용했는지, 여부를 가리는 약물검사.

1960년의 로마올림픽에서 자전거 선수가 흥분제를 사용했다가 경기 중 사망한 것이 계기가 되어 1972년 겨울의 삿포로 대회부터 실시되었다. 약물 또는 유사한 약물이 경기 종료 직후의 소변에서 검출되었을 경우 선수는 경기 성적을 박탈당하기도 하고 그 후의 출장 자격이 제한되기도 한다.

독립영화 (Independent Film)

기존의 상업 자본에 의존하지 않고 창작자의 의도에 따라 제작한 영화를 말한다.

‘인디영화’라고도 하며, 두 가지의 의미를 가지고 있다. 첫 번째는 헐

리우드에 속하지 않는 제작자들에 의해 만들어지는 영화를 총칭하며, 적은 예산으로 제작되므로 기술이나 특수효과에 덜 의지하며 주제를 강조하는 특징이 있다. 제작비는 개인적으로 조달하거나 정부나 단체에서 지원받는 경우도 있다. 두 번째, 우리나라에서의 독립영화는 상업영화 자본에 의지하지 않고 제작되는 영화의 총칭을 의미한다.

디오라마 (Diorama)

풍경이나 그림을 배경으로 두고 축소 모형을 설치해 역사적 사건이나 자연 풍경, 도시 경관 등 특정한 장면을 만들거나 배치하는 것을 뜻한다.

모형을 이용해 역사적 사건, 자연 풍경, 도시 경관 등을 표현하며, 음향이나 조명을 함께 연출하여 생생함을 더하기도 한다. 디오라마 기법은 박물관이나 미술관, 과학관 등에서 많이 사용하며, 일반인들 사이에서도 디오라마 제작이 취미의 일종으로 인기를 끌고 있다.

레게 음악 (Reggae Music)

카리브해 자메이카의 토속 음악과 미국의 리듬 앤 블루스 음악이 혼합된 대중음악.

리듬이 강약의 변화를 이루면서 경쾌한 맛을 주는 것이 특징이다. 원래는 영국 지배하의 자메이카에서 흑인의 단결을 호소하는 노래 운동에서 출발했으며, 1970년대 이후 댄스뮤직으로 인기를 끌었다.

레토르트 식품 (Retort Food)

저장을 목적으로 한 가공식품.

알루미늄 특수 포장지로 만든 봉지에 조리 가공한 식품을 넣어 밀봉한 후, 고압 가열 살균 솥(retort)에서 120℃의 고온으로 가열 살균한 것으로, 그대로 끓는 물이나 전자레인지에 데우기만 하면 즉석에서 먹을 수 있다. 통조림과 똑같은 보존성을 지니면서도 무게가 가볍고 휴대가 간편하며 별도의 조리 과정이 필요 없이, 본래의 맛과 영양이 그대로 유지되는 장점을 지니고 있다.

매너리즘 (Mannerism)

틀에 박힌 방법을 되풀이하여 독창성을 잃고 예술의 신선미와 생기를 잃는 표현의 방법.

문학·예술의 표현 수단이 일정하여 독창성이 없는 형태, 창작력이 없고 타성적인 표현 방법을 반복하는 좋지 않은 경향을 말한다.

매스 미디어 (Mass Media)

대중매체 또는 대량 전달 매체.

불특정 다수인 대중에게 정보를 전달하는 매개적인 기술 수단을 말하며, 이러한 기술의 사용 목적이나 전달 내용이 공적인 성향을 띠는 경우에 한해 매스 미디어라고 한다.
매스 미디어는 특히 산업화·도시화·근대화로 인한 사회 환경의 급격한 변화와 정보량의 증가 등에 적절히 대응하는 과정 중에 더욱 전문화되었다. 신문·잡지·방송 등의 매체가 매스 미디어이며, 일반인들에게 정보를 제공하는 것이, 주목적이다.

맨부커상 (Man Booker Prize)

영국 최고 권위를 자랑하는 문학상으로 노벨문학상, 프랑스 공쿠르 문학상과 함께 세계 3대 문학상 중 하나로 꼽힌다.

영국의 식품 유통사인 부커사(Booker)가 제정한 문학상으로 매년 영국, 아일랜드 등 영국 연방국가 내에서 영어로 쓴 소설 중에서 수상작을 선정하는 맨부커상과 비 영국 연방 작가와 번역자에게 상을 수여하는 맨부커상 인터내셔널 부문으로 나뉜다.
우리나라에서는 소설가 한강이 2016년 5월 16일 열린 맨부커상 시상식에서 '채식주의자(The Vegetarion)'로 아시아인 최초이자 최연소로 맨부커 인터내셔널상을 수상했다.

멘토링 (Mentoring)

경험과 지식이 많은 사람이 스승 역할을 하며 지도와 조언으로 그 대상자의 실력과 잠재력을 향상시키는 것을 말한다.

영어에서 '스승'을 뜻하는 '멘토'는 그리스신화에 나오는 오디세우스의 친구 멘토르(Mentor)에서 유래했다. 스승 역할을 하는 사람을 '멘토(mentor)', 지도 또는 조언을 받는 사람을 '멘티(mentee)'라고 한다. 멘토와 멘티의 관계는 살아가는 과정에서 자연스럽게 형성되기도 하고, 기업 내 조직, 학교, 학생 등을 돕는 데 활용되고 있는 용어이다.

모놀로그 (Monologue)

연극에서 등장인물이 상대 없이 혼자서 늘어놓는 말.

연극에서 다이얼로그에 대응되는 용어로서, 독백(獨白) 또는 솔리로

퀴(Soliloque)라고도 한다. 모놀로그는 자기 자신이나 특별히 어떤 개인을 향한 것이 아니고 관객을 상대로 하는 표현으로서, 의식(意識)의 흐름을 표현하기 위해 쓰는 수법이다. 모놀로그의 반대는 다이얼로그(Dialogue)다.

모더니즘 (Modernism)

1920년대 일어난 근대적인 감각을 나타내는 예술상의 경향.

현대 문학과 예술의 자유·평등의 사상을 바탕으로 하여 기성 도덕이나 전통적 권위에 대립하여 현대적 문화생활을 반영한 주관적이고 전위적이며 실험적인 경향을 총칭하며, 흔히 현대 문명에 대해 비판적이고 미래에 대해서는 반(反) 유토피아적이다.
20세기 초 프랑스 문학에서 시작되었으며 미래파·표현파·다다이즘·주지파 등을 포괄적으로 총칭하기도 한다. 우리나라에서는 최재서·김기림 등에 의해 도입되었다

문명의 충돌 (The Clash of Civilizations)

1996년 미국의 정치학자 새뮤얼 헌팅턴(Samuel Huntington)의 저서로, 문명의 조화에 바탕을 둔 국제질서이다.

제1부 문명들의 세계, 제2부 변화하는 문명의 균형, 제3부 문명의 새로운 질서, 제4부 문명의 충돌, 제5부 문명들의 미래로 이루어져 있으며, 향후 국제 관계에서의 대립은 국가 간에 이데올로기나 경제를 둘러싸고 일어나는 것이 아니라 여러 문명 간에 문화적(cultural)인 문제를 둘러싸고 일어난다는 것이다. 즉, 냉전 이후 전 세계에서 일어나는 분쟁은 이데올로기를 둘러싼 투쟁이 아닌 문명 충돌, 특히 종교에서 비롯될 것이란 게 헌팅턴 주장의 핵심이다.

바로크 미술 (Baroque Art)

1600~1750년 사이의 유럽의 여러 가톨릭 국가에서 발전한 유럽 미술 양식.

바로크 미술은 16세기 르네상스의 조화와 균형, 완결성에 대해 양감, 광채, 역동성에 호소하였으며 과격한 운동감과 극적인 효과를 특징으로 한다. 바로크건축에서는 거대한 양식, 곡선의 활용, 자유롭고 유연한 접합 부분 등이 부각된다. 조각에서는 비상(飛翔)하는 듯한 동적인 자세와 다양한 의복의 표현 등이 돋보인다. 대표적인 바로크 조각가는 이탈리아의 베르니니(Bernini Gianlorenzo)로 그는 동적이고 환각적인 표현이 돋보이는 성 베드로 성당의 내부 장식을 완성했다. 한편 바로크 회화는 대각선 구도와 원근법, 격렬한 명암대비, 단축법, 눈속임 기법의 사용 등을 특징으로 한다.

방송통신위원회 (放送通信委員會)

방송위원회의 방송 정책 및 규제, 정보통신부의 통신서비스 정책과 규제를 총괄하는 대통령 직속 기구.

방송통신위원회는 방송과 통신의 융합 현상에 능동적으로 대응하고 방송의 자유와 공공성 및 공익성을 보장하는 한편, 방송·통신 간 균형 발전과 국제경쟁력을 높이기 위해 방송·통신 관련 인허가 업무, 각종 정책 수립 등의 역할을 담당한다.
주요 업무는 방송·통신·전파연구·관리에 관한 사항 등으로, 기존 방송위원회의 방송 정책·진흥·매체 정책과 정보통신부의 통신·전파·정보보호·인터넷 등 양 기관의 핵심 기능을 두루 포괄하게 된다.

블록버스터 (Blockbuste)

영화계에서 막대한 흥행수입을 올린 영화를 일컫는 말.

원래의 뜻은 '대형 고성능 폭탄'으로서, 매스컴 용어로는 계획적으로 만들어지는 거대 베스트셀러를 의미한다. 특정 시즌을 겨냥해서 대규모 흥행을 목적으로 막대한 자본을 들여 제작한 영화가 이에 속한다. 보통 SF영화나 특수효과가 뛰어난 액션영화 등, 특수효과에 의한 자극적이고 움직임이 많은 볼거리를 통해 환상적인 느낌을 유지하며, 개봉관을 가능한 한 많이 확보하고 광고비를 순식간에 뿌려대는 마케팅 전략이 필수적이다.

사실주의 (Realism)

객관적 사물을 있는 그대로 정확하게 재현하려는 태도.

19세기 프랑스 소설에서 현저하게 나타나며, 낭만주의가 정서적·공상적·주관적인 데 비해 사실주의는 이지적·현실적·객관적이다. 스탕달·발자크를 거쳐 플로베르에서 정점을 이루었고, 졸
라·모파상에 이르러 인간과 사회생활을 자연과학적 방법으로 해부하려는 자연주의에까지 미쳤다. 영국의 엘리엇, 디킨스, 하디, 미국의 스타인벡, 러시아의 도스토예프스키, 톨스토이 등을 거쳐 사회주의 리얼리즘에 이르게 되었다.

세계 4대 통신사

AP, UPI, AFP, Reuters AP

⇨ AP(Associated Press)

1848년 신문사와 방송사의 협동조합 형태로 설립된 미국의 연합통신사.

⇨ UPI(United Press International)

AP통신사와 함께 미국의 제2대 통신사로 1907년 설립된 UP 통신사와 1909년 설립된 INS 통신사가 합병되면서 정식으로 설립되었다.

⇨ AFP(Agence France Presse)

프랑스 통신사로 1944년 아바스 통신사가 주축이 되어 여러 통신사를 병합하여 재건하였으며, 세계에서 가장 오래된 언론사다.

⇨ Reuters AP(Associated Press of America)

독일인 로이터가 1851년 영국의 런던에 설립한 통신사이며, 초기에는 금융권 정보 제공이 주 업무였으나 점차 일반 기사로 확대되었고 경제, 외교 분야에 권위를 가지고 있다.

신소설 (新小說)

19세기 말~20세기 초에 걸쳐, 개화기를 시대적인 배경으로 하여 창작된 일련의 소설.

고대소설과 현대소설 사이의 과도기적 성격을 띠는 소설로, 봉건적 사회제도의 타파와 개화, 새 문화생활의 지향, 애국정신의 고취 등을 주제로 하였다.
이인직의 『혈의 누』·『은세계』, 이해조의 『자유종』, 최찬식의 『추월색』 등이 대표적인 작품들이다.

아킬레스건 (Achilles Tendon)

발뒤꿈치 위에 있는 힘줄.

고대 그리스의 전설적인 영웅 아킬레스의 고사에서 유래된 말이다. 아킬레스는 발뒤꿈치를 빼고는 불사신이었으나 적장 파리스의 화살을 발뒤꿈치에 맞고 죽었다는 트로이 전쟁의 전설에서 이 말은 '치명적인 약점'이라는 뜻을 가지게 되었다.

아포리즘 (Aphorism)

'정의'를 의미하는 그리스어에서 유래된 말로, 깊은 체험적 진리를 간결하고 압축된 형식으로 나타낸 짧은 글.

문장이 단정적이며 짧고, 내용이 독창적이며 기지가 풍부한 것이 특징이다. 17세기의 모럴리스트들이 애용한 뒤로 문학에서도 하나의 장르를 이루었으며, 노발리스·니체·와이드 등이 뛰어나다.

어그로꾼 (aggro)

인터넷 게시판에 주제에 맞지 않은 글이나 악의적인 글을 올리는 사람 또는 공공장소에서 튀는 행동을 하는 사람을 말한다.

다중접속 온라인 롤플레잉게임(MMORPG) 내 시스템을 가리키는 「어그로」와 어떤 행동을 즐겨 하는 사람이란 뜻의 「꾼」을 합쳐 만든 신조어이다. 이 게임 용어가 인터넷으로 퍼지면서 인터넷상에서 사람들의 관심을 끌기 위한 목적으로 거슬리는 글이나 사진을 올리는 사람, 공공장소에서, 주목받기 위해 튀는 행동을 하는 사람을 '어그로꾼'이라고 부르게 됐다.

에필로그 (Epilogue)

시나 소설 등의 맺음 부분.

연극에서는 극의 종말에 추가한 끝 대사 또는 보충한 마지막 장면을 말한다. 고대 그리스 연극에서 작자가 그 일반적 구상과 희곡의 성격을 설명하는 관객에 대한 종결 인사를 말한다. 흔히 결론이나 결장을 말한다.

⇨ 프롤로그 (Prologue)

연극을 개막의 서두에 하는 작품의 내용이나 작자의 의도 등에 관한 해설.
프롤로그는 에필로그와 상대되는 개념으로서, 일반적으로 서사(序詞) 또는 서곡·서막을 뜻한다.

옐로 저널리즘 (Yellow Journalism)

인간의 불건전한 감정을 자극하는 범죄·괴기사건·성적 추문 등을 과대하게 취재·보도하는 신문의 경향.

이런 현상은 신문이 일부 지식 계층만을 상대로 하던 시대로부터 널리 일반대중을 독자로 삼는 현재의 신문으로 발전하는 과정에서 때때로 나타났다. 1830년대 미국에서 시작된 것으로, 노골적인 사진과 흥미 있는 기사 등을 게재해서 독자들의 감각을 자극하여 발행부수 확장 등을 노린다. 옐로 페이퍼, 황색 신문이라고도 한다.

⇨ 블랙 저널리즘 (Black Journalism)

감추어진 이면적 사실을 드러내는 정보활동의 영역. 개인이나 집단·조직의 약점을 이용해 이를 발표·보도하겠다고 위협하거나 특정한 이익을 위하여 보도해서 이득을 얻으려 한다.

저널리즘 (Journalism)

매스미디어를 통해 공공적인 사실이나 사건에 관한 정보를 보도하고 논평하는 활동을 말한다.

매스미디어를 통해 공공적인 사실이나 사건에 관한 정보를 보도하고 논평하는 활동으로, 특히 시사적인 사안에 대한 보도, 논평 등을 사회에 전달하는 것을 의미한다. 이는 정기적, 주기적으로 커뮤니케이션 활동을 벌임으로써 현대인이 적응할 수 있는 환경을 제시한다는 것을 특징으로 한다.

커밍아웃 (Coming out)

영어로는 'come out of closet'에서 유래된 말로, 동성애자들이 자신의 성(性) 지향성을 공개적으로 드러내는 것을 뜻하는 말이다.

동성애자 스스로가 동성애자임을 인정하고 긍정적으로 받아들이거나, 동성애자 집단에서 자신의 성 취향을 드러내는 것도 넓은 의미에서는 커밍아웃의 범주에 넣기도 한다. 그러나 일반적으로는 가족이나 직장, 학교 또는 일반 사회에서 자신이 동성애자임을 공개적으로 밝히는 것을 의미하는 경우가 많다.

파이어족 (Financial Independence, Retire Early)

경제적 자립을 통해 빠른 시기에 은퇴하려는 사람들을 뜻하는 말.

이들은 일반적인 은퇴 연령인 50~60대가 아닌 30대 말이나 늦어도 40대 초반까지는 조기 은퇴하겠다는 목표로, 회사 생활을 하는 20대부터 소비를 줄이고 수입의 70~80% 이상을 저축하는 등 극단적 절약을 선택한다. 파이어족들은 원하는 목표액을 달성해 부자가 되겠다는 것이 아니라, 조금 덜 쓰고 덜 먹더라도 자신이 하고 싶은 일을 하면서 사는 것을 목표로 한다. 파이어족은 생활비 절약을 위해 주택 규모를 줄이고, 오래된 차를 타고, 외식과 여행을 줄이는 것은 물론 먹거리를 스스로 재배하기도 한다.

팝페라 (Popera)

오페라를 팝처럼 부르거나 팝과 오페라를 넘나드는 음악 스타일 또는 대중화한 오페라.

팝(pop)과 오페라(opera)의 합성어로, 1997년 미국의 〈워싱턴 포스트〉지에서 처음 사용한 말이다. 흔히 유명한 오페라에 대중적인 팝 스타일을 가미해 부름으로써 누구나 편안하게 들을 수 있는 노래들을 일컫는다. 팝페라의 대표 주자에 사라 브라이트만, 엠마 샤플린, 안드레아 보첼리 등이 있으며, 한국에서는 임형주를 꼽을 수 있다.

페미니즘 (Feminism)

남성 중심의 이데올로기에 대항하며, 사회 각 분야에서 여성 권리와 주체성을 확장하고 강화해야 한다는 이론 및 운동을 가리킨다.

페미니즘은 '여성의 특징을 갖추고 있는 것'이라는 뜻의 라틴어 '페미나(femina)'에서 유래한 말로 오래전부터 이어져 왔던 남성 중심의 이데올로기에 대항하며, 사회 각 분야에서 여성의 권리와 주체성을 확장하고 강화해야 한다는 이론 및 운동을 가리킨다. 즉, 남성 중심적인 사회에서 차별적인 대우를 받아온 여성들이 사회가 정해놓은 여성에 대한 고정관념을 탈피하는 등 '성(sex, gender, Sexuality)에서 기인하는 차별과 억압으로부터의 해방'을 주장한다.

퓰리처상 (Pulitzer Prizes)

미국에서 가장 권위 있는 보도·문학·음악상.

헝가리 태생의 미국 신문왕 퓰리처의 유지에 따라 1917년 제정되었는데, 1918년 이후 매년 시·극·소설·저널리즘·역사 등의 부분에 걸쳐 시상한다. 수상자는 원칙적으로 미국인에 한정되나 부문에 따라서는 예외도 있다.

한성순보 (漢城旬報)

1883년(고종 20)에 서울 중구 저동(을지로 2가)의 통리아문 박문국에서 발행한 우리나라 최초의 근대신문.

한성순보는 관보형식의 신문으로 10일에 1회 발행되는 순보이며, 내용은 모두 한자로 되어 있다. 1882년 박영효(朴泳孝) 일행이 수신사(조선 말 고종 때 일본에 보내던 사신)의 자격으로 일본에 가 머무르면서 국민 대중의 계몽을 위한 신문발간의 필요성을 왕에게 건의하여 박문국을 설치하고 1883년 9월 20일 창간호를 발간했다. 1884년 개화파였던 개화당의 김옥균, 박영효 등이 일으킨 갑신정변으로 박문국의 인쇄시설이 모두 불타 발간이 중단되었다가 1886년 1월 주간신문인 '한성주보'로 이름이 바뀌어 다시 발간되었다.

★★★ 한국의 세계문화유산 ★★★

창덕궁

창덕궁은 1610년 광해군 때 정궁으로 사용한 후부터 1868년 고종이 경복궁을 중건할 때까지 258년 동안 역대 제왕이 정사를 보살펴 온 법궁이었다. 창덕궁 안에는 가장 오래된 궁궐 정문인 돈화문, 신하들의 하례식이나 외국 사신의 접견 장소로 쓰이던 인정전, 국가의 정사를 논하던 선정전 등의 치조 공간이 있으며, 왕과 왕후 및 왕가 일족이 거처하는 희정당, 대조전 등의 침전 공간 외에 연회, 산책, 학문을 할 수 있는 매우 넓은 공간을 후원으로 조성하였다.

창덕궁은 사적 제122호로 지정 관리되고 있으며 돈화문(보물 제283호), 인정문(보물 제813호), 인정전(국보 제225호), 대조전(보물 제816호), 구선원전(보물 제817호), 선정전(보물 제814호), 희정당(보물 제815호), 향나무(천연기념물 제194호), 다래나무(천연기념물 제251호) 등이 지정되었다. 창덕궁은 1997년 12월 유네스코 세계문화유산으로 등록되었다.

석굴암과 불국사

석굴암은 서기 751년 신라 경덕왕 때 재상이었던 김대성이 창건하기 시작하여 774년인 신라 혜공왕 때 완공하였으며, 건립 당시의 명칭은 석불사로 칭하였다.

8세기 중엽 통일신라 문화의 황금기에 건립된 석굴암은 불교사상과 매우 발달한 수리적 원리를 바탕으로 한 고도의 건축 기술, 뛰어난 조형감각으로 완성되었다.

불국사는 석굴암과 같은 서기 751년 신라 경덕왕 때 김대성이 창건하여 서기 774년 신라 혜공왕 때 완공하였다. 불국사는 사적·명승 제1호로 지정 관리되고 운교와 백운교(국보 제23호), 연화교와 칠보교(국보 제22호), 금동 아미타 여래좌상(국보 제27호), 비로자나불(국보 제26호) 등이 있으며, 불국사는 1995년 12월 석굴암과 함께 세계문화유산으로 공동 등록되었다.

종묘

종묘는 조선왕조 역대 황과 왕비 및 추존된 왕과 왕비의 신주를 모신 유교 사당으로서 가장 정제되고 장엄한 건축물 중의 하나이다.
종묘는 사적 제125호로 지정 보존되고 있으며 소장 문화재로 정전(국보 제227호), 영녕전(보물 제821호), 종묘제례악(중요무형문화재 제1호), 종묘제례(중요무형문화재 제56호)가 있으며, 1995년 12월 유네스코 세계문화유산으로 등록되었다.

고인돌 유적

우리나라에는 전국적으로 약 3만여 기에 가까운 고인돌이 분포하고 있는 것으로 알려져 있는데 그중 세계유산으로 등록된 고창·화순·강화 고인돌 유적은 밀집분포도, 형식의 다양성으로 고인돌의 형성과 발전 과정을 규명하는 중요한 유족이며 유럽, 중국, 일본과도 비교할 수 없는 독특한 특색을 가지고 있다. 고인돌 유적은 2000년 12월 세계문화유산으로 등록되었다.

수원화성

수원화성은 중국, 일본 등지에서 찾아볼 수 없는 평산성의 형태로 군사적 방어 기능과 상업적 기능을 함께 보유하고 있으며 시설의 기능이 가장 과학적이고 합리적이며, 실용적인 구조로 되어 있는 동양 성곽의 백미라 할 수 있다.
수원화성은 사적 제3호로 지정 관리되고 있으며 소장 문화재로 팔달문(보물 제40호), 화서문(보물 제403호), 장안문, 공심돈 등이 있다. 수원화성은 1997년 12월 유네스코 세계문화유산으로 등재되었다.

해인사 장경판전

해인사 장경판전은 13세기에 만들어진 세계적 문화유산인 고려대장경판 8만여 장을 보존하는 보고로서 해인사의 현존 건물 중 가장 오래된 건물이다.
해인사 장경판전은 국보 제52호로 지정 관리되고 있으며, 소장 문화재로서는 대장경판 81,258판(국보 제32호), 고려각판 2,725판(국보 제206호), 고려각판 110판(보물 제734호)이 있다. 이 중 해인사 장경판전은 1995년 12월 유네스코 세계문화유산으로 등록되었다.

경주 역사유적지구

2000년 12월 세계유산으로 등록된 경주 역사 유적 지구는 신라의 역사와 문화를 한눈에 파악할 수 있을 만큼 다양한 유산이 산재해 있는 종합 역사 지구로서 유적의 성격에 따라 모두 5개 지구로 나누어져 있는데 불교 미술의 보고인 남산지구, 천년 왕조의 궁궐터인 월성지구, 신라왕을 비롯한 고분군 분포 지역인 대능원 지구, 신라 불교의 정수인 황룡사지구, 왕경 방어 시설의 핵심인 산성지구로 구분되어 있으며 52개의 지정문화재가 세계 유산지역에 포함되어 있다.

알아두면 교양이 되는 똑똑한 상식 보따리 • 4

★★★ 한국의 세계유산: 잠정목록 ★★★

삼년산성

삼년산성은 지형의 특징을 고려해서 축조한 삼국시대의 대표적인 포곡(包谷)형 산성으로 삼국시대 이후 조선시대에 이르기까지 오랜 기간 사용되어 왔다.

강진 도요지

사적 제68호로 지정되어 있는 강진 도요지는 다른 지역에서는 그 유례를 찾아볼 수 없는 특징과 한국도 자사 연구에 있어서 중요한 위치를 차지하고 있다.

안동 하회마을

안동 하회마을은 마을구조, 가옥 배치 등이 조선 중기 이후의 모습을 간직하고, 우리나라의 전통 생활문화와 건축양식을 잘 보여주는 뛰어난 문화유산이다.

남해안일대 공룡화석지

남해안 일대 공룡 화석지는 보존 상태가 완벽한 공룡알 화석 산지이며, 세계 최대 규모의 익룡 발자국 화석과 가장 오래된 물갈퀴 발자국 등이 특징적이다.

또한 이곳은 중생대 백악기 세계 최대 규모의 공룡 발자국 화석 산지이며 매우 다양한 공룡화석이 산출되고 있어 학술적·역사적 가치가 매우 크다.

공주 무령왕릉

무령왕릉은 발견된 지석의 기록을 통해 삼국시대 왕릉 중 피장자와 축조연대를 파악할 수 있는 최초의 고분이며, 무덤 축조 이후 전혀 손상되지 않은 처녀분이라는 점에서 우리나라 삼국시대 고분 연구의 중요한 자료로 평가되고 있다.

설악산 천연보호구역

이 지역은 1965년 천연보호구역으로, 1970년에는 국립공원관리법에 의거 국립공원으로 정정되었으며, 이후 두 차례에 걸쳐 그 면적이 확대되었다.

월성 양동마을

양동마을은 수많은 전통 건조물과 양반 가문의 예법, 혼례, 장례, 제사 등의 생활문화 전통이 그대로 보존 계승되고 있으며, 우리나라 민속 마을 중 원형이 가장 잘 보존되어 있어 중요한 가치가 있는 전통 마을로 평가받고 있다.

조선왕릉

조선시대의 능원은 600여 년이나 되는 오랜 기간 통치한 왕조의 능원 제도의 특징을 갖고 있으며, 시대적 흐름에 따른 통치철학과 정치 상황을 바탕으로 능원 공간 조영 형식의 변화, 관리 공간 영역의 변화, 조형물 특성의 변화 등을 잘 반영하고 있는 독특한 문화유산이다.

★★★ 한국의 세계기록 유산 ★★★

훈민정음

세종 28년(1446)에 정인지 등이 세종의 명을 받아 설명한 한문 해설서를 전권 33장 1책으로 발간하였는데 책의 이름을 훈민정음이라고 하였다. 해례가 붙어있어서 훈민정음해례 본 또는 훈민정음 원본이라고도 한다. 현존본은 1940년경 경북 안동 어느 고가에서 발견된 것으로서 국내에서 유일한 귀중본이다. 훈민정음은 국보 제70호로 지정되어 있으며 1997년 10월 유네스코 세계기록유산으로 등재되었다.

조선왕조실록

조선왕조실록은 조선왕조의 시조인 태조로부터 철종까지 25대 472년간(1392~1863)의 역사를 연월일 순서에 따라 편년체로 기록한 책으로 총 1,893권 888책으로 되어 있는 가장 오래되고 방대한 양의 역사서이다.
조선왕조실록은 정족산 본 1,181책, 태백산 본 848책, 오대산 본 27책, 기타 산엽 본 21책을 포함해서 총 2,077책이 일괄적으로 국보 제151호로 지정되어 있으며, 1997년 10월에 유네스코 세계기록유산으로 등재되었다.

직지심체요절

이 책은 금속활자를 이용하여 인쇄하였는데, 인쇄술을 보다 편리하고 경제적이며 교정을 쉽게 하여 주었고 이 모든 것은 책의 신속한 생산에 공헌하였다.
또한 활자 인쇄술에 적합한 먹, 즉 기름먹을 발명하는 계기가 되었으며, 한국이 혁신한 실용적인 활판 인쇄술은 동양 인쇄사에 지대한 영향을 끼쳤고, 유럽 등지로 전파된 것으로 보인다. 이 책은 이러한 가치를 인정받아 2001년 9월 유네스코 세계기록유산으로 등재되었다.

승정원일기

「승정원일기」는 조선왕조 최대의 기밀 기록인 동시에 사료적 가치에 있어서 조선왕조실록, 일성록, 비변사 등재와 같이 우리의 역사와 문화를 세계에 자랑할 만한 자료이며, 또한 세계기록유산으로 등재된 「조선왕조실록」을 편찬할 때 기본 자료로 이용하였기 때문에, 실록보다 오히려 가치 있는 자료로 평가되고 있음은 물론, 원본 1부밖에 없는 귀중한 자료로 국보 제303호(1999.4.9.)로 지정되어 있다. 이는 세계 최대 및 1차 사료로서의 가치를 인정받아 2001년 9월 유네스코 세계기록유산으로 등재되었다.

알아두면 교양이 되는 똑똑한 상식 보따리 • 6

★★★ 한국의 세계무형유산 ★★★

종묘제례 및 종묘제례악

종묘제례와 종묘제례악은 중요무형문화재 제56호와 제1호로 지정되어 보존·전승되고 있으며, 2001년 5월 18일 유네스코 세계 무형유산 걸작으로 선정되었다.

판소리

판소리는 우리 역사와 희로애락을 함께해온 우리 문화의 정수로 그 독창성과 우수성을 세계적으로 인정받아 2003년 11월 7일 유네스코 제2차「인류구전 및 무형유산 걸작」으로 선정되었다.

강릉 단오제

한국축제의 문화적 원형이 살아있는 강릉 단오제는 중요무형문화재 제13호로 지정되어 보존되고 있으며 그 문화적 독창성과 뛰어난 예술성을 인정받아 2005년 11월 25일 유네스코 인류구전 및 무형유산 걸작으로 선정되었다.

제6장

알아두면 논리력이 높아지는 시사 개념어 상식 사전

과학 Science

IT Information Technology

의학 Medicine

ASMR (Autonomous Sensory Meridian Response)

특정 자극을 통해 심리적 안정감이나 쾌감 등을 느끼게 되는 현상.

시각·청각·후각·촉각 등의 자극을 통해 느껴지는 정서적 안정감이나 감각적 경험을 의미하는 신조어다. 스트레스를 줄이고 심리적·신체적 만족감을 얻을 수 있다고 알려졌으나, 과학적 근거는 확인되지 않았다. ASMR은 부드러운 자극인 'ASMR 트리거'(Triggers)에 의해 발생한다. 대표적인 ASMR 트리거로는 속삭임이나 책을 넘기는 소리, 편안한 손의 움직임, 머리카락을 손으로 넘길 때의 감각, 종이가 구겨지는 소리, 바스락거리는 소리, 일상에서의 반복적인 움직임 등이 있다.

DNA (Deoxyribo Nucleic Acid)

자연에 존재하는 2종류의 핵산 중에서 디옥시리보오스를 가지고 있는 핵산으로, 유전자의 본체를 이룬다.

인간에서 식물, 미생물에 이르기까지 모든 생물의 생명현상을 지배하는 유전자의 본체라고 할 수 있다. 생물의 세포 속에 있으며 생명 활동을 유지하는 데 불가결한 효소 등 각종 단백질의 생산을 지령, 제어하는 역할을 한다.

HTTP (Hyper Transfer Protocol)

인터넷에서, 웹 서버와 사용자의 인터넷 브라우저 사이에 문서를 전송하기 위해 사용되는 통신규약을 말한다.

마우스 클릭만으로 필요한 정보로 직접 이동할 수 있는 방식을 하이퍼텍스트라고 하는데, http는 이 방식의 정보를 교환하기 위한 하나의 규칙이다. http는 메시지의 구조를 정의하고, 클라이언트와 서버가 어떻게 메시지를 교환하는지를 정해놓은 프로토콜로 클라이언트 프로그램과 서버 프로그램은 http 메시지를 교환함으로써 서로 대화한다. 웹사이트 중 http로 시작되는 주소는 이런 규칙으로 하이퍼텍스트를 제공한다는 의미를 담고 있다.

LAN (Local Area Network)

근거리 통신망.

사무실이나 공장처럼 범위가 그리 넓지 않은 일정 지역 내에서, 다수의 컴퓨터나 OA 기기 등을 속도가 빠른 통신선로로 연결하여, 통신이 가능하도록 하는 시스템이다. 고속 통신이 가능하며 확장이 간편하며, 통신 오류율이 낮다.

NASA (미항공우주국 National Aeronautics and Space Administration)

미국의 비군사적 우주개발 활동의 주체가 되는 정부 기관.

1958년 10월, 유사한 임무를 띤 여러 기관을 하나로 통합하여 발족하였으며 대통령 직속 기관으로 워싱턴에 본부가 있다. 부속기관으로 유인 우주선 센터·케네디 우주센터·마샬 우주센터·고더드 우주비행센터 등이 각지에 산재해 있다. 인간의 달 정복 꿈을 실현한 '아폴로 계획'을 주관했다.

N스크린 (N-screen)

하나의 콘텐츠를 스마트폰, PC, 스마트TV, 태블릿PC, 자동차 등 다양한 디지털 정보기기에서 공유할 수 있는 네트워크 서비스를 말한다.

N스크린은 국내외 이동통신사들이 미래 핵심 서비스로 인식해 선점을 하기 위해 서로 경쟁하고 있으며, 시간, 장소 디지털기기에 구애 없이 언제 어디서나 하나의 콘텐츠를 이어서 볼 수 있고, 컴퓨터로 다운받은 영화를 TV, 스마트폰, 태블릿PC로 이어서 볼 수 있는 서비스다.

OTT (Over The Top)

인터넷을 통해 TV, 영화, 교육 등 각종 미디어 콘텐츠를 제공하는 서비스를 말한다.

OTT(Over The Top)에서 Top은 TV에 연결되는 셋톱박스를 말하며, 초기에는 셋톱박스와 같은 단말기를 통해 TV 수상기로 볼 수 있는 인터넷 기반의 동영상 서비스를 의미했으나, TV 수상기뿐만 아니라 PC나 태블릿, 스마트폰 등 다양한 단말기들이 동영상을 소비하는 매개체가 되면서, 지금은 셋톱박스의 유무를 떠나 모든 인터넷 기반의 동영상 서비스를 포괄하는 의미로 쓰이고 있다.

QR코드 (QR code)

바코드보다 훨씬 많은 정보를 담을 수 있는 격자무늬의 2차원 코드로 스마트폰으로 QR코드를 스캔하면 각종 정보를 제공받을 수 있다.

1994년 일본 덴소웨이브사(社)가 개발하였으며, 사각형의 가로세로 격자무늬에 다양한 정보를 담고 있는 2차원(매트릭스)형식의 코드로, 'QR'이란 'Quick Response'의 머리글자이다.
QR코드는 스마트폰이 보급되면서 활용도가 높아졌다. 스마트폰 사용자들은 무료로 제공되는 QR코드 스캔 애플리케이션을 다운받은 후,

스마트폰으로 광고판, 홍보지, 포스터, 잡지, 인터넷 등에 게재된 QR코드를 스캔하기만 하면 각종 정보를 손쉽게 얻을 수 있다.

Rh인자 (Rh Factor)

사람의 혈액형을 결정하는 인자로 혈액 속에 있는 Rh식 혈액형의 항원.

적혈구 속에 포함되어 있으며, Rh 인자가 있는 혈액을 Rh+, 없는 혈액을 Rh-라 한다. 대부분 동양인과 유럽인의 85%가 Rh+형을 가지고 있다고 한다. Rh-인 사람이 Rh+인 사람으로부터 수혈받으면 거부 반응을 일으키고, 또 Rh-의 여자가 Rh+인 태아를 가지면 그 태아가 위험하다.

VDT 증후군 (Video Display Terminal Syndrome)

컴퓨터의 스크린에서 방사되는 X선·전리방사선 등의 해로운 전자기파가 유발하는 두통·시각장애 등의 증세.

VDT는 비디오 표시 단말장치 또는 컴퓨터나 TV 등의 화면 장치를 말한다. 일반적으로 컴퓨터를 오래 사용하는 사람들이 겪는 신체적인 장애를 일컫는다. 시각장애, 관찰 이상, 두통, 심리적 장애 등이 나타나고 임신 장애까지 거론되고 있으나 정확하지는 않다.

5세대 이동통신 (5G Fifth Generation Mobile Communications)

최대 속도가 20Gbps에 달하는 이동통신 기술로, 4세대 이동통신인 LTE에 비해 속도가 20배가량 빠르고, 처리 용량은 100배 많다.

강점인 초저지연성과 초연결성을 통해 4차 산업혁명의 핵심 기술인 가상현실, 자율주행, 사물인터넷 기술 등을 구현할 수 있다. 5G의 정식 명칭은 'IMT-2020'으로 이는 국제전기통신연합(ITU)에서 정의한 5세대 통신규약이다. ITU가 정의한 5G는 최대 다운로드 속도가 20Gbps, 최저 다운로드 속도가 100Mbps인 이동통신 기술이다.

가상현실 (Virtual Reality)

어떤 특정한 환경이나 상황을 컴퓨터로 만들어서, 그것을 사용하는 사람이 마치 실제 주변 상황·환경과 상호작용을 하고 있는 것처럼 만들어 주는 최첨단 기술.

가상현실은 실제와 똑같은 조건과 상황을 만들어 사람의 대응에 따라 서로 다른 다양한 결과를 진행해서, 실제 위험이나 실수에 따른 나쁜 결과는 피하면서 그 상황에 대한 훈련이 가능하다. 예컨대, 의학 분야에서는 수술 및 해부를 실제 상황처럼 훈련할 수 있으며, 항공이나 군사 분야에서는 비행 조종훈련 시뮬레이션을 실제 상황처럼 연습할 수 있다.

게놈 (Genome)

유전자(gene)와 염색체(chromosome)의 합성어로, 염색체에 담긴 유전자 정보를 총칭하는 말.

1920년 H. 윙클러에 의해 처음 사용된 용어다. 인간의 신체는 약 65조 개의 세포로 이루어져 있으며, 각 세포 안에는 핵이 있고, 여기에 유전 정보를 담은 46개 염색체가 있다. 46개의 염색체 안에 담겨 있는 염색체 군의 정보를 통틀어서 게놈이라고 부른다.

나노 기술 (Nano-Technology)

10억분의 1 수준의 정밀도를 요구하는 극미세가공 과학기술.

나노란 '난쟁이'란 뜻의 그리스어이며, 1나노미터(nm)는 10억 분의 1 미터로 전자 현미경으로나 볼 수 있는 수준이다. 조립된 새로운 화학 물질을 기본 골격으로 하는 신물질 개발, 원자·분자 크기의 모터를 이용한 동력개발, 기본 생명체의 합성 및 의학에의 응용, 전자소자를 대체하는 원자 크기의 기본 소자 개발 및 이를 이용한 컴퓨터 개발, 생물체와 무기물 소자와의 접속장치 개발 등 응용 분야가 다양하다. 개발된 소재나 재료들은 초소형 컴퓨터나 로봇 등을 만드는 데 이용된다.

네트워크 (Network)

각 지역에 흩어져 있는 방송국이 그물처럼 연결되어 전국적으로 같은 방송을 전달할 수 있게 만들어진 방송망.

보통 중앙의 방송국을 핵심으로 하여 몇 개의 지방 방송국이 특정 순서에 따라 전국 방송을 하는 조직을 말한다.

⇨ 컴퓨터 네트워크 (Computer Network)

여러 컴퓨터나 단말기 사이를 통신회선으로 연결한 컴퓨터의이용 형태. 다수의 컴퓨터를 통신망으로 연결하여 소프트웨어나 데이터베이스를 공유하거나, 대형 컴퓨터를 원격지에서 이용하는 것 등이다.

농축 우라늄 (Enriched Uranium)

핵분열을 일으키는 우라늄 235의 함유율을 천연 우라늄보다 인위적으로 높인 우라늄.

주로 원자력발전의 연료로 사용하기 위해 제조한다. 우라늄 235의 함유율이 20% 이하이면 저농축 우라늄, 90% 이상이면 고농축 우라늄이라고 한다. 원자 폭탄에는 99.999%까지 농축한 우라늄을 사용한다.

누리호 (Korea Space Launch Vehicle-2)

우리나라 최초의 저궤도 실용위성 발사용 로켓.

국내 독자 기술로 개발한 누리호는 2021년 10월 21일 전남 고흥 나로우주센터에서 발사된 3단 발사체로, 이륙, 1단·2단 분리, 위성 모사체 분리 등 주요 비행 절차는 정상적으로 수행되었지만, 3단 엔진의 조기 종료로 7.5km/s의 속도에 못 미쳐 궤도에 안착하는 데 실패하였다. 그러나 2022년 6월 21일 오후 4시, 누리호에 실린 성능검증 위성이 발사에 성공해 궤도에 안착하면서 우리나라는 세계 7번째로 1t 이상인 실용적 규모의 인공위성을 자체 기술로 쏘아 올린 나라가 되었다. 2023년 5월에는 시험 위성(위성 모사체)을 탑재한 비행시험이었던 1, 2차 발사와 달리 실제 임무를 수행하는 실용위성을 궤도에 진입시키기 위한 첫 실전 발사에 성공하면서 처음으로 실용위성을 계획된 궤도에 안착시켰다.

뉴턴의 운동법칙

뉴턴의 운동법칙에는 관성의 법칙(제1 법칙), 가속도의 법칙(제2 법칙), 작용·반작용의 법칙(제3 법칙)이 있다.

⇨ 관성의 법칙(제1 법칙)

외부에서 힘이 가해지지 않는 한 모든 물체는 자기의 상태를 그대로 유지하려고 하는 것을 말한다. 즉, 정지한 물체는 영원히 정지한 채로 있으려고 하며 운동하던 물체는 등속 직선운동을 계속하려고 한다.

예 달리던 버스가 급정거하면 앞으로 넘어지거나 브레이크를 급히 밟아도 차가 앞으로 밀리는 경우, 컵 아래의 얇은 종이를 갑자기 빠르고 세게 당기면 컵은 그 자리에 가만히 있는 현상.

⇨ 가속도의 법칙(제2 법칙)

물체에 힘이 가해졌을 때 가속도의 크기는 힘의 크기에 비례하고, 질량에 반비례하며, 가속도의 방향은 힘의 방향과 일치한다는 현상.
예 같은 무게의 볼링공을 어른과 아이가 굴렸을 때 어른이 굴린 볼링공이 더 빠르게 굴러가는 현상.

⇨ 작용·반작용의 법칙(제3 법칙)

A 물체가 B 물체에게 힘을 가하면(작용) B 물체 역시 A 물체에게 똑같은 크기의 힘을 가한다는 현상.
예 총을 쏘면 총이 뒤로 밀리거나, 배에서 노를 저으면 배가 나아가는 경우.

다누리 (KPLO)

대한민국 최초의 달 궤도선.

대한민국 최초의 달 궤도선(탐사선)으로, 2022년 8월 5일 미국 케이프커내버럴 공군기지에서 발사돼 발사 145일 만인 2022년 12월 27일 임무 궤도에 성공적으로 안착했다. 다누리의 임무궤도 진입 성공에 따라 2023년 1월부터는 과학 임무 수행이 이뤄지게 되는데, 다누리에는 국내에서 개발한 탑재체 5종과 NASA가 개발한 탑재체 1종이 실려 있다.

다위니즘 (Darwinism)

자연계에서 생물은 그 생활 조건에 적응해야만 살아있을 수 있다는 이론을 중심으로 한, 다윈의 진화 요인론.

다윈(C. Darwin)이 『종의 기원』에서 발표한 자연도태설은 생물에는 변이가 일어나며, 그것이 생활에 안성맞춤이면 그 생물로 하여금 생존경쟁에 이길 수 있도록 해 적자로서 생존하게 하고, 그 변이는 자손에게 전해져 점차 변화한다는 것이다. 자연선택설이라고도 하며 가장 유력한 진화요인설로 간주되고 있다.

데이터 스모그 (Data smog)

1997년 미국의 데이비드 셍크가 출간한 『데이터 스모그』라는 저서에서 유래된 용어로 불필요한 정보들이 지나치게 많이 유포되는 현상을 말한다.

인터넷의 발달로 정보의 유통속도가 빨라지긴 했지만, 한편으로는 쓰레기 정보나 허위 정보들이 마치 대기오염의 주범인 스모그처럼 가상공간을 어지럽힌다는 뜻이다.
셍크는 저서에서 데이터 스모그를 비판적인 시각으로 분석했다. 저서에 따르면 정보화의 홍수 속에 살아가는 현대인들은 정보기술의 발달속도에 발맞추어야 한다는 '업그레이드 강박증'에 시달리고 있으며, 잠시라도 인터넷에서 벗어나 있으면 정보에 뒤처진다는 정보 불안의식이 잠재해 있다. 따라서 현대인들은 이러한 정보 과다로 인해 극심한 정보피로증후군에 시달리고 있으며, 정보 범람 시대에서 생존하려면 유용한 정보를 선별하는 능력이 필수적이라는 것이다.

도플러 효과 (Doppler effect)

파원과 관측자 중 하나 이상이 운동하고 있을 때 발생하는 효과.

1842년 오스트리아 물리학자 도플러(Christian Doppler)가 처음 제안한 물리 현상이다. 전자기파를 방출하는 물체가 관측자에게 다가올 때는 관측되는 전자기파의 파장이 짧아지고, 그 물체가 관측자로부터 멀어질 때는 관측되는 전자기파의 파장이 길어지는 현상이다.
예를 들어 기차역에 도착하거나 기차역에서 출발하는 기차 기적소리의 음높이 변화에서도 발견할 수 있다. 기차역으로 진입하는 기차의 기적소리는 높게 들리지만(음파의 파장이 짧아지지만), 기차역을 지나 멀어지는 기차의 기적소리는 낮은음으로 들린다(음파의 파장이 길어진다).

드론 (Drone)

사람이 타지 않고 무선전파의 유도에 의해서 비행하는 비행기나 헬리콥터 모양의 비행체를 말한다.

제2차 세계대전 직후 수명을 다한 낡은 유인 항공기를 공중 표적용 무인기로 재활용하는 데에서 개발되기 시작한 드론은 냉전 시대에 들어서는 적 기지에 투입돼 정찰 및 정보수집 임무를 수행하였다. 이후 원격 탐지 장치, 위성 제어장치 등 최첨단 장비를 갖추고 사람이 접근하기 힘든 곳이나 위험지역 등에 투입되어 정보를 수집하기도 하고, 공격용 무기를 장착하여 지상군 대신 적을 공격하는 공격기의 기능으로 활용되고 있다.
아울러 최근에는 군사적 역할 외에도 다양한 민간 분야에서 활용되고 있다. 대표적인 것이 화산 분화구 촬영처럼 사람이 직접 가서 촬영하기 어려운 장소를 촬영하거나, 인터넷 쇼핑몰의 무인(無人)택배 서비스이다. 무인 택배 서비스의 경우 인공위성을 이용해 위치를 확인하는 GPS 기술을 활용해 서류, 책, 피자 등을 개인에게 배달하는 것이다.

디도스 (DDoS)

수십 대에서, 많게는 수백만 대의 PC를 원격 조종해 특정 웹사이트에 동시에 접속시킴으로써 단시간 내에 과부하를 일으키는 행위.

특정 서버를 대상으로 정상적인 서비스가 불가능하게 하려는 목적으로 시도하는 악의적인 공격 기법으로, 공격자는 특정 서버를 대상으로 지속적인 트래픽을 유발함으로써 서버가 감당할 수 없을 만큼의 리소스를 발생시켜 서버를 마비시킨다. 접속 신호가 공격당한 웹사이트가 처리할 수 있는 용량을 넘어서면 접속이 느려지고 결국엔 사이트가 다운된다. 매우 잘 알려진 사이버 테러 방법으로 대응책 역시 많이 알려져 있다.

딥러닝 (Deep Learning)

컴퓨터가 스스로 외부 데이터를 조합, 분석하여 학습하는 기술을 뜻한다.

컴퓨터가 인간처럼 판단하고 학습할 수 있도록 하고 이를 통해 사물이나 데이터를 군집화하거나 분류하는 데 사용하는 기술을 뜻한다. 방대한 양의 데이터 분석을 할 수 있는 컴퓨터의 개발에 따라 구현 가능해졌다. 뉴스 요약 서비스, 이미지 분석뿐만 아니라 자동 운전, 자율 로봇 등 다양한 분야에서 사용된다. 학습 자료의 양이 많을수록, 학습의 단계가 세분화, 될수록 성능이 좋아진다. 딥러닝의 고안으로 인공지능(AI)이 획기적으로 도약하게 되었다.

라식 수술
(LASIK; Laser Associated Stromal Insitu Keratomileusis Operation)

각막의 표면을 얇게 벗겨낸 후 레이저로 시력 교정을 한 다음 벗겨두었던 각막을 원래의 상태로 덮어 접합시키는 수술.

근시 교정을 위해 기존의 엑시머레이저 수술(PRK)과 미세 각막 절제술(keratomileusis)을 혼합한 수술 방법으로서 1990년 그리스의 펠리카리스(Pallikaris) 박사가 처음으로 고안했다. 교정 효과가 탁월하며 수술 후 통증이 없고 회복이 빠르다는 장점이 있다.

머신러닝 (Machine Learning)

인공지능의 한 분야로 컴퓨터가 빅데이터를 분석해 스스로 성능을 개선하고 미래를 예측하는 기술을 말한다.

머신 러닝은 경험적 데이터를 기반으로 학습과 예측을 수행하고 스스로의 성능을 향상시키는 시스템과 이를 위한 알고리즘을 연구하고 구축하는 기술이라 할 수 있다. 머신 러닝의 알고리즘들은 입력한 데이터를 기반으로 예측이나 결정을 이끌어내기 위해 특정한 모델을 구축하는 방식을 취한다. 머신러닝은 문자 인식, 물체 인식, 얼굴 인식, 자동 번역, 음성 인식 및 필기인식, 정보 검색 및 검색 엔진, 컴퓨터 그래픽 및 게임 등의 분야에서 응용되고 있다.

메타버스 (Metaverse)

현실 세계와 같은 사회·경제·문화 활동이 이뤄지는 3차원 가상 세계를 일컫는 말.

메타버스 세계는 그동안 가상현실(Virtual Reality)이라는 말로 표현되었는데, 현재는 진보된 개념의 용어로서 메타버스라는 단어가 주로 사용된다. 1992년 미국 SF 작가 닐 스티븐슨의 소설《스노 크래시》에 처음 등장한 개념이다. 메타버스는 5G 상용화에 따른 정보통신기술 발달과 코로나19 팬더믹에 따른 비대면 추세 가속화로 점차 주목받고 있다.
실례로 2020년 미국 대통령 선거 때 조 바이든 후보자는 닌텐도 '동물의 숲' 가상 현실 게임 안에서 선거 캠페인을 했고 유권자들은 가상 현실(VR: Virtual Reality) 안경을 낀 채 유세 현장에 참여하였다. 국내에서는 아이돌 그룹 방탄소년단(BTS)이 온라인 게임 포트나이트(Fortnite) 안에서 신곡 '다이너마이트'를 실제 콘서트 현장처럼 발표하였다. 코로나19(COVID-19)로 인해 비대면 추세가 계속되면서 대학교 입학식을 메타버스 환경에서 진행하기도 하였다.

모듈 (Module)

건축, 기계 또는 시스템의 구성단위.

여러 전자 부품이나 기계 부품 등으로 조립된 특정 기능을 가진 조그만 장치를 말한다. 컴퓨터, 전자기기 등이 복잡해짐에 따라 부품과 제품으로 나누면 개발이나 정보 교환에 불편하기 때문에 부품과 제품의 중간적 존재로서 모듈이라는 개념을 사용한다. 컴퓨터 시스템에서 중앙연산처리장치(CPU), 주기억장치, 입출력장치 등을 모듈이라 할 수 있다.

모바일 카드 (Mobile Card)

휴대전화에 스마트카드의 칩을 넣어 신용카드처럼 사용할 수 있는 카드.

기존 신용카드의 뒷면 마그네틱 띠 대신 손톱만 한 집적회로(IC) 칩을 넣어 신용·직불·교통·의료정보·전자화폐·신분증 등 다양한 기능을 할 수 있는 카드를 스마트카드라고 한다. 모바일 카드는 이 스마트카드의 칩을 휴대전화 속에 넣어 신용카드처럼 물건을 살 수도 있고, 교통카드로 사용할 수도 있으며, 온라인 결제 수단으로 이용할 수도 있다.

모세혈관 (Capillary Vesse)

동맥과 정맥 사이를 연결하며 주변 조직과 산소, 영양분 및 물질교환을 담당하는 혈관.

동맥에서 갈라지는 모세혈관 전세 동맥과 모세혈관 후세 정맥 사이에 모세혈관 망을 형성하고, 모세혈관 단위에서 주변 조직과 산소, 영양분 및 다른 물질교환이 이루어진다. 모세혈관은 육안으로 볼 수 없는 미세구조이므로 현미경 조직검사에서만, 확인이 가능하며, 확산에 의해 혈액과 조직 사이에서 산소, 이산화탄소, 영양분 및 기타 물질교환이 이루어진다.

바이오 (Bio)

생물학(biology) 또는 생물공학(biotechnology).

일반적으로 천연물에서 추출한 효소 또는 미생물을 이용하여 생명현상과 어느 정도 직접적으로 연결됐을 때 이 용어를 사용한다. 최근 섬유 제품·세제·운동화·화장품 등에서 살균 ·항생·노화 방지 목적으로 바이오 상품이 활발하게 개발되고 있다.

바이오 일렉트로닉스 (Bioelectronics)

생명공학(biotechnology)과 전자공학(electronics)을 융합한 첨단공학 분야를 말한다.

기존의 전자공학 기술과는 다른 새로운 세계를 여는, 고도성장이 예상되는 첨단산업이다. 현재 바이오 일렉트로닉스 분야에는 바이오센서, 광스위치소자 등 생체 관련 물질과 일렉트로닉스를 조합, 생체 신경계와 같은 생체 정보처리계의 해명, 신경세포의 성장 제어를 다루는 생물의 일렉트로닉스에 의한 제어, 단백질에 의한 패턴 인식과 같은 생체 재료의 일렉트로닉스 응용, 신경회로망과 같은 생체 정보처리의 모델화 등 넓은 범위에 걸쳐 있다. 이는 모두 인공지능을 지향하는 제6세대 컴퓨터의 핵심적인 기술이 될 것이다.

바이오 컴퓨터 (Biocomputer)

인간의 뇌에서 이루어지는 인식·학습·기억·추리·판단 등 고도의 정보처리 시스템을 모방하여 만든 컴퓨터.

컴퓨터 자체에 기능을 가지게 하여 패턴 인식, 판단, 유추 등의 작용을 하게 함으로써 최종적으로는 인간의 뇌에 버금가는 기능을 갖는 컴퓨터를 만드는 것이다.

반도체 (Semiconductor)

데이터 연산, 저장 역할을 하는 소재 혹은 컴퓨터 부품.

반도체란 '전류가 잘 흐르는 정도'를 나타내는 '전도율'이 중간 수준인 물체를 가리키는 용어이다. 열에너지에 의해 전기 전도성의 변화를 받는 등의 독특한 성질을 지니고 있는데, 이런 성질을 활용해 전자 신호를 조절하는 '반도체 소자'를 만들 수 있다. 이중 메모리반도체는 데이터를 저장하는 역할을 하는 전자부품(RAM · 보조기억장치)이고 시스템반도체는 연산 · 제어의 역할을 하는 전자부품(CPU · AP)이다. 메모리반도체는 삼성전자와 SK하이닉스가 공급량의 대다수를 담당하고 시스템반도체는 인텔과 퀄컴 등의 미국 기업이 공급량의 대다수를 담당하고 있다.

배너 (Banner)

웹페이지 한쪽에 특정 웹사이트의 이름이나 내용을 홍보하는 그래픽 이미지를 말한다.

마치 현수막처럼 생겨 배너(banner)란 명칭으로 불린다. 미리 정해진 규격에 동영상 파일 등을 이용해 광고를 내고 소정의 광고료를 지불하는 형태이다.
광고효과를 분석하기 위해 배너가 사용자들에게 보여진 횟수나 일정 기간 배너 그래픽이 다운로드 된 횟수를 세어 광고주에게 알려주기도 한다.

버퍼링 (Buffering)

정보의 송수신을 원활하기 위해 정보를 일시적으로 저장해서 처리속도의 차이를 흡수하는 방법.

원래 버퍼(buffer)란 한 장치에서 다른 장치로 데이터를 송신할 때 일어나는 시간 차이나 데이터 흐름 속도의 차이를 맞추기 위해 사용하는 저장장치다. 버퍼링은 스트리밍(streaming)과 함께 인터넷 방송 용어로 많이 사용한다.

⇨ 스트리밍 (Streaming)

인터넷에서 음성이나 영상, 애니메이션 등을 끊김 현상 없이 전송받아서 실시간으로 재생하는 기법. 비디오나 오디오 자료를 사용자의 PC에 파일형태로 받지 않고도 실시간을 보고 들을 수 있는 송출 기술로, 다운로드와 성격이 달라 저작권 분쟁에서 자유롭고 PC의 하드용량에 전혀 영향을 주지 않는다. 버퍼링은 스트리밍하는 순간 또는 스트리밍 직후 잠시 뜸을 들이는 순간을 말한다.

빅 데이터 (Big Data)

데이터의 생성 양, 주기, 형식 등이 방대한 데이터를 말한다.

기존 빅 데이터의 개념은 단순히 데이터의 양이 많은 것을 의미했다면, 최근의 일반적인 빅 데이터의 개념은 기존 데이터에 비해 너무 방대해 일반적으로 사용하는 방법이나 도구로 수집, 저장, 검색, 분석, 시각화 등을 하기 어려운 정형 또는 비정형 데이터세트를 의미한다.
빅 테이터는 각종 센서와 인터넷의 발달로 데이터가 늘어나면서 나타났고 빅데이터를 통해 인류가 유사 이래 처음으로 인간 행동을 미리 예측할 수 있는 세상이 열리고 있다고 주장하기도 하며, 이를 주장하는 대표적인 학자로는 토머스 멀론(Thomas Malone) 미국 매사추세츠공과대학 집합 지능연구소장이 있다.

빅뱅 이론 (Big Bang Theory)

우주가 점과 같은 상태에서 약 150억~200억 년 전에 대폭발이 일어나 팽창하여 현재에 이르고 있다는 이론.

빅뱅 이론에 따르면 우주는 오래전 거대한 폭발로 생겨났다. 처음에 우주는 상상할 수 없을 만큼 작고 밝고 뜨겁고 높은 밀도에서 시작했으나 폭발 이후 계속 팽창해 나가고 있다. 이 팽창 과정에서 우주 질량의 일부가 뭉쳐 별들을 만들었고 이들 별들이 거대한 별의 집단인 은하를 이룬다. 미 항공우주국(NASA) 탐사 위성 코브에 의해 이 이론을 뒷받침할 150억 년 전의 창세기 빛이 관측되었다. 미국 천체 물리학자 스무트 박사는 150억 년 전의 화광(火光: 태초의 빛이 우주에 남긴 자국)에서 태초의 빛 명암이 관측되어 빅뱅(대폭발) 이후 우주 진화 과정을 밝히는 단서가 되었다고 밝혔다.

블랙홀 (Black Hole)

강한 중력에 의해 빛조차 빠져나올 수 없어서 검게 보이는 천체를 뜻한다.

우주에서 가장 빠른 빛조차 빠져나가지 못할 정도로 중력이 강한 천체로, 1915년 아인슈타인이 발표한 상대성이론에서 개념화됐다. 블랙홀은 중력이 강하고 어두운 데다 너무 멀리 있어 직접 관측된 사례가 없다가, 사건지평선망원경(EHT·Event Horizon Telescope) 연구진이 8개 대륙에 위치한 전파망원경을 통해 인류 최초로 블랙홀을 관측한 영상을 2019년 4월 공개하면서 모습을 드러냈다. 행성이 폭발할 때 극단적으로 수축하면서 밀도와 중력이 커진 천체가 블랙홀이고, 이때 발생한 중력으로부터 빠져나오려면 빛보다 빨라야 한다.

사이버네틱스 (cybernetics)

인간과 기계 사이에서 이루어지는 의사소통을 종합적으로 연구하는 학문.

1947년 미국 수학자 노버트 위너(Norbert Wiener)가 처음 사용하였고 어원은 키잡이를 뜻하는 그리스어 'kybernetes'이다. 위너의 정의에 따르면 사이버네틱스란 과학이 발달하여 많은 기계장치를 이용하게 되면서 인간과 기계와의 관계를 새로운 방향으로 검토하고 체계를 세워 만든 학문으로 '인공두뇌학'이라고 불리기도 한다. 현재 사이버네틱스를 응용할 수 있는 분야에는 생물체의 신경계를 연구하여 기계의 제어시스템에 도입하기 위한 학문으로서 정보이론, 자동제어 이론, 자동 컴퓨터 이론 등에서 사용한다. 인공 두뇌를 위해 뉴런(neuron)이라는 신경세포를 사용하거나 인조인간인 사이보그를 연구하는 학문으로 발전하고 있다.

상대성이론 (Theory of Relativity)

독일의 물리학자 아인슈타인(A. Einstein)이 만든 물리학 이론.

일반적으로 자연현상은 좌표계에 의해 다르게 관측되지만 물리 법칙은 모든 좌표계에 있어서 같은 형식으로 표현되어야 한다는 이론이다. 1905년 뉴턴역학에 의해 알려졌던 상대성이론을 시간·공간의 개념을 근본적으로 변경하여 물리학의 여러 법칙에 적용한 것이 특수상대성이론이며, 1915년 상대성이론을 확장하여 뉴턴의 만유인력 대신 일반상대성이론을 완성했다. 아인슈타인은 모든 물질의 질량은 속도가 증가함에 따라 증가한다는 질량과 에너지의 동시성과 세계의 4차원성 등을 밝혔다.

소셜네트워크서비스 (Social Network Service)

웹상에서 이용자들이 인적 네트워크를 형성할 수 있게 해주는 서비스.

온라인의 가상공간을 통해 인맥을 형성하고, 정보를 공유하는 인터넷 기반의 커뮤니티 서비스를 총칭한다. 일반적으로 SNS라고 지칭하는데, 대표적으로 트위터, 페이스북, 인스타그램 등이 있다. 소셜네트워크서비스는 개인의 표현 욕구가 증대되면서 등장한 것으로, 집단이 중심이 되는 커뮤니티 등과 달리 개인이 중심이 돼 자신의 관심사 등을 타인과 공유한다는 특징이 있다.

소셜 커머스 (Social commerce)

소셜네트워크서비스(SNS)를 통해 이루어지는 전자상거래를 가리키는 말이다.

페이스북, 트위터 등의 소셜네트워크서비스(SNS)를 활용해 이루어지는 전자거래의 일종으로, 일정 수 이상의 구매자가 모일 경우 파격적인 할인가로 상품을 제공하는 판매 방식이다.
2008년 미국 시카고에서 설립된 온라인 할인쿠폰업체 그루폰(Groupon)이 공동 구매형 소셜 커머스의 비즈니스 모델을 처음 만들어 성공을 거둔 이후 본격적으로 알려지기 시작했다. 특히, 스마트폰 이용과 소셜네트워크서비스 이용이 대중화되면서 새로운 소비시장으로 주목받고 있다.

아바타 (Avatar)

가상 사회(virtual community)에서 자신의 분신을 의미하는 시각 이미지.

네티즌들이 채팅이나 게임 또는 메일을 보낼 때 자신을 표현하는 이미지로 사용하는 캐릭터를 말한다. 신이 인간 세상에 내려올 때 드러내는 모습을 의미하는 산스크리트어 '아바따라(avataara)'에서 유래되었다. 사이버 공간의 익명성에 매료되었던 네티즌들이 반대로 자신을 표현하고자 하는 욕구를 느끼게 되면서 일반화되었다.

안드로이드 (Android)

PC 운영체제인 '윈도우'처럼 스마트폰에서 프로그램을 실행하도록 하는 구글이 만든 모바일 전용 운영체제다.

세계적 검색 엔진 업체인 구글(Google)사가 작은 회사인 안드로이드사를 인수해 개발했으며, 스마트폰에 '안드로이드 마켓'이 있어서 누구나 원하는 게임, 뉴스, 음악 등 콘텐츠를 내려받을 수 있으며 구글 검색도 초기화면에서 쉽게 할 수 있다. 안드로이드가 기존의 휴대폰 운영체제인 마이크로소프트의 '윈도우 모바일'이나 노키아의 '심비안'과 차별화되는 것은 완전 개방형 플랫폼이라는 점이다. 종전에는 휴대폰 제조업체와 서비스업체마다 운영체제가 달라 개별적으로 응용프로그램을 만들어야 했지만, 애플이 폐쇄적으로 운영 중인 아이폰 체제와 달리 운영체제를 공개하고 있어 휴대폰 제조업체는 물론 이동통신사도 채택할 수 있는 것이 가장 큰 특징이다.

알츠하이머병 (Alzheimer's Disease)

퇴행성 뇌 질환.

나이가 들면서 정신 기능이 점점 쇠퇴해지는 노인성 치매를 일으키는 병이다. 이 병은 기억과 정서 면에서 심각한 장애를 일으키고 있지만 아직 뚜렷한 예방법이나 치료 방법이 개발되어 있지 않다. 흔히 알츠하이머병과 치매를 동일한 것으로, 인식하는 경우가 많은데, 치매는 알츠하이머병에 의해서만 생기는 것이 아니라 고혈압이나 당뇨병·심장질환 등과 같은 성인병에 의해서도 발생한다.

⇨ 치매 (Dementia)

지능·의지·기억 등 정신적인 능력이 현저하게 감퇴한 것.
뇌가 여러 가지 원인에 의해 기능의 손상이 되어 장애를 일으키는 상태를 말한다. 주된 증상은 기억력 장애다. 처음에는 가장 최근의 상황을 기억하지 못하다가 점점 진행되면서 과거의 일도 잊어버리는 것이다. 가벼운 경우에는 일상생활에 별로 지장이 없지만, 더 진행되면 기억력이나 판단력, 이해력 등 모든 정신 기능이 4세 이하 수준으로 떨어져 사회생활에 큰 지장을 준다.

에볼라 바이러스 (Ebola Virus)

괴질 바이러스의 일종.

1967년 독일의 미생물학자 마르부르크 박사가 자이르의 에볼라강(江)에서 발견한 데서 유래한 명칭이다. 이 바이러스에 감염되면 유행성 출혈열과 비슷한 증상을 나타내기 때문에 '아프리카 유행성 출혈열'이라고도 불린다. 1995년 봄 아프리카 자이르의 한 시에서 단기간에 80여 명의 사망자를 내는 등 감염자의 50~90%가 단시일에 사망하는 높은 치사율을 가지고 있다. 에이즈처럼 혈액이나 분비물을 통해 감염되며, 전염성은 그리 높지 않은 것으로 밝혀져 있다.

엔도르핀 (Endorphin)

동물의 뇌 등에서 추출되는 것으로, 모르핀과 같은 진통 효과를 가지는 물질의 총칭.

엔도르핀이란 '내인성(內因性) 모르핀'이라는 뜻이다. 근래 경혈을 침으로 자극하여 통증을 잊게 하는 메커니즘의 하나가 엔도르핀에 있음이 증명되어 화제를 모으기도 하였다.

영츠하이머 (Youngzheimer)

스마트폰 등 디지털기기의 과도한 사용 등으로 젊은 나이에 겪는 심각한 건망증을 뜻한다.

스마트폰의 경우 우리 생활 전반적인 영역을 지배하면서 이에 대한 의존도가 심화되고, 이에 따라 뇌 기능 둔화에 영향을 미친다. 이를 디지털치매(Digital dementia)라고도 하는데, 이는 디지털기기에 지나치게 의존해 일상생활에 필요한 기억을 잊어버리는 증상을 말한다. 이는 생활에 심각한 위협이 따르는 것이 아니어서 병으로 분류되지는 않지만, 스트레스를 유발해 공황장애, 정서장애 등이 발생할 수 있으며 치매로 발전할 가능성도 있어 주의가 필요하다.

유비쿼터스 통신 (Ubiquitous Communication)

장소에 상관없이 자유롭게 네트워크에 접속할 수 있는 정보통신 환경.

유비쿼터스란 '언제 어디서나', '동시에 존재한다'라는 뜻의 라틴어에서 유래한 것이다. 즉, 물이나 공기처럼 도처에 편재(遍在)한 자연 상태를 의미한다. 소형 컴퓨팅 장치를 일상생활 환경에 내장해서 원활하고 투명하게 운영하는 기술을 의미하는 신조어다.
블루투스(blue tooth), IRDA 등 최첨단 무선통신 기능을 탑재한 지능형 제품들은 일상생활에서 필요할 때 정보에 반응하고 정보를 방출할 수 있도록 능동적으로 주변 환경을 인식한다. 생활 속에서 찾아볼 수 있는 유비쿼터스의 예로는 자동문을 작동시키거나 사용자의 위치 정보를 제공하는 액티브 배지(active badge) 등이 있다.

인공지능 : AI (Artificial Intelligence)

인간의 학습 능력과 추론 능력, 지각 능력, 자연언어의 이해 능력 등을 컴퓨터 프로그램으로 실현한 기술.

1950년대 중반에 연구가 시작되었으며, 현재는 게임, 수학적 증명, 컴퓨터비전, 음성 인식, 자연어 인식, 전문가 시스템, 로봇공학, 생산 자동화 등의 분야에서 널리 연구, 활용되고 있다. 인간의 지적 능력을 모방해서 대체하거나 인간의 작업 지원 목적으로 산업 분야에서도 도입이 활발하다.

인슐린 (Insulin)

이자의 랑게르한스섬의 β세포에서 분비되는 호르몬.

섬이란 뜻의 라틴어인 insula에서 유래했다. 포도당을 글리코겐으로 바꿔 간장에 저장하는 작용을 한다. 부족하면 혈액 중 당 농도가 지나치게 높아져 소변에 섞여 나오는데 이것이 당뇨병이다. 당뇨병 치료제로서의 인슐린은 호르몬 제제 가운데 수요가 가장 많다. 1978년 미국에서 유전자 공학 기술로 대장균에 '위탁생산'하는 실험에 성공해서 실용화되었다.

온실 효과 (Greenhouse effect)

어떤 기체가 지구에 의해 반사된 태양복사의 일부를 흡수하여 대기가 더워지는 현상.

유리의 온실이 따뜻한 것과 같이 대기가 온실처럼 기능하면서 지표면의 온도를 유지 또는 상승시키는 효과를 말한다. 즉, 행성의 표면에 존재하는 대기 성분이 행성의 표면에서 방출되는 복사에너지를 흡수하여 우주로 방출되지 못하게 함으로써, 그 에너지가 공기 중에 유지되어 기온의 상승이 초래되는 현상을 말한다.

줄기세포 (Stem Cell)

여러 종류의 신체 조직으로 분화할 수 있는 능력을 가진 세포.

줄기세포는 신체 내에 있는 모든 조직을 만들어 내는 기본적인 구성요소로 뼈, 뇌, 근육, 피부 등 모든 신체 기관으로 전환될 수 있는 미분화 단계의 만능 세포다. 이러한 미분화 상태에서 적절한 조건을 맞춰주면 다양한 조직세포로 분화할 수 있으므로 이러한 분화 능력을 이용하여, 손상된 조직을 재생하는 등의 치료에 응용하기 위한 연구가 진행되고 있다.

챗GPT

오픈 에이아이(Open AI)가 2022년 12월 1일 공개한 대화 전문 인공지능 챗봇.

오픈AI(Open AI, openai.com)가 개발한 대화 전문 인공지능 챗봇으로, 챗은 채팅의 줄임말이고 GPT는 'Generated Pre-trained Transformer'의 앞 글자를 딴 것이다. 챗GPT는 'GPT-3.5'를 기반으로 개발됐는데 사용자가 대화창에 텍스트를 입력하면 그에 맞춰 대화를 함께 나누는 서비스로, 공개 단 5일 만에 하루 이용자가 100만 명을 돌파하면서 돌풍을 일으키기 시작했다. 특히 질문에 대한 답변은 물론 논문 작성, 번역, 노래 작사·작곡, 코딩 작업 등 광범위한 분야의 업무 수행까지 가능하다는 점에서 기존 AI와는 확연히 다른 면모를 보이고 있다. 오픈AI는 2023년 인간의 시냅스 수와 비슷한 수준의 100조 개 매개변수를 갖춘 GPT-4를 2023년 3월 14일 공개했다.

초전도 (Superconduction)

매우 낮은 온도에서 전기저항이 0에 가까워지는 현상.

초전기전도·초전도(超電導)라고도 한다. 초전도체는 전기저항이 없어 저항에 의한 손실을 막을 수 있고, 강한 전류를 흘려서 강한 자기장을 만들 수 있기 때문에 초전도체를 이용한 전자석의 실용화가 연구되고 있다. 초전도체는 저항이 없어 에너지의 손실이 없다는 점과 강한 자기장을 만들 수 있다는 점이 가장 큰 장점으로 꼽히지만, 극저온이나 초고압에서만 초전도 현상을 구현할 수 있어 그 활용이 제한돼 있다. 따라서 쉽게 가공이 가능한 상온상압의 초전도체가 개발되게 되면 그 어떤 기술보다도 파급력이 클 것으로 전망되고 있다. 이에 상온 초전도체가 '꿈의 물질'로 불리는 이유다.

클라우드 컴퓨팅 (Cloud Computing)

서버, 스토리지 등의 IT 리소스를 인터넷을 통해 실시간 제공하고 사용한 만큼 비용을 지불하는 방식의 컴퓨팅.

클라우드 컴퓨팅(Cloud Computing)이란 정보처리를 자신의 컴퓨터가 아닌 인터넷으로 연결된 다른 컴퓨터로 처리하는 기술을 말한다. 우리가 사용하고 있는 개인용 컴퓨터(PC)에는 필요에 따라 구매한 소프트웨어가 설치되어 있고 동영상과 문서와 같은 데이터도 저장되어 있다. 문서를 작성하려면 자신의 컴퓨터에 저장되어 있는 imagefont글과 같은 프로그램을 구동시켜야 한다. 그러나 클라우드 컴퓨팅은 프로그램과 문서를 다른 곳에 저장해 놓고 내 컴퓨터로 그곳에 인터넷을 통해 접속해서 이용하는 방식이다. 즉 사용자가 스마트폰이나 PC 등을 통해 문서, 음악, 동영상 등 다양한 콘텐츠를 편리하게 이용할 수 있다.

피톤치드 (Phytoncide)

숲속의 식물들이 만들어내는 살균성을 가진 모든 물질을 통틀어 지칭하는 말이다.

식물을 의미하는 피톤(Phyton)과 살균력을 의미하는 치드(Cide)가 합성된 말로, 숲속의 식물들이 만들어내는 살균성을 가진 모든 물질을 통틀어 지칭하는 말이다. 피톤치드의 주성분은 테르펜이라는 물질이며, 바로 이 물질이 숲속의 향긋한 냄새를 만들어낸다. 삼림욕을 통해 피톤치드를 마시면 스트레스가 해소되고 장과 심폐기능이 강화되며 살균작용도 이루어진다. 이에 여러 상품에 피톤치드의 효능을 이용하려는 움직임이 있다. 방향제에 피톤치드 성분을 추출해 넣거나 음식물에 식물의 꽃이나 잎을 이용하기도 한다.

필수아미노산 (Essential Amino Acid)

단백질의 기본 구성단위로 체내에서 합성할 수 없는 아미노산이다.

단백질은 체내에서 아미노산으로 분해되고 나서 흡수, 이용된다. 따라서 단백질의 영양가는 그 속에 함유되어 있는 아미노산의 종류와 양에 의해 정해지며, 아미노산은 동물의 체내에서 다른 아미노산으로부터 만들어지는 것과, 체내에서는 합성되지 않고 음식으로 섭취되어야 하는 것이 있다. 이렇게 체내에서 합성할 수 없는 아미노산을 필수아미노산이라고 한다. 필수아미노산의 종류는 동물의 종류나 성장 시기에 따라 다르지만, 성인의 경우 이소류신, 류신, 리신, 페닐알라닌, 메티오닌, 트레오닌, 트립토판, 발린 등 8종이며 어린아이의 경우는 히스티딘이 더해진다.

하이퍼루프 (Hyperloop)

초고속 진공 튜브 캡슐 열차.

하이퍼루프는 전기자동차 제조업체인 테슬라 모터스와 민간 우주업체 스페이스X의 CEO인 일론 머스크가 고안한 차세대 이동 수단이다.
머스크가 2015년 1월 블로그를 통해 공개한 설계안에 따르면 하이퍼루프 열차는 28인승으로 지름 3.5m 긴 원통의 통로를 최고 시속 1200㎞ 속도로 날아간다. 로스앤젤레스에서 약 560㎞ 떨어진 샌프란시스코까지 35분 만에 주파할 수 있다. 이처럼 빠른 속도를 내는 원리는 열차가 진공 튜브 속을 운행해 공기 저항과 마찰을 최소화하는 데 있다. 자기부상열차처럼 바닥에서 살짝 떠서 운행하는 것도 마찰을 줄이는 방법이다. 열차 운행에 필요한 전력은 진공 튜브 위에 설치한 태양전지판에서 공급받는다. 열차가 지나가는 지상 튜브는 30m 간격으로 내진 설계한 기둥으로 받친다. 우리나라에서는 한국철도기술연구원이 한국형 하이퍼루프를 개발했고 2020년에는 시험 주행에서 시속

1,019km 달성에 성공하였다.

한국항공우주연구원 (KARI; Korea Aerospace Research Institute)

항공우주과학기술 영역의 새로운 탐구, 기술 선도, 개발 및 보급을 목적으로 설립된 기관.

주요 기능은 첫째, 항공기, 인공위성, 우주발사체의 종합시스템 및 핵심기술연구개발과 실용화, 둘째, 항공우주 안전성 및 품질 확보를 위한 기술 개발, 항공우주 생산품의 법적 인증 및 국가 간 상호인증, 셋째, 국가 항공우주 개발 정책 수립 지원, 항공우주 기술 정보의 유통 및 보급과 확산, 넷째, 시험평가시설의 산학연 공동 활용, 연구개발 성과의 기술이전 및 기업화 지원, 기술협력 및 교육 훈련 등이다.

핵융합 (Nuclear Fusion)

1억℃ 이상의 고온에서 가벼운 원자핵이 융합하여, 보다 무거운 원자핵이 되는 과정에서 에너지를 창출해 내는 방법.

핵융합에는 막대한 열이 발생하는데, 이것은 아인슈타인의 질량과 에너지의 등가성(等價性)의 원리(E=mc2)에 의해 정확히 계산된다. 이 핵연료는 무한하며, 방사성 낙진도 생기지 않고 유해한 방사능도 적다.

히포크라테스 선서 (Oath of Hippocrates)

의학 윤리를 담은 가장 대표적인 문서 중 하나.

히포크라테스 선서는 고대 그리스의 의사였던 히포크라테스가 말한

의료의 윤리적 지침으로, 현대의 의사들이 의사가 될 때 하는 선서로 잘 알려져 있다. 히포크라테스 선서의 내용은 다음과 같다.

> 이제 의업에 종사하는 일원으로서 인정받는 이 순간, 나의 생애를 인류 봉사에 바칠 것을 엄숙히 서약하노라.
>
> - 나의 은사에 대하여 존경과 감사를 드리겠노라.
> - 나의 양심과 위엄으로서 의술을 베풀겠노라.
> - 나의 환자의 건강과 생명을 첫째로 생각하겠노라.
> - 나는 환자가 알려준 모든 내정의 비밀을 지키겠노라.
> - 나의 위업의 고귀한 전통과 명예를 유지하겠노라.
> - 나는 동업자를 형제처럼 생각하겠노라.
> - 나는 인종, 종교, 국적, 정당 정파 또는 사회적 지위 여하를 초월하여 오직 환자에게 대한 나의 의무를 지키겠노라.
> - 나는 인간의 생명을 수태된 때로부터 지상의 것으로 존중히 여기겠노라.
> - 비록 위협을 당할지라도 나의 지식을 인도에 어긋나게 쓰지 않겠노라.
>
> 이상의 서약을 나의 자유의사로 나의 명예를 받들어 하노라.

희토류 (Rare earth resources)

첨단산업의 비타민으로 불리는 비철금속 광물.

원자번호 57에서 71까지의 란타넘계 15개 원소에 스칸듐과 이트륨을 더한 17개의 원소를 통틀어 이르는 말이며, 물질의 지구화학적 특성상 경제성이 있을 정도로 농축된 형태로는 산출되지 않고 광물 형태로는 희귀해 ‘자연계에 매우 드물게 존재하는 금속 원소’라는 의미의 ‘희토류’라는 이름이 붙었다.

희토류는 화학적으로 매우 안정되고 건조한 공기에서도 잘 견딘다. 열을 잘 전도하는 특징이 있으며 상대적으로 탁월한 화학적·전기적·자성적·발광적 성질을 갖는다.

희토류는 현대 사회에서 전기 및 하이브리드 자동차, 풍력발전, 태양열 발전 등 21세기 저탄소 녹색성장에 필수적인 영구자석 제작에 꼭 필요한 물질이다. 전 세계에서 희토류를 가장 많이 생산하고 있는 국가는 중국이다.

제7장

알아두면 어휘력이 높아지는 시사 개념어 상식 사전

사자성어 四字成語

가가대소 (呵呵大笑)

소리를 내어 크게 웃음.

❖ "수영이는 뭐가 그리 즐거운지 연방 조잘대면서 '가가대소'를 하더라."

가롱성진 (假弄成眞)

장난삼아 한 것이 진짜로 이루어짐.

❖ "농담으로 슬비에게 사랑 고백한 말이 '가롱성진'이 되어 결혼까지 하게 될 줄이야!"

각골난망 (刻骨難忘)

은혜를 마음속에 깊이 새겨 잊지 아니함.

❖ "제가 어려울 때 도와주셨던 은혜 '각골난망'입니다."

각골지통 (刻骨之痛)

뼈에 새기듯이 마음에 깊이 사무쳐 맺힌 원한.

❖ "이런 세상에 그렇게 믿었던 사람에게 '각골지통'을 당할 줄이야 누가 알았겠냐!"

각양각색 (各樣各色)

서로 다른 각각의 여러 모양과 빛깔

❖ "올림픽 공원에는 '각양각색'의 만국기가 게양되어 있다."

감언이설(甘言利說)

남의 비위에 맞도록 꾸민 달콤한 말과 이로운 조건을 내세워 꾀는 말.

❖ "나는 그의 '감언이설'과 술수에 넘어가 장사 밑천을 떼이고 말았다."

갑론을박 (甲論乙駁)

서로 자기의 주장을 내세우고 상대방의 주장을 반박함.

❖ "지금 국회에서는 대통령 4년 중임제를 도입할 것인지에 대한 '갑론을박'이 이루어지고 있다."

거두절미 (去頭截尾)

말이나 사건 등의 부차적인 설명은 빼어 버리고 사실의 요점만 말함.

❖ "사건의 전후 맥락을 모르는 내게 '거두절미'하고 중간만 이야기하니 통 이해할 수가 없었다."

격화소양 (隔靴搔癢)

필요한 것을 제대로 해결하지 못해 성에 차지 않음을 이르는 말.

❖ "이번에 발표한 부동산 정책은 집값 상승만 가져오는 '격화소양'일 뿐이다."

견마지로 (犬馬之勞)

윗사람에게 바치는 자기의 노력을 겸손하게 이르는 말.

❖ "민족을 위해서 어떤 일이든 맡겨만 주시면 '견마지로'를 다하겠습니다."

견문발검 (見蚊拔劍)

모기를 보고 칼을 뺀다는 뜻으로, 사소한 일에 크게 화를 내며 덤빔을 이르는 말.

❖ "자네는 왜 사소한 일에 화를 내는가? '견문발검'하지 말고 마음을 잘 다스리고 차분하게 말하고 대처하길 바라네."

견물생심 (見物生心)

어떤 물건을 실제로 보면 가지고 싶은 욕심이 생김.

❖ "'견물생심'이라고 무심코 열어 본 서랍에서 돈을 본 순간 나도 모르게 손이 갔다."

결자해지 (結者解之)

맺은 사람이 풀어야 한다는 뜻으로, 저지른 일은 스스로 해결해야 함

❖ "계약이 잘못되었다고 하니 '결자해지' 차원에서 제가 수습하겠습니다."

고장난명 (孤掌難鳴)

혼자서는 일을 이루기가 어려운 것을 비유적으로 이르는 말.

❖ "이번 프로젝트를 추진하는 데 동의하는 사람이 없으니 실로 '고장난명이다'."

공언무시 (空言無施)

빈말만 하고 실천이 따르지 않음.

❖ "아버지는 담배를 끊는다고 말씀하시지만, 매번 '공언무시'만 하시니 답답하다."

공평무사 (公平無私)

공평하여 사사로움이 없음.

❖ "검찰의 중립성 문제는 검찰이 '공평무사'하고 중립적 자세로 다시 태어나야 해결될 수 있으며, 그것만이 정치 검찰이라는 오명을 벗고 신뢰받는 검찰이 될 수 있다."

궁서설묘 (窮鼠齧猫)

위급한 상황에 몰리면 약자라도 강자에게 필사적으로 반항함을 이르는 말.

❖ "잘못한 사람을 추궁하거나 너무 막다른 골목까지 몰면 안 된다. '궁서설묘'라고, 궁지에 몰리면 크게 반발하여 엉뚱한 일을 저지를 수가 있기 때문이다."

극기복례 (克己復禮)

욕심을 버리고 사람이 본래 지녀야 할 예의와 법도를 따르는 마음으로 되돌아감.

❖ "체벌을 대신해서 쓰고 있는 대안들이 교육적 방법이 되기 위해서는 무엇보다 교사가 '극기복례'하는 일이 필요하다."

근무자흑 (近墨者黑)

나쁜 사람과 가까이하면 나쁜 버릇에 물들게 됨을 이르는 말.

❖ "어머니는 어렸을 적부터 '근묵자흑'이라며 좋은 친구들과 사귀어야 한다고 말씀하셨다."

금과옥조 (金科玉條)

금이나 옥처럼 귀중히 여겨 아끼고 받들어야 할 규범.

❖ "나는 모든 일에 최선을 다하라는 아버님의 말씀을 '금과옥조'로 삼고 살아가고 있다."

기고만장 (氣高萬丈)

우쭐하여 뽐내는 기세가 대단함.

❖ "그는 어쩌다 한 번 이긴 것으로 기고만장한 그들의 태도가 여간 아니꼽지 않았다."

난공불락 (難攻不落)

공격하기가 어려워 좀처럼 함락되지 않음.

❖ "군사 시설은 모두가 지하로 들어가 있는데 그 견고성이란 이루 말할 수가 없어서 문자 그대로 '난공불락'의 요새라고 한다."

노마십가 (駑馬十駕)

재주가 없는 사람도 열심히 하면 훌륭한 사람에 미칠 수 있음을 비유적으로 이르는 말.

❖ "공부는 반드시 머리가 좋아야 잘하는 것은 아니다. 머리가 나쁜 사람도 '노마십가' 노력하면 머리 좋은 사람을 앞설 수가 있다."

노심초사 (勞心焦思)

마음속으로 애를 쓰며 속을 태움.

❖ "여기서 '노심초사'하지 말고 직접 선생님께 찾아가 사실을 말씀드리는 것이 좋을 듯해."

다사다난 (多事多難)

여러 가지로 일이나 어려움이 많음.

❖ "'다사다난'이라는 말이 잘 어울릴 만큼 지난해에는 사건과 사고가 많았다."

단사표음 (簞食瓢飮)

청빈하고 소박한 생활을 비유적으로 이르는 말.

❖ "그는 호화로운 생활을 누릴 수 있음에도 자신의 신념인 '단사표음'의 생활을 실천하며 살기를 원했다."

담대심소 (膽大心小)

담력은 크게 가지되 주의는 세심해야 한다는 말.

❖ "큰 경기를 앞두고 우리 선수들은 '담대심소'의 마음가짐이 필요하다."

독야청청 (獨也靑靑)

절개를 버린 상황 속에서 홀로 절개를 굳세게 지키고 있음을 뜻하는 말.

❖ "그는 모두 숨죽여 살던 암울한 시대에도 자신의 의지를 굳게 지킨 '독야청청'했던 사람이다."

동가홍상 (同價紅裳)

값이 같거나 똑같은 노력을 들인다면 더 좋은 것을 가짐을 비유적으로 이르는 말.

❖ "'동가홍상'이라고 했습니다. 같은 값이면 저는 거실이 넓은 집을 계약하는 것이 좋을 것 같습니다."

동명이인 (同名異人)

같은 이름을 가진 다른 사람.

❖ "알고 보니 그는 내가 알고 있던 사람과 '동명이인'이었다."

동문서답 (東問西答)

질문과는 전혀 상관없는 엉뚱한 대답.

❖ "'동문서답'도 유분수지, 너 지금 도대체 무슨 말을 하는 거냐?"

동주상구 (同舟相救)

같은 운명이나 처지에 놓이면 아는 사람이나 모르는 사람이나 서로 돕게 됨.

❖ "그 친구는 나와 '동주상구'하니, 그냥 지나칠 수가 없네. 내가 발 벗고 나설 수밖에 없지 않은가."

두문불출 (杜門不出)

외출을 전혀 하지 않고 집안에만 틀어박혀 있음.

❖ "아버지는 문을 굳게 닫고 사람들과의 접촉을 끊은 채 '두문불출'이다."

등고자비 (登高自卑)

모든 일은 순서대로 하여야 함을 이르는 말.

❖ "무슨 일이든지 기초부터 차근차근 '등고자비'하는 식으로 하는 것이 가장 빠른 방법이다."

막무가내 (莫無可奈)

한번 굳게 고집하면 도무지 융통성이 없음.

❖ "동료들은 그에게 일이 성사될 것 같지 않으니 그만두자고 제언했으나 그는 '막무가내'였다."

망양보뢰 (亡羊補牢)

어떤 일이 이미 실패한 뒤에는 뉘우쳐 보아야 소용이 없음을 이르는 말.

❖ "실패했다고 의기소침하거나 포기하지 말고 실패한 원인을 찾아 '망양보뢰'한다면 실패를 만회할 수 있을 것이다."

망양지탄 (亡羊之歎)

학문의 길이 여러 갈래여서 진리를 찾기가 어려움을 비유적으로 이르는 말.

❖ "눈에 보이지 않는 더 큰 세상이 있을지 모르니, 지금 보이는 것만이 진리라고 믿는 '망양지탄'의 마음을 주의해야 한다."

면종복배 (面從腹背)

겉으로는 복종하는 체하면서 마음속으로는 배반함.

❖ "덕으로써 사람을 따르게 하지 않고 힘으로써 사람을 따르게 하면 자연히 '면종복배'하는 자가 생기게 마련이다."

목불인견 (目不忍見)

눈으로 차마 볼 수 없음.

❖ "술을 마실 거면 적당히 마실 것이지, 어제 취한 너의 모습은 정말 '목불인견'이었어."

묘두현령 (猫頭縣鈴)

실행하지 못할 것을 헛되이 논의함을 이르는 말.

❖ "정치권이 국민으로부터 신뢰를 얻지 못하는 것은 일하지 않는 국회로 낙인찍힌 것과 봉숭아 학당 같은, '묘두현령' 같은 모습을 자주 보여줬기 때문입니다."

반신반의 (半信半疑)

한편으로는 믿으면서도 다른 한편으로는 의심스러워함.

❖ "그 사람 살아온 이야기가 너무 과장된 듯해서 처음엔 '반신반의'했지요."

발분망식 (發憤忘食)

어떤 일을 해내려고 끼니까지 잊을 정도로 열중하여 노력함.

❖ "이번 정호의 승진은 회사 일에 '발분망식'의 노력을 기울여 왔던 대가이다."

백척간두 (百尺竿頭)

더할 수 없이 어렵고 위태로운 지경을 이르는 말.

❖ "지금은 국가의 운명이 '백척간두'에 선 절박한 시기라는 것을 잊지 마라."

부국강병 (富國强兵)

나라를 부유하게 하고 군대를 강하게 하는 일.

❖ "일본의 경제보복과 미국의 일방적 주둔비 증액 요구로 인해 우리는 더욱 더 '부국강병'의 길을 택할 수밖에 없음을 알아야 한다."

분골쇄신 (粉骨碎身)

자기 몸을 돌보지 않고 지극한 정성으로 있는 힘을 다한다는 말.

❖ "그 일을 저에게 맡겨만 주신다면 '분골쇄신'으로 성실히 임하겠습니다."

불치하문 (不恥下問)

지위나 나이, 학식 따위가 자기보다 못한 사람에게 묻는 것을 부끄러워하지 않음.

❖ "그는 자존심이 아주 강한 사람이었지만 모르는 것이 있을 때는 '불치하문'할 줄 아는 사람이었다."

복차지계 (覆車之戒)

앞사람의 실패를 거울삼아 뒷사람은 실패하지 말라는 훈계의 말.

❖ "최악의 지도자를 겪어본 우리 국민은 '복차지계'의 지혜를 발휘해 지혜롭고 국민을 위해 희생하는 새 지도자를 뽑는 데 힘을 모아야 할 것이다."

사기충천 (事機衝天)

사기가 하늘을 찌를 듯이 높음.

❖ "붉은악마의 응원 함성에 힘입어 월드컵 본선에 출전한 선수들은 경기에 앞서 '사기충천'하였다."

사고무친 (四顧無親)

주위에 의지할 만한 사람이 전혀 없음.

❖ "'사고무친'인 신랑과 신부를 위해 마을 사람들은 조촐하게 성례시켜 주었다."

사상누각 (沙上樓閣)

기초가 튼튼하지 못하여 오래가지 못할 일이나 사물을 비유적으로 이르는 말.

❖ "시민단체가 시민들의 삶의 현장과 떨어져 있거나, 왜곡된 시각을 가지고 있거나, 이상론적일 때는 그 존재는 '사상누각'에 불과하다."

사필귀정 (事必歸正)

모든 일은 반드시 바른길로 돌아가게 마련임.

❖ "지금은 우리가 어려운 상황에 처해 있지만 이 모든 일은 '사필귀정'할 것이니 조금만 참고 노력해 보자."

산해진미 (山海珍味)

산과 바다의 온갖 진귀한 산물을 다 갖추어 차린, 매우 맛이 좋은 음식.

❖ "나는 친구들에게 이번 여행에서 세계 각국의 '산해진미'를 만끽했다고 자랑했다."

상부상조 (相扶相助)

서로서로 도움.

❖ "도덕적 차원이나 윤리적인 차원을 떠나서라도 이웃과 친구와의 협동과 '상부상조'의 정신은 반드시 있어야 한다."

서리지탄 (黍離之歎)

세상의 영고성쇠가 무상함을 탄식하여 이르는 말.

❖ "오랜만에 고향을 찾았는데, 여기저기 잡초만 무성한 빈집을 보면서 '서리지탄'이 절로 나오지 않을 수가 없었다."

송구영신 (送舊迎新)

묵은해를 보내고 새해를 맞음.

❖ "모든 가족이 '송구영신'을 축하하기 위해서 한자리에 모였다."

송무백열 (松茂柏悅)

벗이 잘되는 것을 기뻐함을 비유적으로 이르는 말.

❖ "자네가 회사에서 승진도 하고 아들이 곧 결혼까지 한다니 나는 '송무백열' 뿐이네."

수구여병 (守口如甁)

비밀을 잘 지켜서 남에게 알리지 않음을 이르는 말.

❖ "친구와의 비밀은 어떠한 일이 있어도 '수구여병'하는 것을 명심해야 좋은 관계를 유지할 수 있어."

수불석권 (手不釋卷)

손에서 책을 놓지 않는다는 뜻으로, 늘 글을 읽음을 이르는 말.

❖ "아래층에 사는 사람과 대화할 때마다 그의 박식함에 감탄을 금할 수가 없다. 그는 출퇴근 시간은 물론 잠시의 틈만 나도 '수불석권'에 열중한다."

수수방관 (袖手傍觀)

나서야 할 일에 간여하지 않고 그대로 내버려둠을 이르는 말.

❖ "정부 관련 부처들은 치솟는 집값에 부동산 대책을 마련하지 못하고 '수수방관'만 하고 있었다."

수어지교 (水魚之交)

서로 떨어질 수 없는 매우 친밀한 사이를 비유적으로 이르는 말.

❖ "이 세상을 살아가면서 '수어지교'와 같은 친구나 동료가 있는 사람은 아주 큰 복을 받은 사람이다."

숙맥불변 (菽麥不辨)

콩인지 보리인지 분간하지 못한다는 뜻으로, 어리석은 사람을 이르는 말.

❖ "이놈아! '불변숙맥'도 유분수지, 금하고 구리를 구별하지 못해 구리반지를 금반지로 속아서 사다니!"

십시일반 (十匙一飯)

여럿이 힘을 합하면 한 사람쯤은 도와주기 쉽다는 것을 비유적으로 이르는 말.

❖ "우리 회사는 일 년 내내 사원들이 '십시일반'으로 모은 성금을 연말에 불우 이웃을 돕는 데에 사용한다."

어불성설 (語不成說)

이치에 맞지 않아 말이 도무지 되지 않음.

❖ "금융 재벌에 컨설팅해 주고 돈 챙기는 도덕 불감증의 아카데미가 금융 규제와 개혁에 관해 조언하고 언론을 통해 여론을 주도하는 것만큼 '어불성설'은 없습니다."

언어유희 (言語遊戲)

미사여구나 현학적인 말로 상대를 현혹하는 일.

❖ "역설과 풍자가 녹아 있는 정신성은 무엇보다도 '언어유희'를 통한 간접화를 통해 실현된다고 할 수 있다."

언어도단 (言語道斷)

어이가 없어서 말문이 막힘. 또는 그러한 상태나 일.

❖ "그렇게 게으른 사람이 재벌이 되었다니 '언어도단'이 아닐 수 없다."

언중유골 (言中有骨)

예사로운 말 속에 깊은 속뜻이 숨어 있음을 비유적으로 이르는 말.

❖ "너 그게 무슨 소리냐. '언중유골'이라더라, 해 버리는 말만은 아닌 듯싶구나."

염념불망 (念念不忘)

자꾸 생각이 나서 잊지 못함.

❖ "지금도 사기대출로 인한 피해를 생각하면 잠을 못 이룬다. 하루빨리 '염념불망'에서 벗어나고 싶은 마음뿐이다."

오비이락 (烏飛梨落)

의심받거나 난처한 위치에 서게 됨을 뜻하는 말.

❖ "그는 기업의 사장직을 그만두면서 국세청의 고위 인사로 가게 되었는데 많은 사람에게 '오비이락'으로 비쳤다."

요령부득 (要領不得)

말이나 글의 중심이 되는 의미나 줄거리를 잡을 수가 없음.

❖ "철학 입문서는 아무리 읽어도 '요령부득'한 용어들 때문에 읽기가 어렵다."

요지부동 (搖之不動)

어떠한 자극에도 움직이지 않거나 태도의 변화가 없음을 이르는 말.

❖ "그녀는 한번 결정을 내리면 주위의 어떤 말과 충고에도 요지부동이다."

우도할계 (牛刀割鷄)

작은 일을 하는 데 지나치게 과장하거나 서두름을 비유적으로 이르는 말.

❖ "조그만 일을 하는 데 이렇게나 많은 사람을 동원하다니 '우도할계'가 아니냐."

유구무언 (有口無言)

입은 있으나 할 말이 없다는 뜻으로, 변명할 말이 없음을 이르는 말.

❖ "나는 그의 잘못을 조목조목 따져 물었으나 그는 '유구무언'일 따름이었다."

유유상종 (類類相從)

같은 무리끼리 서로 사귐.

❖ "'유유상종'이라더니 너희는 고만고만한 녀석들끼리 맨날 붙어 다니는구나."

유일무이 (唯一無二)

오직 하나만 있고 둘은 없음.

❖ "이 중에서 의사소통될 수 있는 사람은 '유일무이'하게 김 대리 밖에는 없는 것 같다."

은인자중 (隱忍自重)

밖으로 드러내지 않고 속으로 참고 견디며 몸가짐을 신중히 함.

❖ "김 과장은 아직 자신의 때가 이르지 않았다고 생각해 '은인자중'하며 다음 기회를 기다렸다."

이구동성 (異口同聲)

여러 사람의 말이 한결같음을 이르는 말.

❖ "아이들은 '이구동성'으로 나에게 재미있는 이야기를 해 달라고 졸랐다."

이열치열 (以熱治熱)

힘에는 힘으로 추위에는 찬 것으로 대응하는 것 따위를 비유하기도 한다.

❖ "삼복더위에 뜨거운 삼계탕이나 개장국을 먹는 것은 바로 '이열치열'의 원리이다."

일거양득 (一擧兩得)

한 가지 일로 두 가지 이익을 얻음.

❖ "지루한 한자 학습에 고사성어집을 활용하면 재미와 유익함을 두루 가질 수 있는 '일거양득'의 효과를 볼 수 있다."

일도양단 (一刀兩斷)

어떤 일을 머뭇거리지 않고 선뜻 결정함을 비유적으로 이르는 말.

❖ "'일도양단'하듯 그렇게 명백한 삶의 태도를 나도 나의 삶에 보여줘야 하는 것이 아닐까."

일사천리 (一瀉千里)

어떤 일이 거침없이 단번에 진행됨을 이르는 말.

❖ "중앙당의 단일화 협상이 지지부진할 때는 지역별로 자체 협상이 '일사천리'로 진행되기도 했다."

일어탁수 (一魚濁水)

한 사람의 잘못으로 여러 사람이 그 피해를 보게 됨.

❖ "너의 잘못으로 인해 우리 부서 직원들이 징계당하게 생겼으니 '일어탁수'가 되어버린 꼴이네."

일진일퇴 (一進一退)

한 번 나아갔다 한 번 물러섰다 함.

❖ "양 팀이 '일진일퇴' 공방전을 벌이는 경기는 관전하는 이의 손에 땀을 쥐게 하였다."

일취월장 (日就月將)

날로, 달로 발전하거나 성장함.

❖ "날로 '일취월장'하는 너의 실력을 보니 스승인 내가 더욱 기쁘구나."

일파만파 (一波萬波)

한 사건이 그것으로 그치지 않고 잇달아 많은 사건으로 번지는 일을 이르는 말.

❖ "짐작한 대로 거짓말 동영상 왜곡 논란이 '일파만파'로 퍼지고 있어."

임기응변 (臨機應變)

그때그때 처한 형편에 따라 알맞게 일을 처리함.

❖ "돌발 상황에도 '임기응변'하여 침착하게 대처하는 사람은 항상 존경받는다."

자강불식 (自强不息)

스스로 힘써 몸과 마음을 가다듬고 쉬지 않음.

❖ "우리나라 국화인 무궁화는 피고 지고 또 피는 줄기차고 억센 자강불식의 기상을 찾아볼 수 있다."

자승자박 (自繩自縛)

자신이 한 말과 행동으로 말미암아 자신이 구속되어 괴로움을 당하게 됨을 이르는 말.

❖ "초과하는 임금인상을 계속 요구하는 것은 결국 기업의 경영력 쇠락을 부채질, 일자리를 줄여 놓는 '자승자박'의 결과를 초래하게 된다."

적반하장 (賊反荷杖)

잘못한 사람이 아무 잘못이 없는 사람을 도리어 나무람을 이르는 말.

❖ "사고를 낸 사람이 피해자에게 큰소리를 치다니, 정말 '적반하장'도 유분수다."

전전반측 (輾轉反側)

누워서 몸을 이리저리 뒤척이며 잠을 이루지 못함.

❖ "나는 친구가 세상을 떠난 뒤로 이 생각 저 생각에 '전전반측'하며 잠을 못 이루는 날이 많았다."

절차탁마 (切磋琢磨)

학문이나 도덕, 기예 등을 열심히 배우고 익혀 수련함을 비유적으로 이르는 말.

❖ "나는 작심삼일이 되지 않도록 '절차탁마'하여 실력을 키워 우승할 것이다."

점입가경 (漸入佳境)

갈수록 점점 더 좋거나 재미가 있음.

❖ "그들 사이의 경쟁이 '점입가경'으로 치닫자 보는 사람들이 눈살을 찌푸렸다."

조불려석 (朝不慮夕)

현재를 걱정할 뿐 앞일을 생각할 겨를이 없음을 이르는 말.

❖ "삶의 여유를 잃으면 '조불려석'으로 살 수밖에 없지 않은가."

조삼모사 (朝三暮四)

자기의 이익을 위해 교활한 꾀를 써서 남을 속이고 놀리는 것을 이르는 말.

❖ "국내에서 판매되는 거의 모든 핸드폰이 짜고 치는 '조삼모사'의 판매술에 놀아났다."

조족지혈 (鳥足之血)

새 발의 피라는 뜻으로, 아주 적은 분량을 비유적으로 이르는 말.

❖ "일본의 경제보복으로 한국의 피해는 일본의 피해에 비하면 '조족지혈'에 불과했다."

좌지우지 (左之右之)

이리저리 제 마음대로 다루거나 휘두름.

❖ "그는 막강한 권력을 휘두르며 국정을 '좌지우지'하였다."

주마간산 (走馬看山)

사물을 자세히 살펴보지 않고 겉만을 바삐 대충 보는 것을 비유적으로 이르는 말.

❖ "박물관을 구경하려면 약 두 시간 정도가 걸리나 대부분 관광객은 '주마간산'으로 지나친다."

중언부언 (重言復言)

이미 한 말을 자꾸 되풀이함.

❖ "좌중은 불안하고 나직한 목소리로 밤새도록 '중언부언'한 말을 되풀이 되풀이하면서 좀처럼 결정을 내리지 못했다."

천세일시 (千歲一時)

좀처럼 만나기 어려운 좋은 기회를 이르는 말.

❖ "어렵고 힘들게 회사를 운영하는데 이렇게 '천세일시'를 만나니 다시 일어날 수 있는 좋은 기회일 거야."

천인공노 (天人共怒)

누구나 분노를 참을 수 없을 만큼 증오스럽거나 도저히 용납될 수 없음을 이르는 말.

❖ "그럼에도 선거를 앞두고 정치권이 공천 장사를 일삼았다면 '천인공노'할 노릇이다."

천양지차 (天壤之差)

하늘과 땅 사이와 같은 엄청난 차이.

❖ "두 작품 모두 자서전적 성격을 띠고 있지만 그 내용은 '천양지차'이다."

천편일률 (千篇一律)

여러 사물이 개성이 없이 모두 비슷비슷함을 비유적으로 이르는 말.

❖ "아이들의 논술 답안은 독창적인 논리의 전개가 없이 모두 모범 답안을 베낀 듯이 '천편일률'이었다."

추풍낙엽 (秋風落葉)

어떤 형세나 세력이 갑자기 기울어지거나 흩어지는 모양을 비유적으로 이르는 말.

❖ "최근의 고위 공무원에 대한 사정 작업으로 거물급 인사들이 '추풍낙엽'의 신세로 전락했다."

침소봉대 (針小棒大)

작은 일을 크게 부풀려서 말함을 비유적으로 이르는 말.

❖ "너무 사건을 '침소봉대'해서 발표하는 것 아닙니까?"

타초경사 (打草驚蛇)

의도하지 않은 행동이 뜻밖의 결과를 낳을 수 있음을 이르는 말.

❖ "정비업계의 한 전문가는 '긍정적인 면도 있었지만 출구 전략의 전제인 매몰 비용 문제가 해결되지 않은 탓에 결국 '타초경사'의 우를 범한 꼴이 돼 버렸다.'라고 말했다."

토사구팽 (兎死狗烹)

필요할 때는 쓰고 필요 없을 때는 버리는 경우를 이르는 말.

❖ "예전에 여당의 어떤 노정치가가 자신의 신세를 '토사구팽'에 비유한 적이 있었지."

토사호비 (兎死狐悲)

같은 무리의 불행을 슬퍼함을 비유적으로 이르는 말.

❖ "대기업이 문어발식 확장으로 인해 영세 중소기업들은 문을 닫아야 하는 위기와 '토사토비'하는 것 외에는 딱히 뾰족한 방법이 없다는 것이 더 슬픈 일이다."

풍전등화 (風前燈火)

매우 위태로운 처지나 오래 견디지 못할 상태를 비유적으로 이르는 말.

❖ "유통 시장 개방을 앞두고 국내 유통업계가 '풍전등화'의 위기에 놓이게 되었다는 우려가 높다."

허장성세 (虛張聲勢)

실력이나 실속은 없으면서 허세만 부림.

❖ "그의 말에는 적잖이 '허장성세'하는 구석이 있다."

혈혈단신 (孑孑單身)

의지할 곳 없이 외로운 홀몸.

❖ "그녀는 일가친척이라고는 하나도 없는 '혈혈단신'이다."

호구지책 (糊口之策)

죽지 아니하고 살아갈 만큼 간신히 먹고살아 갈 수 있는, 방법을 이르는 말이다.

❖ "그는 사업을 하던 사람이었지만 지금은 대리운전으로 '호구지책'을 삼는 처지가 되었다."

후회막급 (後悔莫及)

이미 잘못된 것을 뒤늦게 뉘우쳐도 다시 어찌할 수가 없음.

❖ "부모님이 돌아가신 다음에야 뒤늦게 부모님의 마음을 알아차렸지만, 그때는 '후회막급'일 뿐이었다."

행운유수 (行雲流水)

떠가는 구름과 흐르는 물을 아울러 이르는 말.

❖ "나는 마음의 무거운 짐들을 내려놓고 '행운유수'처럼 떠돌아다니고 싶다."

찾아보기

숫자

알파벳

ㄱ

ㄴ

ㄷ

ㄹ

ㅁ

ㅂ

ㅊ

ㅋ

ㅌ

메모

10대를 위한

시사 개념어 상식 사전

초판 1쇄 펴낸날 2024년 5월 1일

지은이 김한수
펴낸이 이종근
펴낸곳 도서출판 하늘아래

주소 경기도 고양시 일산동구 하늘마을로 57- 9 3층 302호
전화 (031) 976-3531
팩스 (031) 976-3530
이메일 haneulbook@naver.com
등록번호 제300-2006-23호

ISBN 979-11-5997-097-9 (43190)